기계경비의 진화

시큐리티 시스템 및 서비스

Security Systems and Services

공학박사/기술사 **권 영 관**

도서출판 **진 영 사**

기계경비의 진화 시큐리티 시스템 및 서비스

권영관

2013년 01월 10일 초판인쇄
2013년 01월 15일 초판발행
발행인 박 진 영
발행처 도서출판 진영사
인천광역시 부평구 갈산동 16-22번지
전화 : 032)505-4207
팩스 : 032)505-4206
E-mail : 0183734207@hanmail.net
등록 : 122-91-77317

ISBN 978-89-6541-147-5 93300
값 18,000원

머 리 말

대부분의 현대인들은 개인의 인명과 재산 보호, 가족과 일상생활에 대한 안전한 생활을 추구하고 있다. 이러한 안전에 대한 욕구를 충족시켜줄 수 있는 시큐리티서비스는 우리의 일상생활에서 필수요소로 자리 매김 해 가고 있다. 전통적인 시큐리티 범주는 물리적인 보안의 의미가 커서 주로 경비업무를 의미하였으나, 최근에는 물리적인 위해나 재산상의 피해로 부터의 안전한 보호뿐만 아니라, 무형적인 자산이나 인터넷 등의 사이버 공간에서의 주요정보 보호 등을 포함하여 가는 추세이다. 따라서 시큐리티는 전통적인 경비업무 뿐만 아니라 인명이나 유·무형 자산의 안전성을 확보하기 위한 대응 및 예방조치 등의 전반적인 활동으로 그 적용 범위와 역할이 확대되어 가고 있다.

시큐리티 범주의 경비업무에 있어 경비는 인력에 의한 경비가 대부분이었는데 점차 경비분야의 다양화와 경비업무의 확장 등에 따라 많은 경비인력이 필요하게 되었다. 따라서 경비인력에 의한 의존도를 줄이고 경비효과를 높일 수 있도록 기계장치 및 첨단 컴퓨터 시스템을 활용하는 기계경비가 도입되어 발전하고 있다. 기계경비는 고유의 경비업무를 수행할 뿐만 아니라 경비대상의 확대와 생활의 편의성을 확보할 수 있는 방향으로 경비시스템의 진화가 이루어지고 있다. 최근에는 기계경비시스템에 적용되는 기술수준의 향상과 통신네트워크의 발전, 각종 보안솔루션의 지능화 등으로 시큐리티 적용분야 및 응용분야의 영역이 점차 확대되어가는 추세이다.

시큐리티는 안전, 보안 등의 의미를 내포하고 있으며, 물리적인 공간에서는 경비업무에 대하여 총칭하여 사용되고 있고, 인터넷 등의 사이버공간에서는 네트워크 및 시스템 등에 대한 정보보호를 말하는 것이 일반적이다. 향후의 시큐리티서비스는 기본적으로는 경비 및 안전에 관련된 서비스 제공과 함께, 사이버공간에서의 정보보호도 가능한 형태의 서비스 즉, 기계경비업무를 포함한 물리보안과 사이버보안을 접목하는 등의 융합보안서비스로 발전하여 갈 것이다.

따라서 시큐리티시스템 설계 및 구축에 있어 향후의 서비스 추가나 확장성을 고려하고, 융합보안서비스 제공이 필요한 때에 시스템자원을 최대한 활용할 수 있도록 반영함이 바람직하다. 본 책자에서는 시큐리티서비스를 제공하는 목적에 맞게 시큐리티시스템의 기본적인 기능과 역할에 충실하고, 향후의 신기술 적용이나 서비스 응용범위의 확장 등에 효율적으로 적용하거나 반영할 수 있도록, 시스템 구조 및 구성방식, 관제통신망의 통신방식 및 망구성 등 필수적이고 꼭 필요한 요소들과 서비스 품질 수준 향상 및 시스템운용품질을 확보하기 위한 구체적인 사항들을 다루고 있다.

본 책자의 특징은 시큐리티 서비스제공에 있어 기본적이고 핵심적인 역할을 하는 시큐리티시스템을 "어떻게 설계하고 구축하는 것이 효과적인가"에 중점을 두었고, 구축된 시스템의 운영에 필요한 요소 등 시큐리티서비스에 있어 기본적인 사항과 꼭 필요한 사항들에 대한 내용을 포함하고 있다. 기존의 기계경비관련 서적들이 주로 센서의 설명이나 시큐리티서비스를 위한 설계 및 설치에 대하여 가입고객 측의 설비 및 로컬관제 등에 국한된 점이 있었다면, 본 책자는 시큐리티 서비스를 제공하기 위하여 갖추어야 할 전반적인 사항과, 서비스제공사업자가 준비해야할 사항, 기반설비 및 시스템을 어떻게 설계하고, 구축하며, 운영하는지에 대한 사항을 구체적으로 다루고 있다. 또한 고객에 대한 서비스제공을 위한 서비스운영체제, 운영조직, 고객관리 사항을 알아보고, 상황관제 및 시스템운영 방안 등을 제시하고 있다.

따라서 대규모 및 중소규모의 시큐리티사업자 등 시큐리티서비스를 제공하고자 하는 사업자가 시스템을 구축하거나 증설 시에 활용할 수 있으며, 시큐리티 서비스업체 임직원, 기계경비업무 종사자, 경비지도사나 경비지도사가 되고자 하는 이, 시큐리티 관련 IT엔지니어, 시큐리티 설계자, 시큐리티 설비 설치요원, 시큐리티 설계 및 구축 관련업체 그리고 시큐리티 관련학과 학생이나 시큐리티에 관심이 있는 이 등이 본서를 활용할 수 있다.

저자는 시큐리티 시스템 구축 및 운영에 관한 사항을 시큐리티업무 종사자 등에게 교육하거나 시큐리티 구축관련 컨설팅을 위하여, 그동안 기계경비 및 시큐리티 관련 서적과 정보통신설비 구축 관련 서적들을 살펴보았으나 적정한 서적을 찾기 어려웠다. 따라서 시큐리티분야의 개념정립에서부터 시큐리티시스템 설계 및 구축, 시스템운용 및 서비스운영 등 시큐리티 서비스를 제공하기 위한 제반요소의 내용을 다루는 책자의 필요성을 인식하여, 저자의 정보통신 및 시큐리티에 대한 서비스 기획, 시스템구축, 서비스운영 등의 지식과 업무경험 그리고 정보보호를 전공한 공학박사이며 정보통신기술사로서의 역량을 동원하여 본서를 집필하게 되었다. 저자는 KT에 근무하면서 경찰청과 협력하여 무인방범신고서비스를 기획하고 런칭한 바 있으며 이를 발전시켜 KT텔레캅서비스를 탄생시킨 바 있다(1995년 9월부터 1996년 9월까지 서울, 대구, 대전 지역 6개 경찰서 관내에서 시범서비스를 제공하고, 1997년 1월 1일부터 텔레캅 상용서비스를 제공함). 또한 2005년부터 약 2년간은 KT텔레캅의 신사업 및 솔루션 개발업무를 담당한 바 있다.

본 책자는 세 개의 Part로 구성되었으며 첫 번째 Part는 시큐리티 개요,

기계경비, 기계경비/시큐리티 시스템, 시큐리티서비스 운영 그리고 서비스 제공을 위한 서비스 및 시스템을 운영하는 운영센터에 대하여 설명하고 있다. 두 번째 Part는 시큐리티 시스템 구축에 대한 사항으로 구축절차 및 구축단계, 시스템구축전략 수립, 시스템 구축기획 및 계획서작성, 시스템 설계, 그리고 시스템설비 설치 등에 대한 사항을 다루고 있다. 마지막으로 세 번째 Part에서는 시큐리티 서비스제공을 위한 서비스 운영계획 수립, 서비스 운영체계, 운영지침과 고객센터 등의 서비스데스크 운영에 대한 사항 그리고 시큐리티시스템 운용 및 관리 사항을 다루고 있다. 본서를 통하여 시큐리티 전반에 대하여 이해하는데 도움이 되고, 시큐리티 시스템의 설계, 구축, 운영에 있어 교육교재나 지침서로 업무에 활용되기를 바랍니다. 앞으로 저자는 본서의 미흡한 부분을 보완하고, 실무현장의 의견을 반영하여, 지속적인 보완과 신기술 및 응용분야의 필요한 부분을 추가하는 등 실무자들에게 도움이 되는 지침서가 되도록 꾸준히 노력할 계획입니다.

2013년 10월

겨울의 문턱에서 권영관 씀

목 차

Part 1. 시큐리티 서비스

Part 3. 시큐리티서비스 운영체제 확보

표 목 차

그 림 목 차

Part 1

시큐리티 서비스

제1장 시큐리티 개요

제2장 기계경비

제3장 기계경비/시큐리티 시스템

제4장 시큐리티 서비스 운영

제5장 운영센터

Part

01 시큐리티 서비스

Part 1에서는 흔히 무인경비 또는 시스템경비로 불리는 기계경비에 대한 일반적인 사항을 살펴보고, 시큐리티범주에 대한 개념을 정립해 보고, 시큐리티서비스를 제공하는 전반적인 사항에 대하여 알아본다. 즉 시큐리티에 대한 개요, 기계경비의 구성, 업무, 특성 등에 대한 사항, 시큐리티서비스를 제공하기 위한 시스템 및 서비스 운영에 대한 사항 그리고 서비스 및 시스템 운영업무를 수행하는 운영센터에 대하여 살펴본다.

제1장에서는 기계경비 및 시큐리티에 대한 개념에 대해 살펴보았으며, 제2장에서는 시큐리티 시스템 및 서비스의 기본이 되는 기계경비에 대하여 상세한 사항을 알아본다. 제3장에서는 기계경비의 진화 및 확장된 개념을 적용할 수 있는 시큐리티시스템에 대하여 다루고 있으며, 주요내용으로는 기계경비 및 시큐리티 시스템을 구성하는 가입자장치, 통신네트워크, 관제센터의 구성요소, 관제관련설비, 관제센터 운영에 관한 사항을 들 수 있다. 제4장에서는 시큐리티서비스 운영에 관한 사항으로 서비스 운영체계, 고객에게 서비스를 제공하기 위한 준비단계, 가입고객에 대하여 서비스를 제공하기 위한 고객설비 운용 및 관제에 관한 사항, 상황관제 및 대응에 대하여 알아본다. 제5장에서는 시큐리티서비스를 운영하기 위한 설비운용, 고객 상담 등을 담당하고, 서비스제공 업무의 중심적인 역할을 하는 운영센터에 대하여 살펴본다. 운영센터는 서비스데스크 운영, 시스템설비 운용, 운용조직 및 인력에 대하여 다루고 있다.

제1장 시큐리티 개요

제1절 기본개념

현대사회는 더욱 복잡해진 산업구조로 급속한 경제성장을 이루어 가고 있으며, 사람들은 더욱 쾌적하고 안전한 생활을 추구하고 있다. 특히 개인의 인명과 재산 등의 물질적인 보호뿐만 아니라 가족과 일상생활에 대한 안전욕구충족의 필요성이 커지고 있다. 요즈음은 기업 등의 단체나 개인의 모든 분야에서 안전에 관련된 사항의 중요성이 부각되고 있으며, 시설물 등의 보호와 기업비밀 및 개인정보를 보호하거나, 예방조치를 통하여 피해를 미연에 방지하는 등의 안전 확보가 요구되고 있다. 이러한 안전에 대한 욕구를 충족시켜줄 수 있는 시큐리티서비스는 우리의 일상생활에서 필수요소로 자리 매김 해 가고 있다. 시큐리티(Security)의 사전적인 의미는 안전, 안심, 보안, 경비, 방위, 보호, 보장 등의 뜻을 포함하고 있다. 전통적인 시큐리티 범주는 물리적인 보안의 의미가 커서 주로 경비업무를 의미하였으나, 최근에는 물리적인 위해나 재산상의 피해로 부터의 안전한 보호뿐만 아니라, 무형의 자산이나 인터넷 등의 사이버 공간에서의 정보보호 등을 포함하여 가는 추세이다. 따라서 시큐리티는 인명이나 유·무형 자산의 안전성 확보를 위하여 보호하려는 대상이 해를 입을 상황에 처해 있을 때 즉시 대응할 수 있는 대응체제에 의한 대응 및 예방조치 등의 전반적인 활동을 의미한다고 볼 수 있다.

제2절 물리적 보안

물리적 보안은 사람의 생명이나 신체의 위해 발생을 방지하거나 경제적인 피해를 예방하는 활동 등으로 볼 수 있는데, 대표적인 물리적 보안사례로 전통적인 경비업무를 들 수 있다. 경비의 범주는 그 대상과 실행방법에 있어서 공경비와 민간경비로 구분되기도 하고, 경비업무는 경비 수단에 따라 인력경비와 기계경비로 나눌 수 있다. 경비 대상에 따른 구분으로는 시설경비, 호송경비, 신변보호, 기계경비, 특수경비 등을 들 수 있다. 경비업법에서는 이들 각 경비에 대한 용어에 대하여 다음과 같이 정의하고 있다.

시설경비업무 : 경비를 필요로 하는 시설 및 장소에서의 도난·화재 그 밖의 혼잡 등으로 인한 위험발생을 방지하는 업무

호송경비업무 : 운반 중에 있는 현금 · 유가증권 · 귀금속 · 상품 그 밖의 물건에 대하여 도난 · 화재 등 위험발생을 방지하는 업무

신변보호업무 : 사람의 생명이나 신체에 대한 위해의 발생을 방지하고 그 신변을 보호하는 업무

기계경비업무 : 경비대상시설에 설치한 기기에 의하여 감지·송신된 정보를 그 경비대상시설외의 장소에 설치한 관제시설의 기기로 수신하여 도난·화재 등 위험발생을 방지하는 업무

특수경비업무 : 공항(항공기를 포함한다) 등 대통령령이 정하는 국가중요시설의 경비 및 도난 · 화재 그 밖의 위험발생을 방지하는 업무

이러한 경비업무들은 절도, 화재, 분실, 파괴, 기타 범죄내지 피해로부터 안전을 확보하기 위한 활동을 하는데, 인력에 의한 경비에서 점차 인력을 절감하고 경비효과를 높일 수 있도록 기계장치 및 첨단 컴퓨터 시스템을 활용하는 기계경비로 발전되어오고 있다. 기계경비는 컴퓨터경비, 시스템경비, 무인경비 등으로도 불리고 있으며 최근에는 영상장비 및 영상통신시스템 등을 활용하여 경비업무를 하는 Visual 경비도 접목되고 있다. 그리

고 필요에 따라 기계경비업무의 통합화, 전문화, 세분화가 이루어지고 있으며, 대형업체들은 Visual 경비 도입, 응용범위의 확대 등으로 통합화를 이루어 종합적인 시큐리티서비스를 제공하고 있다. 중소업체들은 시큐리티 영역의 전문분야별 세분화로 경쟁력을 확보해 가고 있다. 예를 들면, 시큐리티 관제업무를 전담하여 중소경비업체에 관제서비스를 제공하는 보안업체도 등장하고 있다.

제3절 사이버보안

현대사회는 경제, 사회, 문화 등의 전반에 걸쳐 인터넷에 의한 사이버공간에서의 활동이 활발해 짐에 따라 개인정보의 수집 및 이용이 일상화되고 있다. 따라서 개인정보의 활용범위가 확대되고 그 가치가 향상되어 개인정보 보호의 필요성은 더욱 커져 가고 있다. 일반적으로 "개인정보"라 함은 당해 개인임을 판단하거나 식별, 또는 식별될 수 있는 등의 모든 정보로서 개인의 사적 영역과 관련된 일체의 정보를 말한다.[1] 즉 [표 11-1]에 나타낸 바와 같이 "개인정보"라 함은 생존하는 개인에 관한 정보로서 성명 · 주민등록번호 등에 의하여 당해 개인을 알아볼 수 있는 부호 · 문자 · 음성 · 음향 및 영상 등의 정보(당해 정보만으로는 특정 개인을 알아볼 수 없는 경우에도 다른 정보와 용이하게 결합하여 알아볼 수 있는 것을 포함한다)를 말한다.

개인정보는 무형자산으로 인식되고 그 정보자산의 가치가 점차 높아짐에 따라 이를 노리는 자(해커 등)들의 공격대상이 되고 있다. 개인정보 침해사고 발생 시에는 당사자의 정신적, 경제적 피해 등 막대한 손실과 피해를 가져다주게 된다. 따라서 고객의 개인정보는 철저히 보호하여야 한다. 특

1) "정보통신망 이용촉진 및 정보보호 등에 관한 법률" 제2조 제6호, 법률 제8778호, 2007.12.21

히 경비서비스를 이용하는 고객의 가입정보, 개인정보 등의 유출 시에는 바로 기계경비의 무력화 및 경비대상물에 대한 재산 피해로 이어질 가능성이 크다. 또한 고객의 개인정보뿐만 아니라 기계경비시스템의 이벤트 자료, 상황정보 등을 안전하게 보호할 필요가 있다. 사이버보안은 다양한 형태의 통신 네트워크 및 시스템을 이용하는 사이버 공간에서 각종 서비스정보, 시스템정보, 개인정보 등의 주요정보를 안전하게 지키기 위한 전반적인 활동을 의미한다.

[표 11-1] 개인정보의 세부적인 구분

구 분	세 부 항 목
신분정보	성명, 주소, 주민등록번호, 본적, 가족관계 등
심신정보	신장, 체중, 건강상태, 병력, 장애 여부 등
내면의 비밀	사상, 신조, 종교, 정치적 성향 등
경제정보	소득규모, 재산상황, 거래내역, 신용등급, 채권채무관계
사회관계정보	전화번호, 주소, 이동전화번호, 직장, 직위 등
생체정보	지문, 홍채, DNA 등
위치정보	GPS, 휴대폰 위치정보, RFID 등
네트워크정보	쿠키(cookies), 로그(log) 등
기타 정보	교통이용정보, 차량 및 차량이용 정보, 통신사실 확인자료 등

출처: 개인정보보호 전문교육자료, KISA, 2006.9, pp 6의 내용 재구성

제4절 기계경비와 시큐리티

기존의 경비는 인력에 의한 경비가 대부분이었으며 점차 경비분야가 다양해지고 경비업무의 확장 등에 따라 많은 경비인력이 필요하게 되었다. 따라서 경비업무의 수행에 있어 인력에 의한 의존도를 줄이고 업무효율성 등을 확보하기 위해 기계경비가 등장하여 발전되어 오고 있다. 일반적으로 기계경비는 가정이나 상점, 빌딩 등의 경비대상 주변에 자동감시용 단말장치를 설치하고, 관제센터와 통신 네트워크로 연결하여, 침입자 발생이나 위급상황 시에 침입감지신호 등의 상황정보를 신속하게 관제센터로 전송하여 관제센터 등에서 적절한 대응조치를 취할 수 있도록 하는 경비업무를 말한다. 기계경비는 경비업무의 효율성과 인력경비의 단점을 보완하고, 고유의 경비업무를 수행할 뿐만 아니라 경비대상의 확대와 생활의 편의성을 확보할 수 있는 방향으로 경비시스템의 진화가 이루어지고 있다.

시큐리티는 안전, 보안 등의 의미를 내포하고 있으며, 물리적인 공간에서는 경비업무에 대하여 총칭하여 사용되고 있고, 인터넷 등의 사이버공간에서는 네트워크 및 시스템에 대한 정보보호 활동을 말하는 것이 일반적이다. 예를 들면, 시큐리티는 호텔이나 빌딩 등의 경비 및 보안을 담당하는 보안업무나 보안담당을 통칭하며, 인터넷이나 인트라넷 등의 정보통신분야에서는 네트워크시큐리티, 시스템시큐리티, 개인정보보호 등의 정보보호 의미로 많이 사용되고 있다. 최근에는 경비업무에 대한 고객의 욕구나 기대수준도 상당히 높아지고 있으며, 재산상의 피해 예방 및 방지뿐만 아니라 편의성에 대한 요구사항들도 늘고 있다. 또한 고객의 개인정보 보호와 네트워크 및 시스템보안의 중요성이 부각되고 있어 사이버공간에서의 활동에 있어 안전성확보의 필요성이 더욱 커졌다. 그러므로 물리적인 보안과 사이버공간에서의 정보보호가 가능한 융합보안 형태의 요구사항들이 점차 많이 나타나고 있다.

현재의 우리사회는 정보화기반의 지식경제 발전을 이루고 있으며 생활의 편의성과 삶의 질 향상에 따라 안전을 확보하고 보호해야할 대상도 다양해지고 있다. 따라서 보다 더 안심할 수 있고 평안한 생활을 영위할 수 있도록, 기계경비업무 진화의 필요성이 대두되어 왔다. 그동안 기계경비시스템에 적용되는 기술수준의 향상과 통신네트워크의 발전을 이루었고, 현재는 이러한 요구사항들을 해소할 수 있게 발전하고 다양한 요구사항의 적용이 가능하도록 기계경비시스템이 진화하고 있다. 최근에는 정보통신기술, 무인경비시스템 기술, 감지기기 및 탐지 기술, 행동인식기술, 상황인지기술 등의 발전으로, 다양한 요구사항을 충족시키고 보다 수준 높은 시큐리티서비스가 가능해졌다. 그리고 시큐리티 적용분야 및 응용분야의 영역이 점차 확대되어가는 추세이다. 따라서 이와 같은 시큐리티업무를 적용 및 활용하여 시큐리티시스템에 눈에 보이는 물리보안뿐만 아니라 가상공간에서의 개인정보 보호 등 사이버 상에서의 해킹 등의 침해사고에 대한 대비책을 마련할 필요가 있다.

앞에서 언급한 바와 같이 시큐리티서비스는 기계경비업무를 포함하여 물리보안과 사이버보안을 접목하는 서비스를 제공할 수 있도록 발전하여 갈 것이며, 물리보안인 경비(警備) 뿐만 아니라 안전에 관련된 모든 것을 포함하는 확장된 개념의 융합보안서비스가 가능해질 것이다. 일반적으로 그동안 시큐리티는 경비관련 분야에서는 물리영역을 지칭하고 인터넷 등의 정보통신분야에서는 정보보호를 지칭하여 왔다. 그러나 최근에는 기계경비에서 발전된 요구사항을 수용하고 수준 높은 서비스를 제공할 수 있도록 진화하고 확장되어 가고 있으므로 경비업무, 보안업무, 정보보호업무 그리고 그 부가적인 업무 전체를 시큐리티 범주에 포함하여 시큐리티 업무라고 할 수 있겠다. 따라서 시큐리티서비스는 기본적으로는 외부의 각종 위해로부터 자신의 생명과 재산 및 이익 등을 보호 받고자 하는 개인이나 기업, 단체 등의 특정한 의뢰인에게 경비 및 안전에 관련된 서비스 및 사이버공간에서의 정보보호를 포함하는 서비스개념으로 볼 수 있다.

제2장 기계경비

기계경비는 통상적으로 기존의 인력에 의존하던 인력경비를 대체하기 위하여 컴퓨터 등의 첨단기계장치를 사용하여 경비원이 없어도 경비업무를 수행할 수 있도록 기계경비설비들과 출동체제 등을 갖추어 경비하는 형태를 말한다. 기계경비는 주로 침입이나 위급상황 발생 시에 경찰이나 소방관서에 신고하여 도움을 받는 체계로부터 발전되어 왔다. 즉, 기계경비는 무인경비의 개념으로부터 출발하여 정보통신기술과 경비시스템의 발전 등으로 기계장치에 의해 24시간 동안의 감시체계 적용이 가능하게 되었다. 최근에는 정보통신기술, 정보처리기술, 행동인식 및 상황인식 기술 그리고 관련 장비기술 등의 발전으로, 다양한 통신네트워크와 최신기술의 감지기기를 활용함으로서 점차 기계의 한계를 극복할 수 있는 첨단 기계경비시스템으로 진화하고 있다. 기계경비는 경비현장의 인력을 무인화내지 최소화하고, 경비현장의 상황정보를 집중화된 원격지의 시스템으로 전송하여, 관제센터에서 관제업무를 수행함으로서 전체적으로는 인력의 투입을 최소화하여 경비효과를 높이고 있다.

제1절 기계경비 체계

1. 기계경비 구성요소

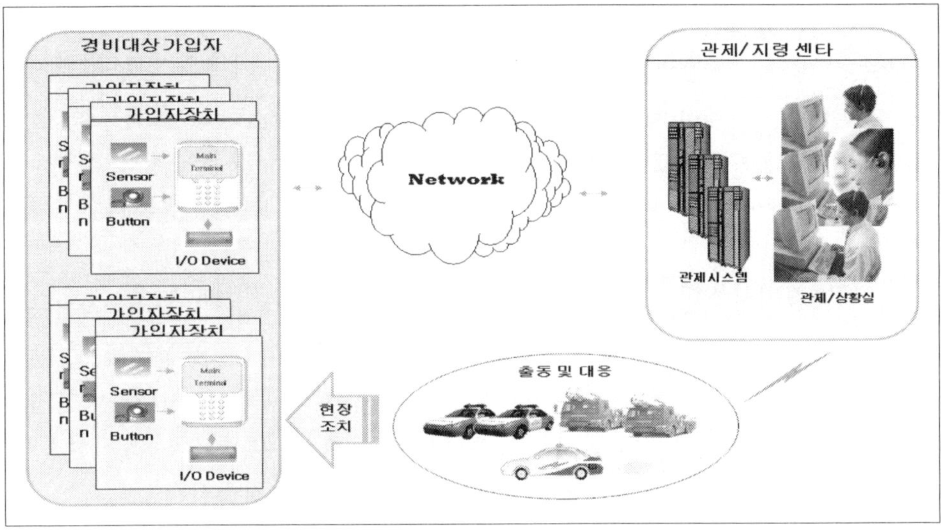

[그림 12-1] 기계경비 기본구성 계통도

기계경비는 대표적인 시큐리티서비스라고 볼 수 있으며, 컴퓨터 등의 기계장치에 의존하여 경비업무를 수행한다. 기계경비의 주요 구성요소는 기계경비 대상가입자인 고객, 경비업무를 수행하는 기계경비시스템, 그리고 상황발생에 대응하기 위한 출동 및 대응 체계를 들 수 있다. 기계경비의 기본적인 구성계통도는 [그림 12-1]과 같으며, 기계경비시스템을 운영하는 기계경비사업자는 관제 및 출동체계 등을 갖추어 가입고객에 대한 경비업무서비스를 제공한다.

2. 구성요소 별 역할 및 기능

가. 고객(경비대상 가입자)

경비대상가입자인 고객은 경비대상 구역에 설치된 가입자장치[2]를 운용한다. 즉, 고객은 가입자장치의 경계설정 및 해제 등의 기능을 작동시킴으로서, 경비대상구역에 대한 경비서비스의 경계를 개시하거나 종료하도록 설정할 수 있다. 통상적으로 경비대상 구역에 사람이 없는 경우에는 경계상태를 유지하고 사람이 있는 경우에는 경계를 해제하여 대기상태를 유지한다.

나. 기계경비시스템

기계경비시스템은 원격지의 경비대상가입자에 대한 경비업무를 수행하며, 크게 나누면 가입자 장치, 관제설비, 통신네트워크로 구성된다. 가입자장치는 침입감지 센서, 제어장치, 통신장치 등으로 구성되며 경계설정/해제 신호, 침입감지신호, 비상벨신호 등을 관제센터로 전송한다.

관제센터의 관제설비는 고객의 현장상황을 바로 알 수 있도록 가입자장치로부터 전송된 경보신호 등을 수신하고 분석할 수 있는 설비이다. 통신네트워크는 관제통신망과 지령통신망으로 구성된다. 관제통신망은 가입자장치와 관제설비 간의 경보신호 및 관련정보를 전송하는 통신망이며, 지령통신망은 관제센터의 관제요원과 출동요원간의 지령 및 출동관련 정보를 전송하는 통신망이다.

다. 출동 및 대응 체계

관제요원은 항시 현장상황을 모니터링하고 침입이나 긴급상황 발생 시에, 수신된 신호 및 정보 등을 활용하여 상황을 통제한다. 관제요원은 수

---

2) 기계경비를 위해 고객의 경비구역 등에 설치되는 장비로서, 고객보안설비, 고객경비시스템, 가입자방범장치 등으로 불리고 있다. 통칭하여 가입자 측에 설치되는 장치라는 의미로 가입자장치라 한다.

신된 경보신호 및 현장상황 관련 정보 분석결과를 토대로 현장대응이 필요하다고 판단될 때는 대응인력을 현장에 출동시켜 대응조치를 취하도록 한다. 출동체제는 경비대상 가입자 규모 및 특성에 따라 지역별, 구역별 등으로 구분하여 적정한 규모의 체제를 갖추고, 기동차량과 출동요원을 배치하여 운용한다. 출동요원은 관할경비 구역 내의 고객에 대하여 정기적, 비정기적인 순찰활동을 하며, 관제요원의 지령에 의해 현장에 출동하고 필요한 조치를 취한다.

3. 기계경비업무 체계

가. 경비업무 개시

기계경비업무를 위하여 경비서비스 고객에 대한 가입자 장치 설치 및 관제센터와의 네트워크 구성 등이 사전에 준비되어야 하며, 경비업무가 시작되면 관제센터에서는 고객의 경비대상 구역에 대한 모니터링을 진행한다. 고객에 의해서 경계설정이 이루어지면 경비업무(경계)가 시작되고, 관제센터에서 경비대상 현장의 상황정보 및 신호, 경보발생 신호 등을 수신하며 그 신호 등에 의한 상황을 모니터링 한다. 수신된 경보신호 등은 대형 관제화면이나 모니터 등에 표출시켜줌과 동시에 관련설비에 저장하여 통계자료의 기초자료로 사용하는 등 신호정보 데이터관리가 가능하도록 한다. 고객에 의한 경계해제 시에는, 경비업무는 대기상태로 전환된다. 대기상태인 고객에 대하여도 관제센터에서는 경비대상 현장의 신호 및 정보 변동이 있는지 등을 계속적으로 모니터링 한다.

나. 상황관제

관제센터의 관제요원은 관제센터에 수신된 고객들의 현장 상황에 대한 신호 및 정보를 정확하게 확인하고, 과거의 데이터나 유사 상황 자료 등의 분석 결과 및 현장 상황을 판단하여 대응한다. 관제요원은 고객의 경비구역현장에 무단침입이 발생하거나 그 외에 긴급한 상황이 발생된 것으로 판단될 때에는 상황별, 유형별 등의 상황대응체계에 따라 출동요원을 출동시켜 대응토록 조치를 취한다. 필요시에는 관련기관에 협조를 요청하거나 고객에게 상황 및 대응사항 등을 통보한다. 관제센터에서는 상황정보, 출동정보, 기기의 오작동 또는 경미한 사항 등에 대한 정보 및 자료들을 정기적으로 분석하여 보고서를 생성하고 관리한다.

다. 출동 및 상황 대응

관제센터의 출동지령에 의해, 출동요원은 해당고객의 현장에 신속하게 출동하여 현장의 상황을 파악하고 필요한 대응조치를 취한다. 출동요원은 현장에 도착하면 관제센터의 지령 및 상황정보 내용과 현장상황을 종합적으로 판단하여 상황대응프로세스에 의해 침입자를 제압하거나 인근의 출동요원 또는 관계기관과의 협력을 통하여 현장상황을 해소하도록 한다. 출동요원은 시각, 청각, 후각, 촉각 등을 총동원하고 현장주변 환경 등을 면밀히 조사하여 정확하고 신속하게 현장상황을 파악한다. 상황 대응체계 및 프로세스는 과거의 사례 및 조치결과 등의 데이터를 토대로 대응절차 및 체계를 미리 수립해 놓는 것이 필요하다. 침입상황이 아닌 경우에는 가입자장치의 점검 및 경계설정 확인, 관제센터의 수신 경보신호 등을 확인하여 적절한 조치를 취한다. 그리고 출동요원은 긴급 상황이나 침입상황 등에 대한 대응결과 및 조치사항 등을 관제센터에 보고하여 기록관리가 될 수 있도록 한다.

출동요원은 평상시에 주기적인 순찰을 통하여 경비대상 고객의 경비대상물에 대한 특징, 상태 등에 대해 익혀 두는 것이 침입여부의 상황판단이나 상황대응에 도움이 된다. 기계경비회사(시큐리티업체)는 경비업무에 임하기 전에, 상황 대응 및 조치에 대한 절차와 행동요령 등을 사전에 수립하여, 출동요원에게 교육하고 반복적인 훈련으로 즉각적이고 효과적인 대응을 할 수 있도록 숙련시키는 것이 중요하다.

제2절 기계경비시스템 구성

기계경비시스템은 외부에서 침입할 수 있는 침입예상경로에 침입감지센서를 설치하고 침입 시에 발생하는 빛, 온도, 자력, 압력 등의 변화량을 감지하여 원격지의 관제센터로 신호데이터를 송신하면, 상황에 따라 관제요원이 대응하거나 출동요원이 출동하여 대처하는 방식으로, 24시간 똑같은 조건과 상태로 경계 및 경비업무를 수행하는 시스템이다. 기계경비시스템은 그 업무의 적용범위나 운용방법, 사업의 성격 등에 따라 침입감지시스템(Intrusion Detection System), 도난경보시스템(Burglar Alarm System), 전자경비시스템 (Electronic Security System), 무인경비시스템, Alarm Monitoring System, Computer based Security System 등 여러 가지 이름으로 불리고 있다. 이러한 기계경비시스템은 크게 나누어 가입자장치, 관제설비, 통신네트워크로 구분할 수 있으며, 그 구성계통도는 [그림 12-2]에서 보는 바와 같다.

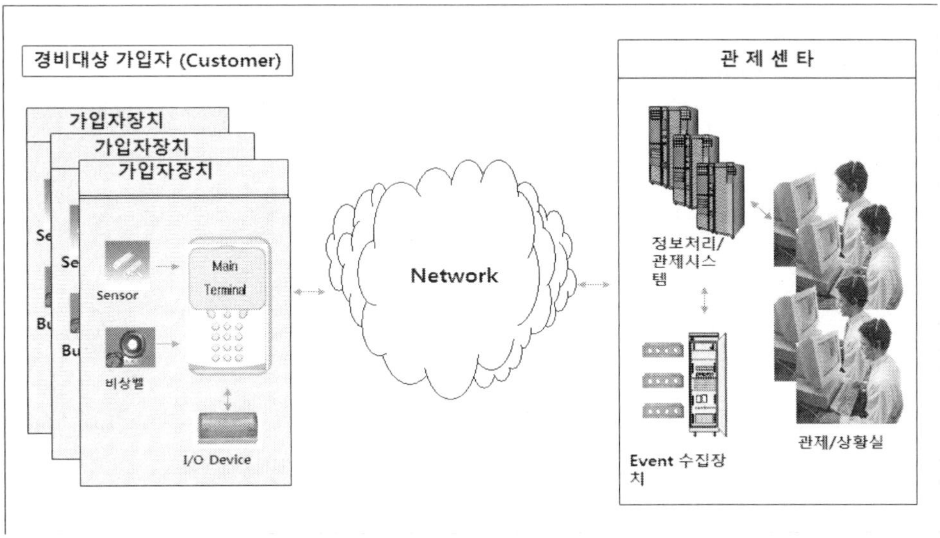

[그림 12-2] 기계경비시스템 구성 계통도

1. 가입자장치

가입자장치는 고객의 경비대상 현장에 위치하여 주로 경비대상물에의 불법침입 등을 감지하고 감지된 신호를 관제센터에 전송하는 기능을 한다. 가입자장치는 침입감지센서, 비상버튼 등의 감지장치, 주장치(Main Terminal 또는 콘트롤러라고 부르기도 한다.), 조작판넬 등으로 구성된다. 주장치는 감지장치의 상황정보에 대한 신호를 송신하는 전송장치와 그 기능을 포함하고 있으며, 가입자장치를 구성하고 있는 각종기기들을 Control하는 기능을 수행한다. 기계경비업무 수행을 위해서, 먼저 경비대상물인 가입자 댁내나 상가 등에 침입감지센서, 비상버튼 등의 감지장치를 설치하고 감지신호 등을 전송할 수 있는 단말장치인 주장치와 접속한다. 주장치와 감지장치가 포함된 가입자장치는 관제센타와 통신이 가능하도록 통신네트워크를 구성한다.

2. 관제설비

관제설비는 전송된 상황정보나 신호 등을 받아서 분석, 처리하여 현장의 상황정보를 관제요원에게 알려주어 관제요원이 필요한 조치를 취할 수 있게 해주는 설비이다. 관제설비는 관제센터에 위치하며 이벤트수집장치, 이벤트정보처리장치, 관제지원설비 등으로 구성된다.

3. 통신네트워크

통신네트워크는 관제센터의 관제설비와 가입자장치 간에 경보신호, 이벤트 신호, 상황정보 등을 전달할 수 있도록 해준다. 통신네트워크는 다양한 형태로 구성할 수 있으나, 경비대상이나 서비스 수준 등에 따라 적합한 통신방식의 통신망을 이용한다.

제3절 기계경비 업무 수행

1. 사전준비

가. 경비시스템 구축

기계경비업무를 수행하기 위해서는 경비대상가입자의 경비대상물이 있는 경비구역에 대하여 침입 또는 이상 상황 등의 정보를 수신하고, 현장상황을 모니터링 할 수 있는 설비들을 갖추어야 한다. 이러한 설비들은 관제센터에 구축되는 것이 보편적이며 관제센터에는 대부분 관제설비실, 관제상황실을 두고 상황관제를 전담하는 등의 경비업무를 수행한다. 기계경비시스템은 관제설비와 고객들의 가입자장치 간에 통신망으로 연결하여 경비대상구역의 상황정보 등을 수신하고 필요에 따라 상황통제에 대한 명령이나 신호 등을 전달할 수 있게 구축한다. 또한 관제센터에 모아진 고객들의 경보신호나 상황정보들을 저장 및 분석하고, 이상신호 이력, 조치내역 등과 함께 필요시 고객의 경비 특성에 대한 통계자료 및 분석 결과 등을 관제요원에게 제공할 수 있도록 시스템을 구성한다.

나. 고객측에 가입자장치 설치

경비대상 고객의 경비구역에 주장치, 침입감지센서, 출입통제장치, 비상벨 등을 설치하고 각 장치들을 연결하여 가입자장치를 구성한다. 가입자장치는 경비구역 내에 설치될 수 있으며, 경비구역이 여러 곳인 경우에는 경비구역이외의 곳에 설치할 수 있다. 가입자장치는 고객의 경비구역에 대한 경보신호 등을 관제센터로 전송하는 기능을 수행하며, 관제설비와 접속되어있는 통신망에 가입자장치를 연결한다. 가입자장치는 보통 경계설정으로 활성화된 이후에 가입자장치의 상태 및 가입자 상황정보, 경보신호 등을 유・무선네트워크를 통하여 관제센터에 전송한다. 일반적으로 경비대상 고객에 대한 경비업무 수행을 위한 가입자장치 설치 및 사전준비 사항은 다음과 같다.

1) 경비대상 고객의 요구사항 및 고객의 특성, 주요경비 대상물에 대한 제반사항 등을 반영하여 경비서비스 제공을 위한 서비스 기획 및 설계를 한다.
2) 경비대상 가입자(가정집, 상가, 사무실 등)의 현장에 각종 감지기, 비상벨 등의 감시 장치, 출입통제 장치 등을 설치하고 가입자측의 주장치와 접속한다.
3) 고객의 가입자장치의 통신포트를 통하여 관제센터의 관제설비에 접속된 통신망에 연결한다.
4) 관제센터에서는 경비대상가입자에 대한 서비스 제공을 위하여 정보입력 및 장비들의 활성화와 해당가입자에 대한 서비스를 open(개통)한다.

다. 관제 및 출동

기계경비서비스를 제공하기 위해서는 기계경비시스템을 구축하고 상황관제체제, 출동체제, 대응체계 등을 갖추어 운영하여야 한다. 상황관제는 기계경비시스템에 의해 수집된 경보 및 상황정보 등을 분석하여 종합적인 판단과 통제 업무를 수행하는 관제업무를 말한다. 출동체제는 상황발생 현장에 신속하게 출동할 수 있도록 준비된 체제이며, 대응체계는 상황발생 등에 대하여 신속한 상황파악 및 판단에 의해 조치를 취할 수 있는 전반적인 대응활동을 말한다.

2. 경비업무 수행 절차

기계경비 업무수행에 있어 핵심은 관제센터의 역할 및 기능으로 볼 수 있다. 관제센터는 경비대상 가입자에 대하여 24시간 침입경보신호, 기기정보 등을 감시할 수 있는 체제를 갖추어 경비업무기능을 수행한다. 관제센터의 관제요원은 경비대상 고객의 비상경보장치가 동작하거나 침입으로 판단되는 긴급 상황발생 시에, 출동요원에게 출동 및 대응 지령을 내리는 등 해당조치를 취하고 상황을 통제한다. 이러한 기계경비의 기본적인 업무수행 절차를 살펴보면 다음과 같다.

① 고객의 선택에 의해 가입자장치를 경계상태 또는 대기상태로 운영할 수 있다. 일반적으로 고객이 주재하고 있는 경우에는 경계해제 또는 대기상태로 운용하며, 퇴근 시 등 경비가 필요한 경우에 경계설정을 한다. 대기상태나 경계해제 상태일 때도 비상벨은 작동이 되므로 위급상황 발생 시에는 비상벨을 작동시켜 위급상황을 알릴 수 있다.

② 고객에 의해 가입자장치를 경계상태로 운용하면 감시 및 제어장비가 작동하여 그 순간부터 경비체계로 전환되어 경비대상물에 대한 감시 등의 경비업무를 수행하게 된다.

③ 기계경비시스템의 경비운용(경계상태) 중에는 경비대상물에 설치된 감지장치의 동작 상태와 각 센서가 이상 물체 및 침입 등을 감지한 신호들을 가입자장치의 주장치에서 수집한다.

④ 가입자장치는 수집된 감지신호, 경보신호, 관련정보 등을 통신네트워크를 통해서 관제센터에 전송하고, 관제센터에서는 그 신호 및 정보들을 해석하고 분석한다.

⑤ 관제센터의 관제요원은 평상시에 경비구역에 대한 상황을 모니터링한다. 경비구역에서 침입 등의 이벤트 발생 시에 관제 요원은 침입감지정보 및 경보신호 등의 상황분석 결과를 종합하여 침입 및 이상 유무를 판단한다. 불법침입과 같은 이상상황 및 위급상황이라고 판단될 때에는 출동요원에게 현장에 출동하여 사태를 수습하도록 지시한다. 필요한 경우에는 경찰관서 등에도 침입상황이나 위급상황을 신고한다.

⑥ 현장에 출동한 요원은 이상상황이나 위급상황이 발생한 가입고객의 현장에서 현재 상황을 파악하고 필요한 조치를 취한다. 현장상황 및

대응조치 등의 사항을 관제센터에 알리고 필요시 관제센터와의 긴밀한 연락체제를 유지하면서 후속 대응조치를 취한다.

⑦ 출동요원은 현장 확인 및 가입자장치의 점검결과 이상이 없을 경우에는 관제센터에 현재 상황 및 이상 없음을 통보하고 경비체제(경계상태)로 전환하여 유지시킨다.

3. 대응 및 조치사항 기록관리

관제센터에서는 해당고객의 이벤트 발생부터 종결될 때까지의 출동, 대응, 조치에 대한 모든 사항을 시간대별로 기록하여 향후 통계자료로 활용할 수 있도록 정해진 보고서 양식에 입력하고 저장한다. 입력보고서 양식은 가입자별, 경보발생신호별, 유형별 등의 상황과 조치내역들에 대한 이력관리가 가능하도록 작성됨이 중요하다. 대응조치 기록 등은 데이터베이스 검색 및 관련시스템의 처리 및 분석 과정 등을 통해서 필요시 언제든지 개별 처리결과 내용이나 관련 통계를 조회하거나, 고객의 경보신호이력 등과 비교하여 관제업무 수행에 활용할 수 있다. 경비대상고객의 이벤트발생 등의 상황에 대응하기 위해 관제센터의 지령에 따라 출동한 경우에 출동요원은, 출동 지령 이후의 대응에 대한 시간대별 조치사항, 출동시의 가입자 상태, 현장상황 등을 기록하고 관제센터에 보고한다. 대응조치에 대하여 기록 관리되어야 할 주요 사항은 다음과 같다.

- 이벤트발생 고객, 이벤트 발생내용, 일시, 조치내용 등의 기본정보
- 이벤트 발생에 대한 세부 대응사항
- 이벤트 발생 고객에 대한 출동사항
- 출동시의 대응 및 조치사항 등

제4절 기계경비 특성

1. 기계경비의 형태

기계경비는 외부의 침입자나 위해자로부터 재산을 보호하고 인명 등의 안전을 확보하는 업무를 수행하며, 감시 및 관제 시스템 구성형태나 감시방법, 경비대상 및 용도 등에 따라 다양하게 분류될 수 있다. 기계경비의 범주에는 컴퓨터경비시스템, CCTV시스템, 출입통제 시스템 등에 의한 경비형태가 포함되고 있으며, 기계경비의 핵심요소인 관제업무의 관제방법에 따라 분산관리 형태, 중앙 집중관리 형태, 혼합관리 형태 등으로 나누어 볼 수 있다.

가. 분산관리

분산관리에 의한 경비유형은 경비대상물 마다 관제시스템을 두어 각각의 로컬관제업무로 분산하여 관리하는 형태이다. 이는 경비대상물이 빌딩이나 공장 등 대규모 사업장의 현장인 경우에 주로 적용되며 사업장내에 관제센터를(보통 로컬 시스템(Local System)이라 불린다) 두어 각 사업장별로 기계경비를 적용하고 인력경비에 투입되는 인력을 소수화 하여 적은 인력과 기계경비를 혼합하여 운영하는 형태이다. 이는 사업장의 현장에 상주경비원을 최소화하여 경비를 줄일 수 있으며 각 사업장의 현장별 특성에 맞게 관제업무를 수행하여 적정한 경비효과를 얻을 수 있다. 이 방식은 사람이 순찰하거나 감시하기 어려운 곳이나 사각지대 같은 곳에 센서 등의 감지장치나 CCTV와 같은 감시장치를 설치하여 24시간 감시할 수 있으며 필요한 정보를 저장 및 보관한다. 이러한 방법은 일반적으로 사업장내의 감시센터에서 상주경비원이 근무하면서 이상이 발견되거나 이상상황이 감지될 때 출동하여 대처하는 형태의 사람과 기계의 혼합형 경비시스템 방식을 말한다.

나. 중앙집중관리

중앙집중관리에 의한 경비유형은 경비대상물들에 대하여 기계경비용 가입자장치를 설치하고 경보신호 등에 대한 정보의 수집을 집중화하여 중앙에서 집중적으로 관리하는 형태이다. 관제센터는 중앙관제를 하며 이중화 또는 이원화 운영할 수 있다. 이는 경비대상 현장에 경비원을 배치하지 않고 각종 센서와 컨트롤러 등의 기계장치(가입자장치)를 설치하여, 이상이 발견되거나 침입상황이 감지될 때 가입자장치에서 전송된 신호에 의해 출동요원이 출동하여 처리하는 경비방식이다. 보통 무인경비 또는 기계경비가 이 방식에 속한다. 이러한 경비방식은 경비 대상 시설물에 사람이 없이 운영되며 침입이나 이상상황 발생 등의 현장상황에 대한 감지신호나 정보를 통신회선을 매개체로 관제센터에 전송하여 관리하며 상황에 대응하는 서비스를 제공한다. 중앙집중관리 방식은 출입통제, 침입감지, 화재 감시, 영상감시, 엘리베이터 작동, 구급/비상 통보 등을 원격지의 집중화된 곳에서 모니터링하고 통제할 수 있어 관제업무 의 효율성을 높이고 전문화 할 수 있다. 그밖에도 원격지에서 각 가입자에 대한 원격검침, 장비의 이상유무 확인, 기계경비장치의 설정 및 해제 등의 기능을 수행 할 수 있다.

다. 혼합관리

혼합관리 형태의 경비유형은 앞에서 설명한 분산관리와 중앙집중관리가 혼합된 형태로서 대규모 사업장이나 아파트 등의 공동주택 현장에 많이 적용된다. 평상시에는 로컬관제 형태로 운영하며, 중앙관제는 Back up 역할을 수행하다가 필요시에는 중앙에서 관제를 수행하는 방식이다. 이 방식은 로컬관제나 상주요원 공백 시의 취약점을 보완하고 인력의 효율성을 확보할 수 있다. 또한 이는 주로 대규모 사업장이나 공동주택의 밀집지역에 효과적이며 로컬관제를 경비지역 단위로 그룹화 하여 통합운영 할 수 있고 중앙관제와 결합하여 혼합관제형태로 운영하므로 통합운영시의 문제점을 해결할 수 있다.

2. 기계경비의 특징

기계경비는 기존의 인력경비에 대한 보완책으로 등장하여 인력경비의 단점을 보완하고 그 한계성을 극복할 수 있도록 발전된 기술을 적용하여가고 있다. 또한 효과적인 경비방법, 인식기법, 첨단보안시스템들이 등장하여 보다 완벽한 경비업무의 제공을 추구하고 있다. 기계경비의 적용 및 활용에 있어서도 첨단시스템과 발전된 기술 및 기법 등을 사용하여 안전 및 방재에 관련된 업무들과 원격관리 등 다양한 분야로 응용범위 및 서비스가 확대되고 있다. 이러한 기계경비의 특징을 살펴보면 다음과 같다.

가. 경비 및 방범 효과

해양오염, 원자력, 국가중요시설, 기업체, 학교, 상점, 지하주차장, 개인주택의 사각지대 등 인력으로 감시 및 경비가 곤란한 곳에 대하여도 24시간 감시가 가능하고 감시결과에 대한 정보의 기록 및 보관에 특히 효과적이다.

나. 경제적 효과

기존의 경비체계나 경비시설들을 기계경비체제로 운영하려면, 초기에는 적지 않은 비용이 소요되겠지만 장기적으로는 다음과 같은 효과가 있다.

- 기존 경비인력을 최대한 축소하여 보다 효율적이고 경제적으로 경비시스템을 구축할 수 있어 비용절감의 경제적 효과를 얻을 수 있다. 즉, 인력경비 대비 경비절감 효과를 기대할 수 있다.
- 직원들의 당직, 숙직에 따른 사기저하 및 불만을 해소하는 효과를 얻을 수 있다.
- 위험지역, 오지, 특수지역 등에 대한 고비용 인력 등 특수경비인력 투입에 따른 비용을 절감하는 효과를 얻을 수 있다.

다. 기계경비의 장점

- 상주 경비원이 없으므로 인건비 등 소요비용이 저렴하여 경제적이다.
- 24시간 계속적인 감시가 이루어지므로 인간의 감시보다 안정적이다.
- 경비현장에 대한 경비원의 인사사고 발생 위험이 없다
- 사고발생 시 인명피해 가능성이 적다.
- 정보통신 및 정보처리 기술을 적용한 시스템 운영으로 사건, 사고 등을 정확하게 기록 관리할 수 있다.
- 범죄예방 효과를 얻을 수 있다.
- 침입이 발생한 현장에 대하여 경보음을 발생시키거나 경고장치에 의한 경고 등을 통해 범죄행위를 중단시킬 수 있다.
- 배상제도 활용 및 경비업무의 효율성을 확보하는 등 고객의 만족도를 높일 수 있다.
- 안전 및 재난 등에 관련된 부가서비스 적용이 가능하다.

라. 기계경비의 단점

- 사고발생 시 출동시간이 지연될 수 있다. 현장 출동에 출동시간이 소요되어 신속하고 정확한 현장 대응조치가 미흡할 수 있다.
- 기기의 고장으로 오작동이 발생할 수 있다. 따라서 오경보 등의 문제로 인한 불필요한 노력과 비용의 낭비요소가 있다.
- 경비효과는 기계의 성능 및 관제 소프트웨어 등에 대한 의존도가 높고, 관제요원의 기량수준에 따라 침입상황 등에 대한 적정한 대응의 차이가 발생할 수 있다.
- 기계경비용 기기를 예상 침입로로 선정된 설치장소에 고정시키기 때문에 예상된 장소 이외에서 발생한 침입 등의 이상 현상은 탐지할 수 없는 등 경비의 사각지대가 존재할 수 있다.

3. 기계경비 응용분야

기계경비는 경비대상물의 경비구역에 설치한 기계경비시스템의 기능 위주로 원격지에서 집중 감시하는 업무로서 각 분야의 경비 업무를 대체 하거나 보완하는 형태로 발전하고 있다. 최근에는 정보통신 네트워크와 시스템기술, 정보기술 등의 발전으로 인력에 의존할 수밖에 없는 한계를 극복해 가는 시큐리티시스템 및 솔루션들이 등장하고 있으며 그 응용분야 또한 매우 광범위해지고 있다. 따라서 전통적인 기계경비 업무를 포함하여 고객의 안전과 재산보호, 위협요소나 범죄에 대한 예방활동, 안전에 관련된 응용서비스 등의 업무를 수행하는 서비스로 발전되고 있다. 기계경비의 기본적인 기능은 상황감시 및 통제와 원격관리 기능을 들 수 있으며 그 적용분야의 예는 다음과 같다.

가. 상황감시 및 통제

- 사람 및 차량 등의 출입통제, 화재 및 가스누출 감시
- 경비대상구역의 주·야간 24시간 상황 기록 및 감시(영상 및 음성 등)
- 엘리베이터 등의 시설물에 대한 동작상태 및 작동 통제
- 원격검침 및 경비대상 현장의 원격 감시
- 산림화재, 해양오염, 원자력 건물, 농경지의 고가 및 특용 작물 등에 대한 시설물 감시
- 스프링클러, 환경, 공기정화 설비 등의 동작 감시
- 비상상황 통보

나. 원격관리

- 시설물 개폐기능
- 시스템 테스트, 유지관리

- 시스템 기능 설정 및 해제
- 공장, 매장, 사업장 등의 원격 모니터링 및 관리

원격관리기능은 상황감시 결과에 대한 조치에 도움을 주고, 시스템의 유지 관리를 효율적으로 수행할 수 있다. 그 밖의 응용분야로는 상품도난방지시스템, 보안검색시스템이나 체온/혈압 측정정보 전송 및 원격진료 기능을 들 수 있다. 또한 수송차량, 도난차량, 위급상황차량, 조난자 등의 위치정보 수집 및 대응조치도 가능하다. 최근에는 영상정보 인식기술 등의 발전에 따라 그 응용범위가 더욱 확대되고 있다.

4. 기계경비의 진화

일반적인 기계경비의 구성은 감지, 신호인식, 신호전달, 출동 및 대응으로 이루어지고 있으며, 정보통신의 발전으로 경비대상물의 현장상황 확인 및 감시 기능이 더욱 정밀해지고 정확성이 향상되고 있어 기계경비서비스의 신뢰성 향상이 가능해지고 있다. 따라서 최신의 정보통신기술 및 관련 솔루션 등의 적용으로 기계경비 사업에 있어 고객 맞춤형서비스 및 세분화서비스가 가능해 졌다. 고객 요구사항의 다양화로 기본적인 기계경비 업무 이외에 고급형태의 경비서비스나 안전 및 편리성을 높이는 부가서비스 제공이 필요하게 되었다. 요즘은 이러한 고객요구를 수용할 수 있는 경비시스템의 기술발전이 이루어져가고 있어 진화된 기계경비서비스를 제공할 수 있게 됨으로서, 고객에게는 선택의 폭을 넓혀주고 사업자는 서비스 상품 다양화와 서비스 품질 향상을 도모할 수 있다.

최근에는 정보통신기술과 접목된 융·복합화가 급속히 이루어지고 있으며, 기계경비가 발전되거나 진화된 시큐리티서비스를 적용할 수 있는 응용 분야가 확대되고 있다. 그 적용범위는 일상생활에서부터 특별히 관리가 필요한 모든 장소와 영역에 이르기까지 전분야로 확대되고 있다. 즉 방범이 필요한 분야는 물론 인명안전에 관련되거나 위험의 잠재적 발생가능성이 있는 모든 장소에서 시큐리티서비스가 적용되는 추세이다. 그 주요한 변화추세의 하나는 영상감시분야라 할 수 있다. 이전에는 주로 감지신호 데이터 및 음성정보 중심으로 이루어지던 경비에서 점차 영상정보 기반의 Visual 모니터링 및 행동인식, 안면인식 등의 기술이 적용되면서 무인경비(기계경비/ 시큐리티 서비스)의 효과와 가치를 높일 수 있게 되었다. 영상센서는 다른 센서들과 함께 사용되어 다양하고 복합적인 현장 환경을 보다 세밀하게 파악하고 침입자를 감지 및 인식할 수 있는 주요한 정보획득수단이 되고 있다.

지능형 영상탐지 및 추적기술은 영상센서의 시야범위 내에 존재하는 다수의 이동목표물의 위치나 크기, 속도 등의 정보뿐만 아니라 목표물 영상의 2차원적 특징, 기하학적 관계, 3차원 형상적 특징, 상관성까지 인식, 학습하는 것이 가능하다. 따라서 영상센서에 의한 영상탐지 및 추적기술은 경비대상 환경을 사전에 인식하고 학습하여 목표물을 탐지하고 목표물의 위치와 변화를 판단하여 식별 및 추적이 가능하다. 이와 같은 영상센서에 의한 지능형 영상감시, 영상탐지 및 인식, 추적기술을 적용할 수 있는 분야는 매우 광범위하며 대부분의 영역에서 유용하게 응용할 수 있다. 그 응용방안의 예를 들면, 은행의 무인 현금입출금기기인 ATM의 CCTV에 지능형 영상센서 기능을 적용하여 활용하는 방안을 들 수 있다. 즉, ATM기기와 지능형 영상센서를 연동하여, ATM기기 이용 시 신용카드나 통장의 비밀번호가 틀린 경우 사용자의 얼굴을 인식하여 본인확인 후에 ATM기기 이용을 계속 진행할 수 있도록 한다. 본인이 아닌 경우에는 ATM기기 이용을 중지시키거나 보안요원 또는 경찰을 출동시킬 수도 있다.

또한 기계경비의 진화를 이끌어갈 수 있는 기술발전의 예로 센서의 무선화와 경비구역 구내통신의 광무선화를 들 수 있다. 무선센서를 사용하면

센서 설치위치의 한계성을 극복할 수 있고 시스템과의 접속에 유연성을 부여할 수 있다. 그러나 센서 무선화에 있어 센서와 통신Chip의 소모전력 및 전원공급에 대한 사항을 해결해야 보편적 이용이 가능해 질 수 있다. 경비구역 내 통신의 무선화는 가입자장치와 센서 또는 주변기기 등과의 접속에 있어 여러 가지 장점들이 있으나 그동안 무선특유의 보안성 문제 등으로 보편화되지 않았다. 최근에는 무선광통신기술의 발전으로 무선방식의 광통신방식에 의해 영상정보 등 대용량의 정보전송이 가능해졌다. 따라서 CCTV의 영상정보 등 대용량의 정보전송에 유용하게 사용될 수 있게 되었다. 현재 적용 가능한 기술들로 무선센서에는 블루투스나 지그비 기술을, 경비구역 구내통신에는 자유공간광학(FSO: Free Space Optics) 및 가시광통신(VLC: Visible Light Communication) 기술을 들 수 있다.

- 블루투스(Bluetooth) : 2.4GHz의 주파수를 사용하여 10m가량의 전송거리에 1Mbps의 전송속도를 가지는 무선기술이다. 가장 큰 장점은 100mW이하의 저 전력으로도 구동이 가능하며, 보안성도 뛰어나다. 근거리통신기술 중에 표준화가 매우 잘 준수된 기술에 속한다.

- 지그비(ZigBee) : 2.4GHz 대역을 사용하며 259Kbps 정도의 전송속도를 나타낸다. 지그비는 제어용 센서규격으로 많이 쓰이고 있고, 저 전력이며 저 가격의 특성이 있다. 전송거리는 10~70m 정도로 양방향 통신을 지원하는 무선Mesh기술을 사용하며, 배터리는 수개월에서 수년간 지속될 수 있다.

- 자유공간광학(FSO) : 1.25Gbps~2.5Gbps의 전송속도로, 전송가능거리는 최대 1~2Km(실제 500m 이내에서 사용)이며, 대용량의 무선광통신이 가능하다. 보안망이나 CCTV 망 등에 사용할 수 있다.

- 가시광통신(VLC) : LED조명기술과 무선통신기술을 접목하여 사용 가능한 융합기술로 등장하였다. VLC는 인간의 눈으로 인지할 수 있는 가시광 파장대역의 빛을 이용하여 무선으로 정보를 주고 받는 무선통신기술이다. 고속의 대용량 전송이 가능하고 주파수의 사용 허가 및 RF 간섭 없이 사용이 가능하다는 장점이 있다.

제3장 기계경비/시큐리티 시스템

기계경비/시큐리티 시스템은 무인 경비업무를 수행하는데 필요한 시스템으로, 기계경비시스템은 주로 경비업무를 위주로 구축되는 전통적인 경비업무시스템이라면 시큐리티시스템은 기존의 경비업무 뿐만 아니라 향후에 나타날 수 있는 응용분야 등에 확장된 서비스를 적용할 수 있도록 구축되는 시스템이라 할 수 있다. 즉, 기계경비시스템과 시큐리티시스템은 기본적인 구조 및 그 구성이 같은 무인 경비시스템으로 볼 수 있으며, 그 기능이나 서비스의 확장 및 적용범위가 넓고 여러 응용서비스를 수용할 수 있도록 기계경비에서 확장되거나 진화된 시스템을 시큐리티시스템이라 하겠다. 기계경비/시큐리티 시스템은 대별하면 가입자장치, 관제설비, 관제 및 운영센터 그리고 각 설비들과 관제센터의 설비들 간에 통신을 할 수 있도록 연결해주는 통신네트워크로 구분할 수 있다.

제1절 가입자장치

1. 가입자장치의 기능

주로 경비대상 가입자의 댁내에 설치하여 운용되는 가입자장치는 침입감지 및 경보신호전달, 자체적인 경보음발생 및 경보표시 기능 등을 갖추어, 경비현장의 상황발생에 대한 상황정보 등을 관제센터에 전송하여 관제요원이 대응할 수 있게 해준다. 가입자장치의 주요기능은 다음과 같다.

- 경비구역의 침입발생에 대한 경보신호 및 관련정보 전송

- 침입감지에 대하여 경보음을 발생시키는 등의 자체경비업무 수행
- 가입자장치, 감지장치 등의 동작상태, 경계설정 및 해제 등에 대한 동작상태 전송
- 관제센터로 부터의 원격제어 명령 수신 및 실행
- 비상벨 작동 시에 즉각적인 상황정보 전송
- 경비구역내의 출입자 통제 및 관련 정보 전송
- 평상시 주장치에 접속된 감지장치의 Polling, 감지장치 등의 작동상태, 전원상태 등에 대한 이벤트 정보 전송 등

2. 가입자 장치의 구성

가입자장치의 일반적인 구성도의 예는 [그림 13-1]과 같으며, 가입자장치는 주장치와 감지장치, 경보장치, 조작판넬 등으로 구성된다. 가입자장치를 구성하는 각 장치들의 개략적인 기능 및 역할을 다음과 같다.

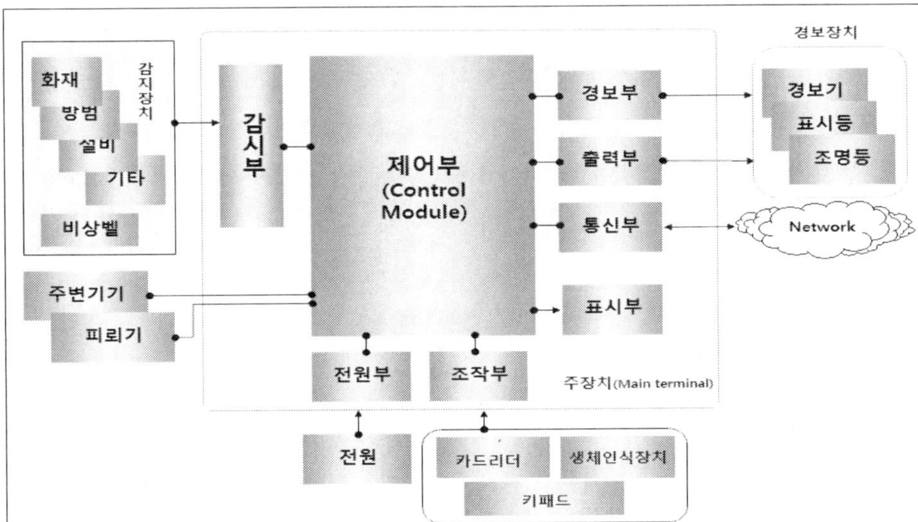

[그림 13-1] 가입자장치 구성도의 예

가. 주장치(Main Terminal)

주장치는 가입자장치의 모든 기능을 제어하는 제어장치(Controller)로서, 경비대상물의 경비구역에 대한 침입 감지신호, 경보신호, 설비동작정보, 가입자장치의 동작상태 등을 관제센터로 전송하고, 관제센터에서 전송된 통제명령 등에 따라 경비구역 내에서 자체적으로 무인경비업무를 수행하는 기능을 한다.

나. 감지장치

감지장치는 화재, 방범, 설비, 기타 감지센서, 비상벨 등으로 구성되며, 경비구역의 화재발생 감지, 침입감지, 엘리베이터나 전력설비 등의 동작감지, 기타 도시가스 누출이나 급수량 등의 감지상태 또는 비상벨작동 상태(긴급 상황 발생)를 주 장치에 알리는 기능을 한다.

다. 경보장치

경보장치는 침입자나 근무자에게 경고함으로서, 침입자의 침입행위를 중단하도록 하거나 근무자가 적절한 조치를 취할 수 있게 해 주는 기능을 한다. 침입감지기의 작동 시, 조작판넬의 오 조작 시 또는 침입을 위한 의도적인 조작 시에, 소리나 빛을 이용하여 경보음을 발생시키고 경광등을 동작시켜 침입자 및 근무자, 주변사람 등에게 침입시도를 알려주는 역할을 한다.

라. 조작판넬 등의 장치

이는 기타장치들로 주변기기, 피뢰기, 조작판넬, 전원공급장치 등을 들 수 있다. 주변기기는 주장치의 기능 확장 또는 하나의 주장치에 여러개의 부장치를 설정한 경우 등에 대한 접속 인터페이스를 제공한다. 피뢰기는 주장치를 낙뢰로부터 보호하는 기능을 한다. 조작판넬은 카드리더와 키패드, 생체인식 장치 등으로 구성되며 경계설정 및 경계해제나 출입통제 허용조건 인식 등의 조작기능을 제공한다. 전원은 상용전원을 사용하며 정전 시 등에는 DC 배터리 전원이 공급되도록 구성하는 것이 일반적이다.

3. 주장치(Main Terminal)

주장치(Main Terminal)는 가입자장치의 핵심역할을 하는 Controller장치로서, 경비대상물에 대한 경비업무 수행 시 발생되는 침입 등의 이벤트 신호를 수집하여 관제센터에 전송하고 관제센터의 명령에 따라 침입대응 등에 필요한 자체적인 경비기능을 수행한다. 주장치는 경비대상가입자에 대한 경비적용구역의 규모에 따라 지역통제와 중앙통제로 구분하여 운용할 수 있으며, 하나의 주장치에 여러 개의 부장치를 연결하여 경비기능을 수행할 수 있다. 이때는 주장치를 중앙통제장치, 부장치를 지역통제장치라 부른다. 주장치와 부장치는 경비대상이 동일한 건물에서 각기 다른 층에 산재해 있거나 경비대상구역이 여러 곳인 경우에 적용할 수 있다.

가. 구성

주장치는 가입자장치의 통제기능을 수행하는 장치로서 [그림 13-1]에서 보는 바와 같이 감시부, 제어부, 경보부, 출력부, 통신부, 표시부, 조작부, 전원부 등으로 구성될 수 있다.

나. 주요기능

주장치의 주요기능은 가입자장치의 전반적인 통제업무를 관장하며, 경비구역에 출입이 인가된 사람의 출입확인 및 허용하고 감지장치가 감지한 경보신호 등의 정보를 관제센터에 전달하는 역할을 수행한다. 필요시에는 경보장치를 작동시켜 침입자나 근무자 등에게 경고하는 기능도 수행한다. 또한 관제센터로부터 원격제어 명령을 받아 경비대상 가입자의 경계설정이나 해제 또는 설비 등의 동작설정을 수행하기도 한다.

다. 주장치의 동작

주장치는 감시부, 경보부, 출력부, 통신부, 표시부, 조작부, 전원부 그리고 제어부로 나눌 수 있으며 각 부분별 기능 및 동작은 다음과 같다.

1) 감시부

감시부는 경비대상물의 경비구역 현장에 설치한 비상벨이나 감지기와 접속하여 비상벨 및 감지기의 동작상태 확인기능을 수행하며, 각각의 감지장치의 동작여부에 따라 침입발생이나, 위급상황 등에 대한 이벤트를 감시하고 해당신호를 수신하는 역할을 한다.

2) 경보부

경보부는 경비대상물 구역 내부적으로 경보기를 작동시켜 경보음을 발생시키거나 경광등을 동작시켜, 침입자에게는 침입행위를 그만두게 하는 효과를 얻고, 경비구역 등의 근무자나 고객, 주변사람들에게 불법침입이나 위험사실을 알려 준다

3) 출력부

침입감지 등의 이벤트 발생 시 경비대상물의 경비구역에 미리 설정된 경로의 조명등을 켜서 침입경로를 확인하고 도주를 유도하거나, 표시등을 켜서 출동요원 등이 침입구역 및 침입자를 쉽게 찾아 대응할 수 있도록 하는 역할을 한다.

4) 통신부

경비대상물의 경비구역에서 감지된 경보신호나 이벤트신호를 관제센터로

전송하며, 관제센터의 명령을 제어부에 전달한다. 또한 가입자장치의 명령 수행 결과, 각장치의 동작상태 정보 등의 관련데이터를 전송한다.

5) 표시부

가입자장치의 동작상태를 표시하여 주며, 경계 설정 및 해제, 출입 허용 및 통제 등의 정보를 표시하여 패널조작자가 알 수 있도록 해준다.

6) 조작부

카드리더나 키패드, 생체인식장치 등의 접속이 가능하도록 조작패널과의 인터페이스를 제공한다.

7) 제어부

주장치 각 입력부의 정보를 수신하고 해석하여 경보부, 출력부, 통신부 등 해당 부로 정보를 보내거나 해당명령을 처리하고 제어하는 기능을 수행한다. 또한 관제센터에서 전송한 명령을 수신하여 그 명령을 해석하고 각 명령별로 미리 설정되어있는 기능을 수행한다.

8) 전원부

가입자장치가 동작할 수 있도록 전원장치로부터 전원을 공급받고 전원을 안정화하는 등의 기능을 갖춘 전원연결단자 또는 접속포트이다.

9) 주변기기나 피뢰기 접속 포트

가입자장치의 기능을 확장할 수 있는 주변기기 등의 접속포트를 제공하며, 피뢰기 접속포트는 외부의 낙뢰 등으로부터 가입자장치를 보호하기 위한 피뢰기를 접속할 수 있도록 한다.

4. 감지장치

감지장치는 [그림 13-1]에서 보는바와 같이 화재, 방범, 설비, 비상벨, 기타 센서로 구성된다. 감지장치는 경비구역에서 발생하는 침입을 감지하거나 화재발생 감지 등의 현장상태의 변화를 감지하여 주 장치에 알리는 기능을 한다. 방범용 감지장치는 주로 침입감지 센서를 말하며, 경비에서 가장 중요한 요소 중의 하나인 방범을 위한 상황감지기능을 담당하는 장치이다. 이는 경비대상물의 침입 등 이상상태를 감지하여 주장치에 감지신호를 전송하는데 경비대상물이나 경비구역 등에 따라 다양한 종류의 센서가 여러 개 필요할 수 있으며 경비효과를 높이기 위하여 각 기능별 감지센서가 복합적으로 사용되기도 한다. 침입감지용 센서는 주로 경비대상물에 대한침입경로에 설치하여 침입자가 접근하는 경우에 침입을 감지하는 장치로서 경비대상시설의 규모나 구조 등에 따라 설치되는 센서의 종류나 수량이 달라진다. 센서의 주된 기능은 주로 압력, 장력, 열감지, 마이크로파 감지 등에 의해 접점 동작이나 전기적인 신호를 발생시켜 해당신호를 주장치로 전송한다. 비상벨은 수동으로 작동되며 긴급 및 비상상황 발생 시에 사용된다.

일반적으로 센서는 물리적센서, 화학적센서, 생물센서, 광음센서, 전자기센서 등으로 나눌 수 있다. 물리적센서는 온도, 습도, 가속도, 터치, 압력, 진동, 지진도, 시각, 위치, 좌표 등을 감지하는 것을 말한다. 화학적센서는 먼지, 화학약물, 독Gas 등을, 생물센서는 혈액, 세균, 곰팡이, 효모, DNA, RNA 등을 감지하는 것을 말한다. 광음센서는 빛에 의한 영상이나 소리를 감지하는 센서로 카메라, 마이크 등을, 전자기센서는 전기자기파를 감지하는 안테나 등의 센서를 말한다. 침입감지를 위해 사용되는 센서의 종류는 다양하며 경비대상물이나 경비구역의 환경에 적합한 센서를 선택하여 침입감지 및 침입예방 등에 효과적인 기능을 발휘할 수 있게 사용한다. 센서는 작동형태에 따라 능동형과 수동형으로 구분할 수 있으며, 각각의 장점과 단점을 파악하고 각 센서의 특성을 고려하여 적용할 필요가 있다.

가. 수동형 센서

수동형센서는 침입자의 침입행위 등의 행동에 의해 스위치의 기계적 작용으로 반응하여 작동하는 센서이다. 센서의 종류는 접점스위치, 마그네틱스위치, 전선스위치, 압력스위치, 관성스위치, 비상스위치, 압전매트, 셔터감지기, 유리파손감지기, 화재감지기, 연기감지기, 금고감지기 등을 들 수 있다.

1) 스위치센서

스위치센서는 가장 간단하면서도 널리 사용되고 있는 센서로, 마그네틱스위치나 접점스위치가 대표적이다. 스위치센서는 침입자의 물리적인 행동이 스위치회로를 직접적으로 변화시켜 신호를 발생시킨다. 이 센서는 출입문을 통한 침입을 감지하는 등 가장 간단하면서도 경제적으로 사용할 수 있다. 이는 주로 출입문이나 창문에 부착하여 문이 열리고 닫히는 것을 감지하는데, 가장 보편적인 기계스위치 형태인 접점스위치는 감지기능 외에도 문이 열리고 닫히는 것을 확인하기 위해 널리 사용되고 있다. 대부분의 감지센서 동작은 최종적으로 스위치기능을 하는데, 마그네틱 센서나 접점스위치는 문이나 창문이 열리면서 스위치를 작동시킨다. 또 다른 스위치센서의 예를 들면 유리나 방범망의 파손을 감지하는 센서로, 얇은 전선을 유리나 방범망에 입혀 설치하고, 침입자 등에 의해 유리창이나 방범망이 손상되면 이 얇은 전선이 절단되면서 회로가 작동됨으로써 침입 등을 감지할 수 있게 된다. 이와 같은 기능을 하는 센서들을 응용하여 다양한 형태의 센서네트워크를 구성할 수 있어 침입감지효과를 높이도록 사용할 수 있다.

2) 유리파손감지 센서

유리가 파손되는 소리나 파손될 때 생기는 진동에 의해 침입을 감지하는 센서로 모든 유리 소재에 동일하게 적용할 수 있으므로 어떤 환경에서도 사용이 가능하다. 유리파손 감지센서는 보통 압전물질을 사용하여 진동에너지를 전기에너지로 바꾸어 준다. 이는 유리가 파손되면서 발생하는 기계적 진동에 의해 센서가 동작함으로서 경보신호를 만들어 낼 수 있다. 유리가 깨지면서 발생하는 예리한 소리는 들을 수 있는 소리이면서 초음파 영역에 속하는 진동파를 가지고 있어, 잘 설계된 유리파손감지센서는 초음파의 주파수에서 발생한 에너지만을 추출하여 감지신호를 생성한다. 최근의 건축물들은 2중창이나 3중창 등이 사용되고 있어 여러 겹으로 된 유리창의 경우 한 장의 유리가 깨어지면 깨어진 유리에서 유리창을 통해 센서까지 필요한 초음파가 효과적으로 전달되지 못하기 때문에 각 유리에 센서를 설치해야 하는 경우도 있다. 유리파손감지 센서는 유리면이 외부의 충격에 의해 파손될 때에 발생되는 파손음을 감지하는 음향감지기와 함께 사용하여 침입감지 효과를 높일 수 있다.

3) 압력매트

침입자가 유리창을 통하여 건물 안으로 침입하는 경우에 침입과정에서 압력매트를 밟으면 경보신호를 발생시킬 수 있는데, 압력매트는 유리창 내부공간에 설치하여 사용할 수 있다.

4) 진동센서

진동센서는 침입자의 움직임으로 인해 발생하는 진동을 감지하여 경보신호를 발생시킬 수 있는 센서이다. 침입자는 자신의 체중이나 움직이는 속도에 의해 진동을 유발하게 되며, 이러한 침입자의 이동으로 인하여 벽이나 울타리, 바닥에서 발생한 진동을 감지하여 경보신호를 발생시킨다. 또한 출입문을 통한 침입을 효과적으로 감지할 수 있도록 출입문이 열리거나 흔들거리면서 발생하는 진동을 감지하는 진동센서를 설치하여 경보신호를 생성하도록 사용할 수 도 있다. 일반적으로 진동센서는 독자적으로 사용되지만, 스위치센서와 같이 사용하면 출입문을 통한 침입을 효과적으로 감지할 수 있다.

5) 관성스위치

관성을 이용한 여러 형태의 센서는 외부침입감지를 위해 사용할 수 있으며, 외부 벽이나 울타리에 관성스위치를 사용하여 침입 경보신호를 발생시킬 수 있다.

6) 충격 감지기

바이브레이션 센서 또는 쇼크센서라고도 하며, 감지 대상(벽, 금고 등)에 가해지는 물리적인 충격을 전기적 신호로 변환하여 감지신호를 발생시킨다.

7) 셔터 감지기

셔터감지기는 일반적으로 자석을 이용한 수평동작 형 방식이 가장 많이 사용되며, 셔터의 아래쪽과 위쪽에 하나씩 부착되는 형태로 구성 된다. 감지기동작 상태에서 셔터를 올리게 되면 두 개의 자석이 떨어지면서 감지신호를 발생시킨다.

8) 도어 감지기

도어감지기는 주거 및 상업용도 등 어떠한 환경의 출입문에도 사용이 가능하며 셔터감지기와 같은 자석의 원리로 동작한다. 보통 2개의 자석이 한 쌍을 이루는 형태로 붙어 있는 도어감지기는 외부의 침입에 의해 문이 열리는 순간 그 자석 각각이 떨어지면서 동작하여 감지신호를 발생시킨다.

9) 금고 감지기

금고에 일정한 충격을 주거나 금고의 문을 강제로 열었을 때 서로 붙어있던 자석이 떨어지게 되면서 감지신호를 발생시킨다.

나. 능동형 센서

능동형 센서는 적외선센서나 마이크로웨이브 센서 등을 들 수 있으며, 센서로부터 형성된 에너지 빔이 차단되거나 빔의 변화가 발생한 경우 이를 감지하는 형태로 작동된다. 능동형 센서의 동작범위를 미리 설정하여 두면 침입자 등에 의해 발생하는 환경의 변화를 감지하여 경보신호 등의 신호를 만들어 낸다. 능동형센서는 빔 형태의 에너지를 방출하는 부분과 방출된 에너지를 감지하는 부분으로 구성되며, 주로 움직임을 감지하는 센서이다. 능동형센서의 종류는 적외선 센서, 열선센서, 초음파센서, 마이크로웨이브 센서, 마이크로웨이브 레이더센서, 울타리 감지센서, 광케이블센서, 마이크로폰센서 등이 있다.

1) 적외선 센서

적외선 센서는 2개가 1쌍으로 이루어지며 눈에 보이지 않는 빛(적외선)을 발생시키는 송신기와 그 빛을 수신하는 수신기로 구성되며, 적외선 빔의 특성을 이용하는 센서이다. 적외선 빔은 침입감지를 위하여 널리 사용되고 있으며, 송신기에서 수신기로 전송되는 적외선 빔이 침입자의 움직임에 의해 차단되는 것을 감지하여 경보신호를 발생시킨다. 적외선센서의 특성은 적외선 빔의 파장에 매우 밀접한 관계가 있다. 적외선 빔의 파장이 아주 짧은 경우에는 비가 오거나 안개 발생 시에 안개나 비의 작은 물방울의 크기가 적외선 에너지의 파장과 거의 같아 에너지를 흡수하거나 소산시켜 빔의 에너지가 과도하게 손실 되는 등 오작동을 유발하기도 한다. 비나 안개 속에서 과도한 에너지 손실을 막기 위해서는 긴 파장의 적외선 빔을 사용하면 되는데, 빔의 형상을 유지하거나 감지효과를 높이기 위해서는 너무 긴 파장의 빔 사용이 제한된다. 그러나 최근에는 이러한 문제점 등을 개선한 적외선 에너지 기술을 적용하여 안정성과 신뢰성을 높이고 있다. 적외선센서를 건축물 내부에서 사용할 때에는 외부에서 작용하는 방해요소가 거의 없으므로 적외선 빔파장의 제한에 크게 영향 받지 않고 사용할 수 있어 내부 감지 센서로서의 역할을 충분히 수행할 수 있다.

2) 열선 감지기

열선감지기는 적외선을 방사하고 침입자에게서 발생하는 열에너지의 변화를 감지하여 경보신호를 발생시키는 센서이다. 열선감지기는 물체가 방사하는 원적외선 에너지 파장의 변화를 검출하고 이를 전기적 신호로 변환하여 감지신호를 발생시킨다. 즉 경비구역 내 물체의 온도변화를 감시하고, 사람 등의 침입에 의한 온도변화를 검출하여 침입상황 등을 감지하는 센서이다. 이는 외부의 전기적 영향 및 전파에 강한 특성이 있어 접점스위치 등과 함께 널리 사용된다.

3) 마이크로웨이브 센서

마이크로웨이브 센서는 기본적으로 적외선센서와 같은 원리로 작동하는데, 마이크로웨이브 에너지의 방향성을 이용하여 송신기와 수신기 사이에 형성된 마이크로웨이브 빔이 침입자에 의해 차단되거나 에너지 변화가 생기는 것을 감지하여 경보신호를 발생시킨다. 이는 주로 외부의 철조망, 울타리 등에 많이 사용된다. 마이크로웨이브 센서는 적외선센서 등의 적외선 빔이 외부에서 사용될 때 환경적 요인에 의해 발생될 수 있는 문제를 보완할 수 있는 장점이 있다. 그러나 마이크로웨이브 전파의 특성으로 인해 경비지역의 울타리 방향이 수시로 변하거나 지형에 기복이 있는 등의 경우에는 매우 제한적으로 사용된다.

4) 마이크로웨이브 레이더센서

마이크로웨이브 레이더센서는 송신기에서 방사된 에너지를 수신기가 수신하여 송신된 에너지와 비교하고 침입자에 의한 주파수에너지 변화를 인지하여 경보신호를 발생시키는 센서이다. 이는 마이크로웨이브 센서로 침입을 효과적으로 감지할 수 없는 경우에 보완적인 역할로서 외부용 마이크로웨이브 레이더를 함께 사용하면 침입감지 효과를 높일 수 있다.

5) 체적감지장치

체적감지장치는 체적을 지닌 물체(사람, 동물 등)의 침입을 감지하는 장치로 침입상황 발생 시에 경보 발령 및 침입상황 저장과 전송을 자동으로 처리할 수 있다. 체적감지장치의 프로그램에 의해 침입물체의 크기 및 이동 속도 등의 분석도 가능하도록 구성할 수 있다.

6) 콘덴서센서

콘덴서 센서는 경비구역에 침입자가 접근할 때 침입자에 의해 형성된 전기용량의 변화를 감지하여 경보신호를 발생시키는 센서이다.

7) 초음파센서

초음파센서는 초음파에너지를 이용하는 센서로서, 침입자의 움직임에 의해서 안정적이던 초음파가 불안정하게 되는 변화를 감지하는 센서이다.

8) 마이크로폰센서

이는 경비구역에 마이크로폰을 설치하여 침입자의 행동에 의해 발생되는 소리를 감지하여 경보신호를 발생시키는 센서이다.

다. 비상벨

이는 버튼형 수동스위치이며 침입자를 인식하거나 긴급상황 및 비상상황 시에 버튼을 눌러 작동시키는 비상벨이다. 비상벨은 일반적으로 침입자나 외부인의 눈에 잘 안 띄고 상황발생 시에 쉽게 작동시킬 수 있는 위치에 설치하여 운용한다.

라. 기타 감지장치

기타 감지장치로는 화재 발생을 감지하는 화재감지기, 엘리베이터나 전력 설비 등의 주요설비의 동작 상태를 알 수 있는 설비상태감지기, 도시가스 누출 등을 감지할 수 있는 가스누출감지기, 상수도 등의 급수량을 감지할 수 있는 감지기 등이 있다.

5. 경보장치

경보장치는 [그림 13-1]에서 보는바와 같이 경보기, 표시등, 조명등 등으로 구성되며 침입발생 시에 침입자나 근무자에게 경고함으로서, 침입자의 침입행위를 중단하도록 하거나 근무자가 적절한 조치를 취할 수 있게 해준다. 경보장치는 침입감지기의 작동 시나 조작판넬의 오 조작 시 또는 침입을 위한 의도적인 조작 시에, 소리나 빛을 이용하여 경보를 발생시키고 경광등을 동작시켜 침입자 및 근무자, 주변사람 등에게 침입시도를 알려주는 역할을 한다.

가. 경보기(사이렌)

경보기는 침입이 발생하였거나, 경계 설정 및 해지를 위한 조작이나 침입시도를 위한 키패드 조작하는 과정에서, 키패드를 잘못 조작한 경우에 작동하여 침입자나 근무자 등에게 상황을 알려주는 역할을 한다. 경보기는 보통 압전부저(Piezo Buzzer)를 채용하여 강력한 사운드를 발생시키며, 침입자에 의한 침입신호가 감지되면 경보음을 내서 경고하는 장치이다.

나. 경광등

침입이나 화재발생시 또는 침입시도 시 등의 위험상황 발생 시에 경보기의 경보음과 함께 램프를 점멸시켜 경비구역의 이상상황을 알려주는 장치이다.

다. 표시등

표시등은 주로 가입자장치의 동작 상태를 표시해주는 LED 등의 램프로서 경계설정 상태, 경계해제 상태, 가입자장치 동작상태 등을 알 수 있게 해 준다. 예를 들면 정상상태는 녹색, 비정상상태는 적색, 유지보수 또는 조작 중에는 황색 표시로 상태를 알 수 있도록 한다.

6. 조작판넬

조작판넬은 [그림 13-1]에서 보는바와 같이 카드리더와 키패드, 생체인식장치 등으로 구성되며 주장치의 경계 설정 및 해제 등의 설정이나 출입통제 허용조건 인식 등의 조작기능을 제공한다. 이는 주로 출입관리기능에 많이 사용되며 최근에는 홍체인식, 얼굴인식, 정맥인식, 지문인식 등의 장치와 연계하여 생체인식에 의한 출입, 경계설정 및 해제를 위한 인증 등에 많이 적용되고 있다.

가. Card reader

경계설정, 경계해제, 출입 등을 위하여 미리 발급한 카드를 읽어 인가된 출입자인지, 인가된 설정카드인지, 유효한 카드인지 등을 확인할 수 있도록 해주는 장치이다.

나. Key Pad

경계설정, 경계해제, 출입암호 등을 입력 및 조작할 수 있는 장치이다.

다. 생체인식 장치

사람마다 고유한 특성을 가지고 있는 생체정보(홍체, 지문, 얼굴, 정맥 등)를 인식하여 인가된 출입자인지 등을 확인하고 출입을 통제하는데 사용할 수 있는 장치이다.

7. 기타장치

가. 전원장치

일반적으로 가입자장치의 전원은 평상시에는 상용전원을 사용하며, 정전 시 침입자에 의한 전원차단 시에도 경비업무의 수행이 중단되지 않도록 배터리를 예비전원으로 사용할 수 있도록 한다. 가입자장치에 공급하는 배터리전원은 안정되고 충분한 용량을 갖도록 하며, 전원차단 시에 경광등 및 경보음의 동작에도 경비기능을 수행할 수 있도록 설계하여 설치되어야 한다. 또한 전원장치는 전원공급장치, 충전배터리 등으로 구성되며 상용전원 공급 시에는 컨버터 및 배터리를 충전하는 기능을 갖도록 하고, 각 기기(경광등, 감지기, 주장치 등)에 안정된 전원을 공급하고, 정전이나 기준 전압 이하 인 경우에 이상 상태를 표시할 수 있도록 한다. 가입자장치의 전원장치는 안정적인 전력을 공급할 수 있도록 설계하며, 주로 DC12V 정도의 전원이 많이 사용되고 있다.

나. 피뢰기

가입자장치의 피뢰기는 가입자장치에 연결된 외부 통신선로 등에 인입되는 낙뢰로부터 주장치를 보호하는 기능을 한다.

다. 주변기기

주변기기는 가입자장치에 확장기기를 접속할 수 있는 인터페이스를 제공한다. 즉, 경비대상 구역이 건물의 층을 달리하는 경우나 경비구역이 넓어 주장치 하나로는 각종센서 등을 수용하기 힘들 때에, 또는 주장치의 인터페이스에 다른 주장치나 부장치를 접속하여 가입자장치의 기능을 확장하거나 경비구역을 확장하는 경우 등에 이용된다.

제2절 통신 네트워크

기계경비를 위한 통신네트워크는 [그림 13-2]에서 보는 바와 같이 관제통신망과 지령통신망으로 구분해 볼 수 있다. 관제통신망은 고객의 가입자장치와 관제센터간의 통신을 위한 네트워크이며, 지령통신망은 관제센터와 출동요원간의 지령 및 상황 보고를 위한 네트워크이다. 기계경비에 사용되는 네트워크는 침입 등의 경보신호나 침입감지신호 등을 안전하고 안정적으로 관제센터에 전송할 수 있어야 한다. 관제업무수행 시 해당 상황에 대한 조치를 취해야 하므로 통신내용이 외부에 노출되지 않도록 안전성과 보안성 그리고 신뢰성을 확보할 수 있는 네트워크 시스템 구성이 바람직하다.

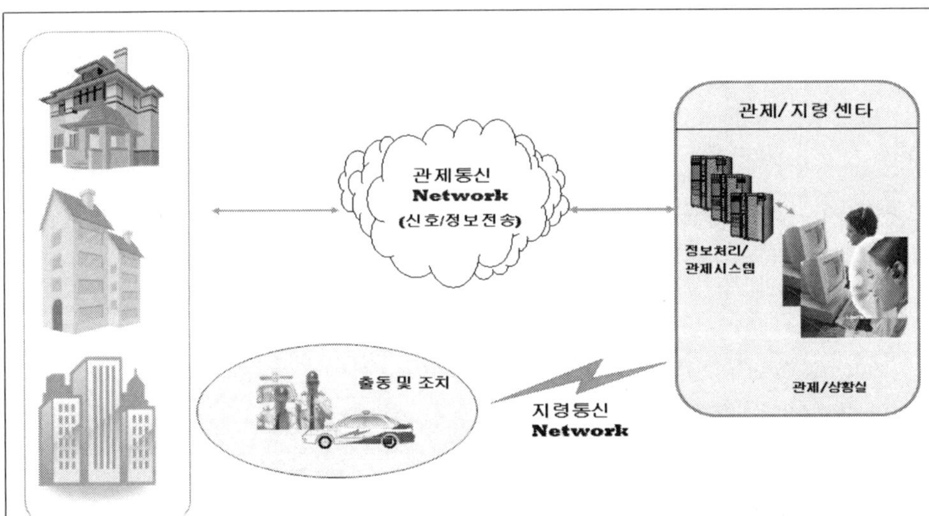

[그림 13-2] 기계경비 네트워크

1. 관제통신망(管制通信網)

관제통신망은 고객의 가입자장치와 관제센터의 관제설비 간에 접속되는 통신네트워크로서, 경비대상물의 경비구역에 침입자의 침입 시에 감지된 침입감지 신호, 가입자장치 동작상태 정보, 기기제어 명령 등을 전송하는 통신기능을 수행한다. 관제통신망의 통신방식은 다이얼업(Dial-Up)방식, 전용회선방식, TSS 방식[3], 이동통신방식 그리고 인터넷을 이용하는 방식 등을 들 수 있다. 관제통신망의 네트워크 구성이나 통신방식 선택에 있어 신뢰성 확보가 필수적이나 높은 신뢰성을 갖추기 위해서는 네트워크 구축 비용이 많이 소요됨으로 경비등급이나 위험요소 등에 따라 적정한 네트워크를 선택하여 구축한다. 경비대상물에 대한 감시 및 침입 정보나 통제정보, 경보신호 등을 전송하기 위한 관제통신망 구축에 있어 기존 통신망별 구성계통도의 예는 [그림 13-3]과 같다. 관제통신망 구축에 적용할 수 있는 통신방식별 특징은 다음과 같다.

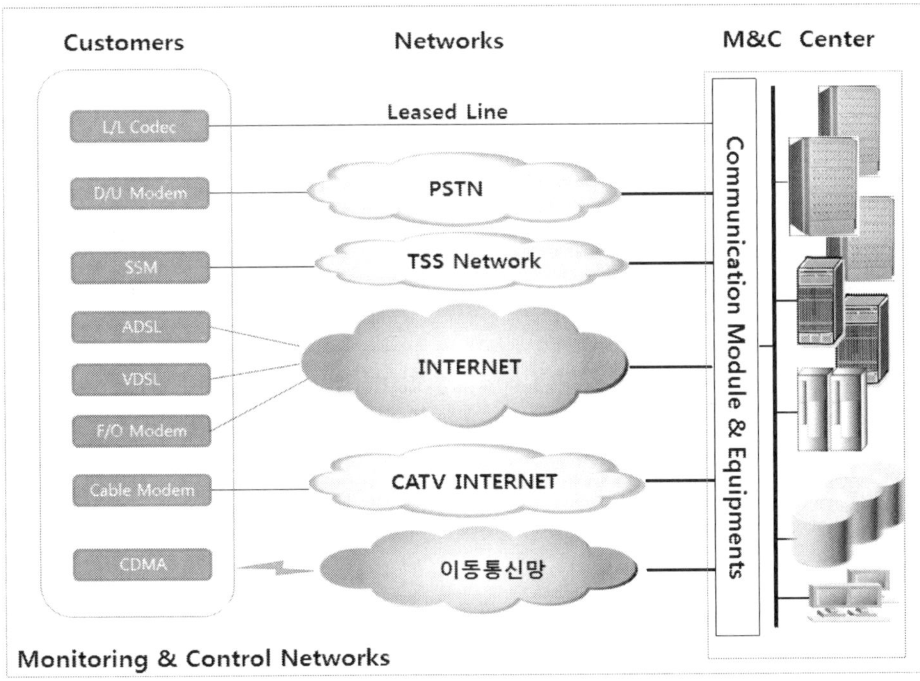

[그림 13-3] 관제통신망 구성계통도의 예

3) TSS는 Tele-Service System 또는 Tele-Security System을 의미하며, 원격통신회선 서비스를 제공하는 방식을 말한다.

가. 전화이용방식(Dial-up)

1) 개요

전화는 가장 널리 사용되고 있는 통신수단이며 보편적인 네트워크인 PSTN(Public Switched Telephone Network)을 이용한다. 전화이용방식은 전통적인 POTS(Plain Old Telephone Service)의 전화를 이용하는 Dial-Up방식에 의해 PSTN을 관제네트워크로 활용할 수 있도록 구성한다. 전화이용방식의 관제네트워크 구성계통도는 [그림 13-4]와 같다.

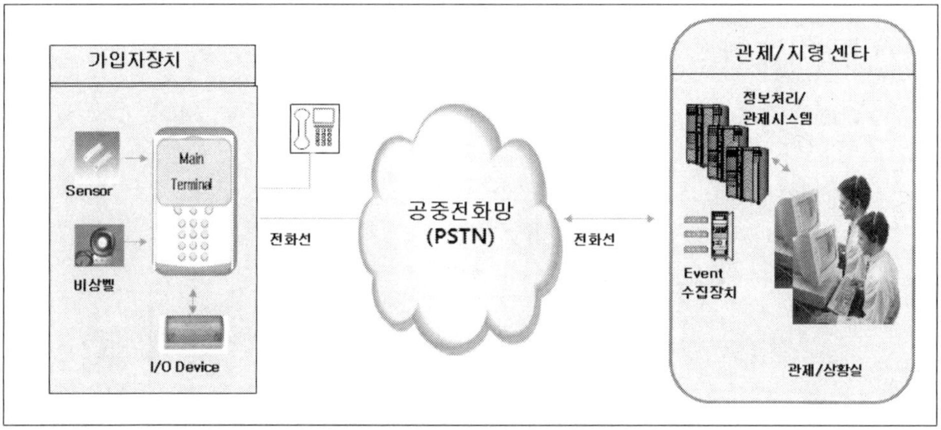

[그림 13-4] 전화이용방식

이 방식은 기계경비시스템을 구성하는데 있어 간단하고 저렴하게 네트워크를 구축할 수 있는 반면에 신뢰성을 확보하기 어려운 면이 있다. 전화이용방식에 의한 네트워크에의 접속은 가입자장치의 통신부를 다이얼업모뎀으로 구성하고 관제센터에는 다이얼업방식의 수신장치를 구성하여 전화호출방법에 의해 접속한다. 통신접속 후에는 [표 13-1]에 표기한 바와 같은 Push Button 전화의 신호주파수 할당표에 있는 신호주파수 톤을 이용하거나 특정 주파수의 신호를 이용하여 정보를 송수신한다.

2) 특징

전화이용방식은 고객의 가입자장치와 관제시스템 간에 Dial-up으로 접속하여 전화망을 통해 정보가 전달되는 형태이며, 기존의 전화통신망을 활용하므로 네트워크 구축비용을 절감할 수 있는 이점이 있다. 이 방식은 회선구성이 용이하고 단말설비(가입자장치)의 가격이 비교적 저렴하며 시스템 구성이 쉬워 경제적인 방식으로 인정되고 있다. 이는 경비대상 가입자들의 기존 전화회선을 이용하므로 별도의 네트워크 구성을 위한 비용을 절감할 수 있으나 기존전화의 이용 시(통화중 또는 전화를 걸거나 벨 신호가 가는 중일 때 그리고 전화벨이 울리고 있을 때 등)에는 침입자에 의한 침입경보가 발생하여도 경보신호를 전송할 수 없는 단점이 있다. 무단침입자가 전화선을 끊고 침입하는 경우나 전화선이 단선되었을 때에는 침입감지정보나 비상벨 등의 정보전달이 불가능하다. 또한 침입발생 시에 침입정보나 비상경보 등의 신호를 보내기 위해 Dialing을 해야 하므로 경보신호 전달시간이 길어지는 단점이 있다. 또한 대부분 고객의 가입전화를 사용함으로 가입자장치 점검이나 동작상태 정보전송 등으로 인한 전화요금의 부담문제를 고려하여야 한다.

[표 13-1] Push button 신호주파수 할당표

Frequency[Hz]	1209	1336	1447	1633
697	1	2	3	A
770	4	5	6	B
852	7	8	9	C
941	*	0	#	D

3) 정보 전송

전화를 이용하여 정보를 전송하기 위한 접속절차는 [그림 13-5]와 같으며, 전화접속을 위한 신호방식은 공중전화통신망의 국제표준인 MFC-R2 또는 공통선신호방식(Common Control Signaling No. 7)이 널리 사용되고 있다. 일반 공중전화망을 통한 전화접속에서 발신자를 확인하기 위한 방법으로는, 통신사업자의 DNIS(Dialed Number Identification Service)를 이용할 수 있고 ANI(Automatic Number Identification)에 의해 정당한 경비대상가입자임을 확인하는 절차를 둔다. 일반전화는 보편적인 통신수단이므로 불순한 의도를 가지고 있는 자들에 의한 도청이 발생할 수 있다. 또한 해킹 등에 의해 기계경비시스템을 무력화 하거나 혼란에 빠트릴 수 있다. 따라서 기계경비사업자는 유효한 경비대상 가입자임을 확인할 수 있는 고유의 프로토콜을 정하여 운용함이 바람직하다. PSTN의 전화를 이용하여 가입자장치의 동작 상태 정보나 침입감지 경보신호 또는 이벤트 정보를 전송하는 절차의 예는 [그림 13-6]에서 보는 바와 같다.

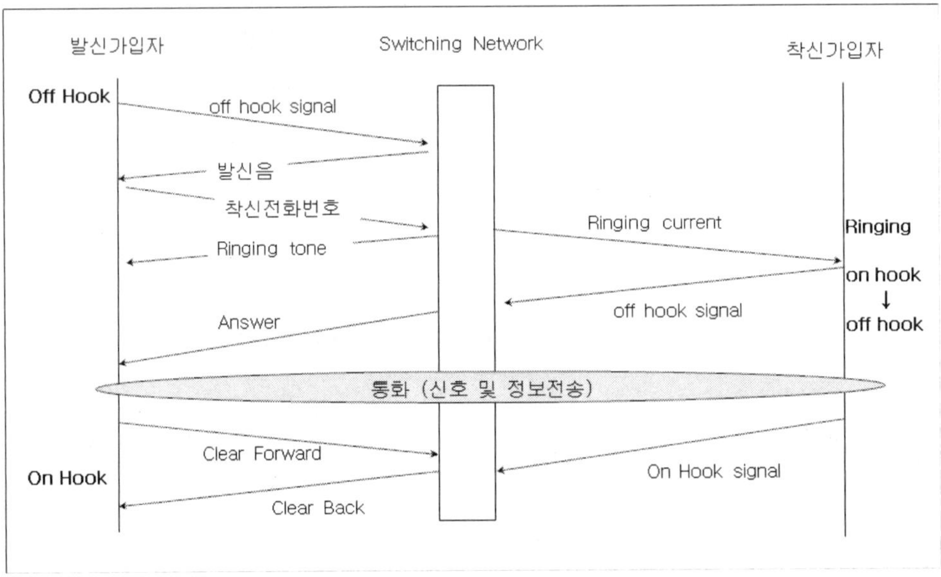

[그림 13-5] 전화접속 절차도

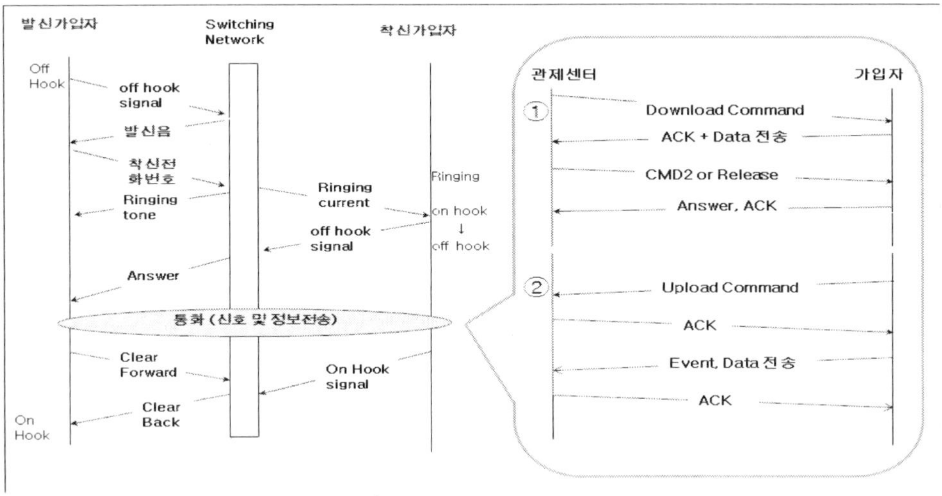

[그림 13-6] PSTN의 정보전송 절차의 예

[그림 13-6]은 일반적인 전화 접속방법과 같이 경비대상 가입자와 관제센터 간에 정상적으로 전화접속이 이루어진 이후에 통화상태에서 해당정보를 전송하는 절차를 표시하고 있다.

① 가입자장치의 동작상태 확인

관제센터에서 가입자장치를 점검하기 위해 Scan하거나 명령을 하달하고자 하는 경우의 절차를 나타내고 있다. 이 절차의 예는 관제센터에서 가입자장치의 상태를 확인하거나 특정한 기능 등을 작동시키기 위한 명령을 전달하는 경우로서

a. 사전에 정하여 Setting된 명령(Download Command)을 전송하고
b. 가입자장치로부터 응답신호인 ACK와 가입자장치의 이벤트 정보 등을 수신한다.
c. 수신된 정보에 대한 추가명령(CMD 2)을 전송하거나 해제명령(release)을 전송한다.
d. 가입자장치로부터 응답확인을 받고 종료한다.

② 이벤트 전송

이벤트가 발생한 경우의 정보전송 절차이며

a. 가입자장치에서 Upload Command에 의해 관제센터에 이벤트를 전송함을 알리고

b. 확인(ACK)신호를 받아

c. 이벤트 및 해당정보를 전송한다.

d. 관제센터의 수신확인(ACK 수신) 후 종료한다.

정보전송절차는 대부분 기계경비서비스 제공자별로 고유의 프로토콜을 제정하여 사용하고 있다. 경비업무를 효과적이고 효율적으로 수행할 수 있도록 모든 상황을 고려하여 잘 만들어진 정보전송프로토콜은, 정당한 가입자임을 식별하고 정상적인 정보임을 확인할 수 있어, 침입하려는 자 등의 위장에 의한 침입시도나 위조된 허위정보를 식별해 낼 수 있다.

4) 이벤트 전송 Format

기계경비서비스 제공자별로 고유의 프로토콜이나 Data Format을 가질 수 있으며 그 데이터형식의 한 예는 [그림 13-7]과 같다. 전화이용방식은 가장 보편적으로 사용가능하므로 해킹이나 도청 등에 의한 데이터유출을 방지하기 위한 대책을 강구하여 적용함이 바람직하다. [그림 13-7]의 전송 포맷의 예 이외에 더욱 많은 정보를 전송하거나 기타 정보확장을 위해서는 전송포맷에 필드를 추가한다. 또한 향후의 확장성을 고려한 전송포맷을 정할 수 있으며, 지역구분field, 가입자구분 field, 상황정보 및 명령어 field 등은 구분하고자 하는 대상이나 그 규모에 따라 적정하게 필드를 구성하여 사용한다.

start	aa	bbbb	cccc	dddddddd	gg	hhh	stop

aa : 지역구분
bbbb : 가입구역 등 가입자 구분
cccc : 가입자 명

dddddddd : 상황정보 및 명령어
gg : 가입자 장치 구분 (본체, 확장기기, 주변기기 등)
hhh : 감지기, 출입카드 등

[그림 13-7] 전화 이용방식의 정보전송 포맷의 예

나. 전용회선 방식

1) 개요

전용회선방식에 의한 관제통신망의 구성은 각각의 경비대상가입자에 대한 가입자장치와 관제센터 간에 전용회선을 1:1로 구성하여 접속한다. 가입자장치에서 경보신호, 감지기신호 등의 정보를 Coding하여 전용통신망을 통하여 관제센터에 전송하면 관제센터의 통신설비에서는 Decoding하여 전송된 정보를 해독하여 침입이나 기기동작상태 등을 파악할 수 있도록 한다. 전용회선에 의한 관제네트워크 구성계통도는 [그림 13-8]과 같다.

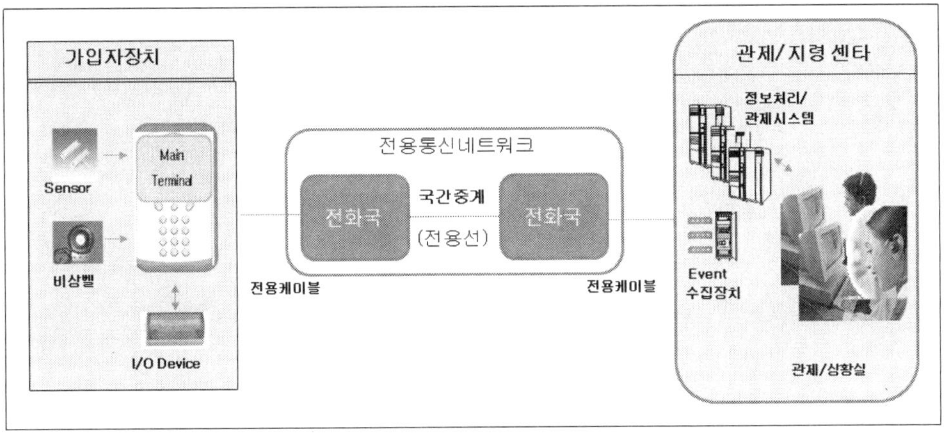

[그림 13-8] 전용회선방식

일반적으로 기계경비에 사용되는 전용회선은 전송량이 많지 않고 이벤트 발생 시에만 정보를 전송하므로 보통 50bps급 전용회선이 널리 사용되었다. 최근에는 기계경비의 신뢰성향상을 위한 다양한 장치의 이용, 다양한 설비의 제어, 영상보안, 경계구역에 대한 동영상정보 전송 등으로 전송용량이 확장된 고속의 전용회선을 사용하는 경우가 늘어나고 있다.

2) 특징

전용회선방식의 관제통신망은 경비대상고객의 가입자장치와 관제센터의 관제설비 간에 전용회선으로 직접(Point-to-Point) 접속이 이루어지므로 회선의 신뢰도가 높고 전송장치 등의 기술적 내용이 단순하다는 이점이 있다. 그러나 타 방식에 비하여 전용회선 이용료가 비싸고 회선 이용 효율이 매우 낮은 특성이 있다. 관제센터 측에서는 여러 지역 및 가입자와 각 지역의 여러 가입자 등 대규모의 가입자를 수용하게 되므로, 각 가입자장치의 전용회선을 집선하여 관제설비에 연결시켜주는 다중화 장치가 필요하게 된다. 따라서 관제센터에 설치하여야 하는 다중화장치 등의 통신 설비가 커지며 시스템구성에 있어 가입자 증가에 따른 확장성이 떨어지는 단점이 있다.

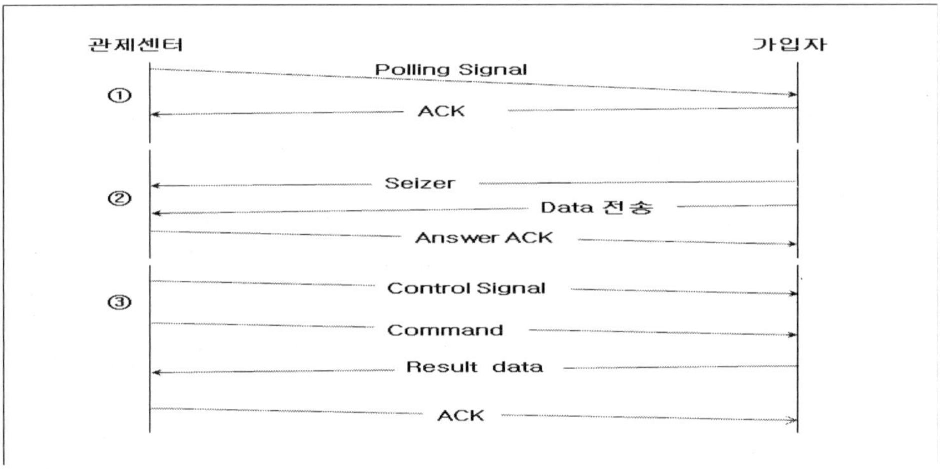

[그림 13-9] 전용회선방식 정보 전송 절차의 예

3) 정보의 전송

전용회선은 1:1로 접속되어 있으므로 언제든지 정보를 전송할 수 있으며 평상시에는 polling에 의해 각 가입자의 회선 상태를 확인한다. 전용회선 방식에 의한 정보전송 절차의 예는 [그림 13-9]와 같다.

① 관제센터에서는 폴링신호를 보내고 각 가입자의 가입자장치는 이에 응답하여 ACK신호를 전송한다. 폴링에 대하여 응답이 없는 가입자는 가입자장치의 고장이거나 정상동작상태가 아님을 알 수 있다.

② 침입정보나 비상상황 등의 이벤트가 발생한 경우에는 해당가입자의 가입자장치에서 관제센터로 Seizer와 함께 해당 신호 및 정보를 전송한다. 정보수신이 정상적으로 이루어지면 관제센터는 확인응답신호(Answer ACK)를 보낸다.

③ 각 가입자의 가입자장치의 점검이나 특정기능의 동작을 시키기 위한 원격제어 등의 경우에는 관제센터에서 제어신호와 함께 해당 명령을 전송하고, 그 기능을 수행한 결과에 대한 정보를 가입자장치로부터 받는다. 정상적으로 해당정보가 수신된 경우에는 관제센터에서 응답신호를 보낸다. 일반적으로 컨트롤신호 후의 ACK를 수신한 경우는 명령어 전송을 생략할 수 있으며, 신호 프로토콜은 규모나 서비스 등에 따라 일부 조정되거나 생략 또는 절차를 추가할 수도 있다.

4) 이벤트 전송 Format

전용회선방식에 의한 이벤트 정보 전송 포맷의 한 예는 [그림 13-10]과 같다. 이는 전화방식에 의한 경우와 같은 형식으로 구성할 수 있는데, 가입자정보의 확장에 의해 더 많은 정보가 필요한 경우에 간단하게는 데이터 포맷 필드를 추가하면 된다. 데이터포맷의 필드추가나 확장 등에 대해서 전화방식의 경우와 같은 방법을 적용할 수 있다. 일반적으로 통신네트워크의 신뢰성 향상 및 비용절감을 위하여 전용회선, 전화회선 방식 등을 같이 사용하는 경우가 많으며, 네트워크 접속방식에 대한 정보가 필요한 경우가 있다.

경비대상가입자 별로 통신네트워크가 분리되어 있거나 통신방식별 이벤트 수신 장비가 다른 경우에는 가입자가 어떤 네트워크를 통해 접속되었는지를 알 수 있다. 그러나 가입자의 규모가 크거나 주요한 고객이어서 복수의 네트워크를 사용하는 경우 등에는 이벤트 정보 등의 접속네트워크 식별이 용이하지 않을 수 있다. 따라서 접속네트워크가 다양해지고 이벤트정보의 종류가 많아지는 경우 등을 대비하여 네트워크 접속정보, 이벤트종류 및 이벤트 정보 등에 대한 확장성을 고려하여 데이터 포맷을 설정함이 바람직하다. 데이터포맷이 결정되어 장치 및 시스템 들이 구축된 후에 변경하기에는 많은 비용과 시간이 소요되기 때문이다.

start	aa	bbbb	cccc	dddddddd	gg	hhh	stop

aa : 지역구분
bbbb : 가입구역 등 가입자 구분
cccc : 가입자 명

dddddddd : 상황정보 및 명령어
gg : 가입자 장치 구분 (본체, 확장기기, 주변기기 등)
hhh : 감지기, 출입카드 등

[그림 13-10] 전용회선 방식의 이벤트정보 전송 포맷의 예

다. TSS 방식

1) 개요

TSS(Tele-Security System 또는 Tele-Service System)방식은 전용회선방식과 전화이용방식의 장점을 취하여 개발된 원격통신회선 방식으로, 원격지의 가입자장치와 원격통신망 노드(Node)간의 접속은 전화선로를 이용하고, 원격통신망과 관제센터의 관제설비 간에는 전용회선을 이용하여 구성함으로서 회선이용의 효율성과 신뢰성을 높이고 있다. TSS는 대역확산방식(Spread Spectrum Modulation)을 적용한 원격통신회선을 제공하며 기계경비, 원격제어 등의 Telemetry 서비스를 위해 구축된 통신네트워크 시스템이며, 기계경비에 적합한 통신방식이라 할 수 있다.

TSS 방식은 [그림 13-11]에서 보는 바와 같이 각 가입자회선을 집선해 주는 집선장치와 주사장치 및 주장치로 구성되어 있다. 이용자 단말장치(가입자장치)는 전화선을 전송로로 사용하고 원격통신시스팀(주장치 + 주사장치)의 주사장치에 접속되어 대역확산방식으로 통신을 한다. TSS의 주장치와 관제센터간에는 4선식 전용회선으로 구성하여 9600bps Async 방식으로 통신한다.

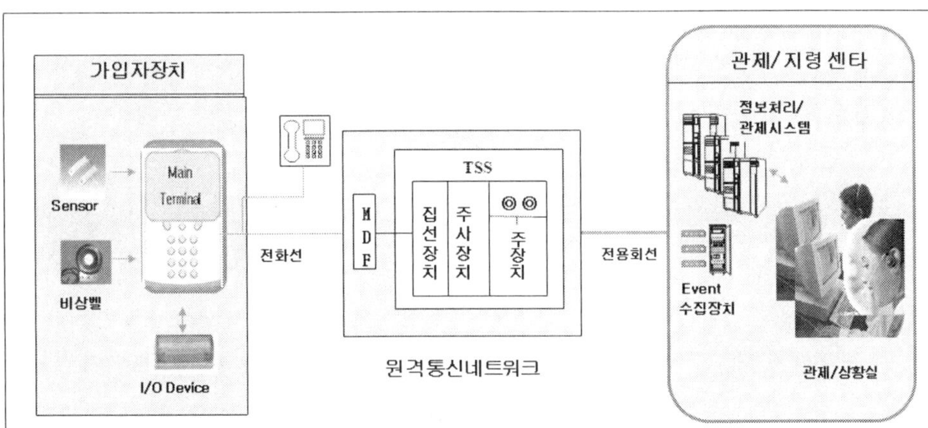

[그림 13-11] 원격통신망 이용 방식

- 주사장치(LCS:Line Concentration System, Scanner) : 전화국에 설치되는 장치로서 MDF단의 가입전화선을 통해 경비대상가입자들의 가입자장치를 순차적으로 Polling하여 정보의 발생유무, 단말장치의 정상동작여부, 전화선의 절단여부 등을 점검하며, 상황발생

가입자에 대한 이벤트정보 등의 수집기능을 수행한다. 또한 TSS 주장치와의 통신기능 및 가입자장치와 TSS주장치 간의 정보를 전달하는 등의 기능을 수행한다.

- 주장치(Host) : 원격통신시스템의 모든 업무를 관장하는 장치로서 주사장치를 통하여 경비대상가입자의 가입자장치에 모든 작업명령을 송신하고, 관련정보를 수신한다. 주장치는 가입자의 이벤트에 대한 정보의 수집, 분석, 저장 등이 가능하며 해당정보를 관제센터에 전달한다.

2) 특징

가입자장치와 원격통신시스템 간에는 대역확산방식으로 통신을 하므로 가입자의 전화가 통화중일 때도 양방향 통신이 가능하며, 정보의 보안성 및 신뢰성이 매우 우수하고, 불법 단말장치나 Hecker들의 시스템 접근을 근본적으로 차단할 수 있다. 또한 가입자단말장치와 전송로를 24시간 주기적(수초~ 수 십초 간격)으로 점검하는 기능을 기본적으로 갖추고 있다. 대규모 가입자들의 수용에 있어서도 하나 또는 소수의 전용회선포트로 관제시스템과 접속하여 전체 가입자들로부터 각기 전송된 이벤트를 수집하고 처리할 수 있는 장점이 있다. 그러나 이 방식은 경비업무에 적합한 경제적인 네트워크임에도, 이를 이용할 수 있는 서비스지역이 한정되고 가입자장치를 구성하는 통신용모듈(SSM모뎀 칩)이 일반적이지 못한 단점으로 인하여 점차 도태되어가는 통신방식이 되고 있다.

3) 정보의 전송

TSS와 단말장치(여기서 단말장치는 가입자장치를 말한다)간의 통신절차는 [그림 13-12]와 같다. 단말장치가 정상상태 일 때는, TSS에서 가입자의 단말장치에 문의정보인 ENQ를 보내게 되면 단말장치에서는 이상없음을 나타내는 ACK신호를 되돌려 준다. ACK를 수신한 시스템은 곧이어 다음 가입자의 전화선을 Access해서 같은 절차를 반복한다. 이와 같은 과정을 TSS에 수용된 가입자들에 대하여 반복하게 되는데, 전송할 정보내용이 있는 경우는 문의정보 (ENQ)를 수신한 후 정보 메시지를 전송하게 된다. 메시지가 정상적으로 수신되었을 때는 ACK를, 메시지에 전송오류가 발생했을 경우는 NACK를 단말장치로 전송한다. 전송오류가 반복될 때의 재전송 반복횟수는 3회 이내이다. 단말장치의 ID Setting 기능 및 Diagnostic 명령 등의 수행 시와 같은 '작업명령 수행시'에는 시스템에서 단말장치로 문의정보(ENQ) 대신에 구체적인 작업에 대한 명령 메시지를 송신하게 된다. 이때 명령을 받아 처리한 결과를 시스템으로 되돌려 주고 작업결과 메시지에 전송에러가 발생한 경우 위와 같은 재전송 절차가 이루어진다.

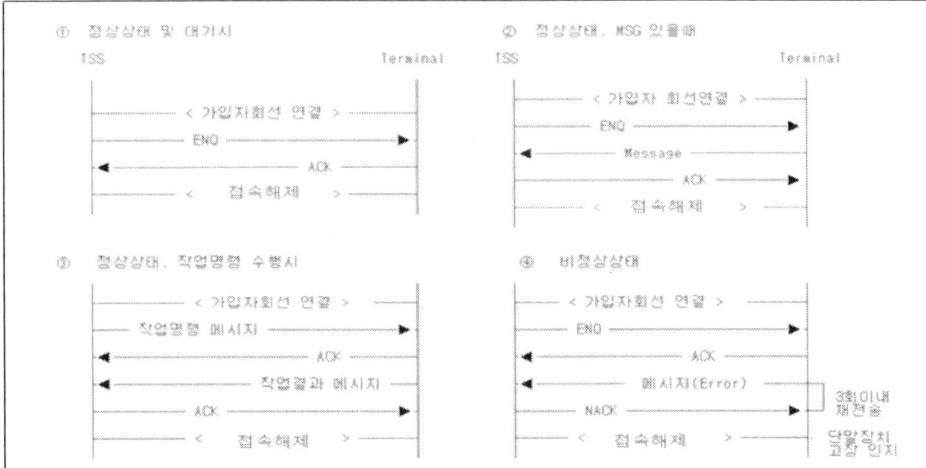

출처: 한국통신 경영과기술,pp 45,1994년 8월호

[그림 13-12] TSS방식의 정보전송 절차도

4) 정보전송 Format의 예

bit 1	2	3	4	5	6	7	8	9	10
start	ASCII Code							parity	stop
start	ASCII Code							parity	stop
start	ASCII Code							parity	stop
	:								
start	Block Check Code							parity	stop

[그림 13-13] TSS방식의 정보전송 포맷의 예

TSS방식에서 사용하는 정보전송포맷의 예는 [그림 13-13]과 같다. 기본적으로 송수신에 사용되는 문자는 ASCII Code의 0~127사이의 128개 문자로 정보단위는 Start Bit 1 Bit, ASCII Code 7 Bit, Even Parity Bit 1 Bit, Stop Bit 1 Bit등의 10 Bit로 구성되고 메시지의 마지막 Byte는 BCC(Block Check Code)로 정해진다.

라. 각방식별 특징 비교

가장 보편적인 전화이용방식, 전용회선방식 그리고 원격통신회선(TSS)방식에 대한 각 방식별 특징비교는 [표 13-2]와 같다.

[표 13-2] 각 방식별 특징 비교

구 분	전용회선방식	전화이용방식	원격통신방식
사용회선	전용회선	전화 망	전화선
통신요금	월정액 회선료	경보발생시마다 통화료	월정액 회선료
통신망 형태	1 : 1	N : N	N : 1
단말장치 접속	전용회선 접속	댁내 전화선에 접속	댁내 전화선에 접속

관제센터 접속	전용회선 구성 다중화장치 필요	전화Dial-up포트 접속 다중화장치 필요	별도 회선 구성 다중화장치 불필요
데이터 전송	고정접속 Data 실시간전송	Dial - Up 접속 전화연결시만 전송가능	고정 접속 Data 실시간 전송
단말상태 감시	가능	안됨	24시간 상태 점검
사용회선 절단	감지 가능	감지 불능	감지, 단선신호 전송
확장성	어려움	용이	용이
정보 전달	즉시	정보전달 지연 발생 통화중 시 전달불가	즉시

마. 인터넷 방식

요즈음에 널리 사용되는 IP(Internet Protocol) Network인 인터넷방식을 이용하여 경비대상 가입자와 관제센터간의 통신망을 구축하는 방식이다. IP망으로는 일반적인 인터넷을 이용하거나 ADSL, VDSL, FTTH, CATV인터넷 등의 방식을 많이 이용하고 있다. [그림 13-14]는 IP방식의 네트워크 구성의 예를 보이고 있다. 가입자장치와 관제시스템을 인터넷과 연결하여, 관제통신망을 확보하는 방법은 비교적 간단하게 통신망을 구축할 수 있으나 인터넷의 특성에 기인한 보안상의 취약점이 존재한다. 관제통신망으로 인터넷을 사용하는 것은 신뢰성 및 안전성을 보장할 수 없어 별도의 보안대책을 강구하여야 한다. 최근에는 영상관제 등에도 적용하기가 편리한 IP방식의 네트워크 이용이 늘고 있으며, 주로 인터넷프로토콜을 사용하는 전용회선이나 VPN(Virtual Private Network) 등이 사용되고 있다.

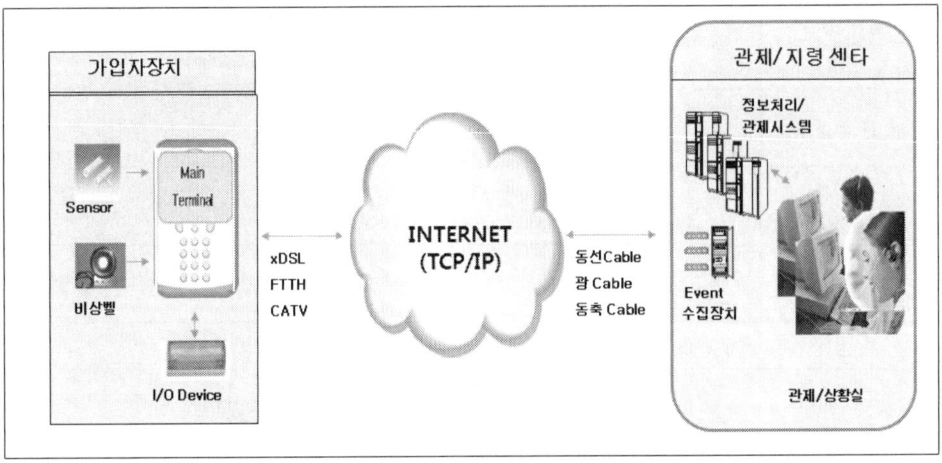

[그림 13-14] IP 방식 망구성도의 예

1) ADSL(Asymmetric Digital Subscriber Line)

비대칭디지털가입자회선으로 불리는 ADSL방식은 기존의 2선식 가입자 전화 회선을 이용하여 전화국에서 가정으로 1.5Mbps(또는 6Mbps), 가정에서 전화국으로 16kbps의 통신(비대칭)을 실현할 수 있는 기술이다. ADSL 기술은 미국 벨코어에서 제안한 것으로 음성보다 높은 주파수 영역에서 대역폭 400kHz를 유효하게 이용하는 기술이다. 이 때문에 전화국으로부터의 전송 거리에는 제한이 있어서, 1.5Mbps 전송에서 약 5.5km, 6Mbps 전송에서 약 1.8km가 한계인 것으로 알려져 있다. ADSL은 전화국과 각 가입자간에 직접 1:1로 연결되며 전화국에서 가입자까지 데이터가 내려가는 하향의 경우에는 일반적으로 최저 1.5Mb 이상의 고속 데이터 통신이 가능하고, 반대로 가입자로부터 전화국까지의 상향 신호는 상당히 느리다. 따라서 상하향이 같은 대칭형 서비스가 아닌 비대칭형 서비스라고 한다. 장점은 전화선이나 전화기를 그대로 사용하면서도 고속 데이터 통신이 가능할 뿐만 아니라 한 전화선으로 일반 전화통신과 데이터 통신을 모두 처리할 수 있다는 것이다.

2) VDSL [Very high-data rate Digital Subscriber Line]

VDSL은 기존의 전화선을 이용해 양방향으로 빠른 속도로 전송이 가능하고, 많은 양의 데이터를 초고속으로 전송할 수 있다. 이 기술은 실시간 비디오와 고화질의 영상정보를 전송할 수 있으며 보통 2.74km 미만의 전화선 서비스 지역에 적합하다. 이는 저렴하면서도 대용량 데이터 처리가 필요한 곳에 유용하다. VDSL의 가입자측(하향) 전송속도는 13~52Mbps, 교환국측(상향) 전송속도는 1.5~2.3Mbps, 전송거리는 0.3~1.5㎞이다. ADSL보다 2~10배 정도 넓은 대역폭을 사용한다. 이는 하향(내려받기)과 상향 전송 속도에 큰 격차를 보이는 ADSL에 비해 양방향 동일한 속도로 2~5배 빠른 전송속도를 이용할 수 있다.

3) FTTH [Fiber to the home, Fiber to the premises]

FTTH(Fiber to the Home)는 '가정 내 광케이블' 혹은 '댁내 광케이블'로 불리는 광케이블 가입자망 방식으로 FTTP(Fiber to the Premises)라고도 한다. 다른 광통신 방식의 초고속 인터넷이 외부의 어느 지점까지만 광섬유로 연결하고 집안의 경우는 랜 선이나 동축케이블 등 다른 방식으로 연결되는 것과 다르게, 이는 광케이블을 가정까지 연결함으로써 기존 ADSL에 비해 100배 이상 빠르고 안정된 품질의 서비스를 제공할 수 있다. 가입자 댁내까지 광섬유가 연결되는 것은 광섬유의 뛰어난 정보 전달 능력 때문에 속도 면에서 유리하지만 실제 설치 시 광섬유는 휘거나 꺾기 곤란하다는 단점이 있다. FTTH는 광섬유케이블을 사용하므로 빠른 속도로 광대역의 서비스를 제공할 수 있어 영상전송이나 영상관제 등 대용량의 정보를 신속하게 전송하는 경우에 아주 유용한 방식이다.

4) CATV(Cable Television :유선방송) 회선

최근에 많이 보급되어 있는 유선방송시스템을 활용하는 방식으로, CATV

는 유선방송국과 수신자 사이를 동축(同軸)케이블 또는 광(光)케이블로 연결하여 영상·음악·음향 등의 프로그램이나 데이터 등의 다양한 채널을 가입자들이 선택할 수 있게 한다. CATV는 원래 난시청지역(難視聽地域)에서 마스터안테나 혹은 공동(共同) 안테나를 설치하여 수신된 TV방송국의 전파를 유선으로 각 가정에 분배 및 공급하기 위한 목적으로 등장하였다. CATV는 문자 및 정지화상을 포함한 영상(映像), 음성, 음향 등을 유선 통신시설을 이용하여 수신자에게 송신하는 다(多)채널방송이며, CATV인터넷 등과 같은 새로운 기능을 부가하고 발전하고 있다. CATV인터넷은 기존에 설치되어있던 CATV회선을 사용하여 고속 인터넷을 이용할 수 있는 서비스이다. CATV 인터넷 시스템은 케이블 모뎀, 사용자 단말기, 헤드엔드 장치, CATV망, 서비스 분배망, 서비스 서버 등으로 구성된다. CATV회선을 이용하여 관제통신망을 구축하려면 CATV 케이블을 이용할 수 있도록 케이블 모뎀과 IP 프로토콜을 사용할 수 있는 장치들을 설치하여 경비대상 가입자와 관제센터 간에 CATV 전송네트워크를 구성한다.

5) 정보의 전송

인터넷에서의 통신은 IP프로토콜에 의해 논리주소를 통한 네트워크연결과 라우팅에 의해 정보를 전송한다. IP프로토콜은 Connectionless Delivery를 제공한다. 따라서 인터넷에 접속하고 정보를 읽거나 쓰는 등 인터넷통신에 대한 신뢰성과 효율성을 확보하기 위하여 여러 관련프로토콜 중에 그 용도에 맞는 프로토콜이 같이 사용된다. 일반적으로 시큐리티서비스를 위한 각종 정보들은 인터넷의 표준프로토콜인 TCP/IP 방식으로 전송된다. 일반적으로 TCP/IP 프로토콜은 TCP와 IP뿐만 아니라 UDP, ICMP, ARP, RARP 등 관련 프로토콜을 통칭한다. TCP/IP는 컴퓨터 간의 통신을 위해 미국 국방부에서 개발한 통신 프로토콜로, 현재 인터넷의 표준 통신 프로토콜로 사용되고 있어 세계 어느 지역의 어떤 기종과도 정보를 교환할 수 있다.

TCP는 전송 데이터를 일정 단위로 나누고 묶어주는 것에 관한 규약이고, IP는 직접 데이터를 주고받는 것에 관한 규약이다. 인터넷에 접속되어 있는 컴퓨터 등의 모든 장치들은 인터넷 표준 위원회에서 제정한 규약을 따라 통신을 하게 되는데, 그 표준 프로토콜이 TCP/IP이다. 이는 네트워크 전송 프로토콜로, 서로 다른 운영체제를 쓰는 컴퓨터 간에도 데이터를 전송할 수 있다. TCP/IP 등의 각 프로토콜에 대한 개략적인 기능은 다음과 같다.

- TCP(Transmission Control Protocol) : 연결지향 프로토콜이며, 사용자프로세스에 신뢰성 있는 Full-duplex, Byte stream service를 지원한다. 대부분의 인터넷 응용들은 TCP를 사용한다.
- UDP(User Data Protocol) : 비연결 프로토콜이며, UDP datagram의 목적지 도달을 보장 못함
- ICMP(Internet Control Message Protocol) : 호스트와 게이트웨이간의 오류 및 제어정보를 제어하는 기능을 한다.
- IP(Internet Protocol) :TCP, UDP및 ICMP를 위한 패킷 전달 서비스를 제공하고, 경로를 설정한다.
- ARP(Address Resolution Protocol) : IP주소를 Hardware 주소로 매핑한다.
- RARP(Reverse ARP) : Hardware주소를 IP주소로 매핑한다.

TCP/IP에서 IP는 출발과 도착 주소를 가지는 헤더를 참조하여 네트워크를 통해 데이터를 목적지에 전달한다. 그러나 이 과정에서 데이터가 잘못 전달되거나 손실이 발생될 수도 있고, 보내진 순서대로 데이터를 전송하지 못할 수도 있다. 이러한 단점을 보완하는 것이 TCP이다. 즉 IP에서 데이터 패킷을 분실하거나 손실이 발생되면 TCP는 문제가 발생했다는 것을 알리고 데이터를 알맞게 재전송하는 임무를 갖는다. TCP가 오류를 복구하는

과정에서 데이터를 수신하는 호스트에서는 언제나 오류 없이 순서대로 데이터를 전송 받도록 하고 있다. IP프로토콜은 송신 호스트와 수신 호스트가 패킷 교환 네트워크(Packet Switching Network)에서 정보를 주고받는데 사용하는 정보 위주의 규약으로, OSI 네트워크 계층에서 호스트의 주소지정과 패킷 분할 및 조립 기능을 담당한다. IP 패킷의 포맷은 [그림 13-15]와 같으며 IP의 정보는 패킷 혹은 데이터그램이라고 하는 덩어리로 나뉘어 전송된다. [그림 13-15] IP Packet Format에 사용되는 약어 및 용어는 다음과 같은 사항을 의미한다.

- Version : IP Version Number (IPv4, IPv6 등)
- IHL : IP Header length
- Type of Service(TOS) : 서비스의 종류 (FTP, DNS 등)
- Total length : 패킷 전체의 길이
- Identification : 16bit로 각각의 datagram을 구분
- Fragmentation offset : 분절에 대한 offset
- Time to live(TTL) : 패킷의 생존시간
- Protocol : 프로토콜(ICMP, IGMP, TCP, UDP 등)
- Header checksum : 오류검출
- Source IP address : 32bit로 데이터를 보내는 인터넷주소
- Destination IP address : 32bit로 데이터를 받는 인터넷주소
- Padding : Header Option이 가변길이이므로 IP Header를 32비트의 배수로 만들기 위한 것
- Payload Data : 상위계층의 프로토콜(TCP, UDP) 헤더와 데이터

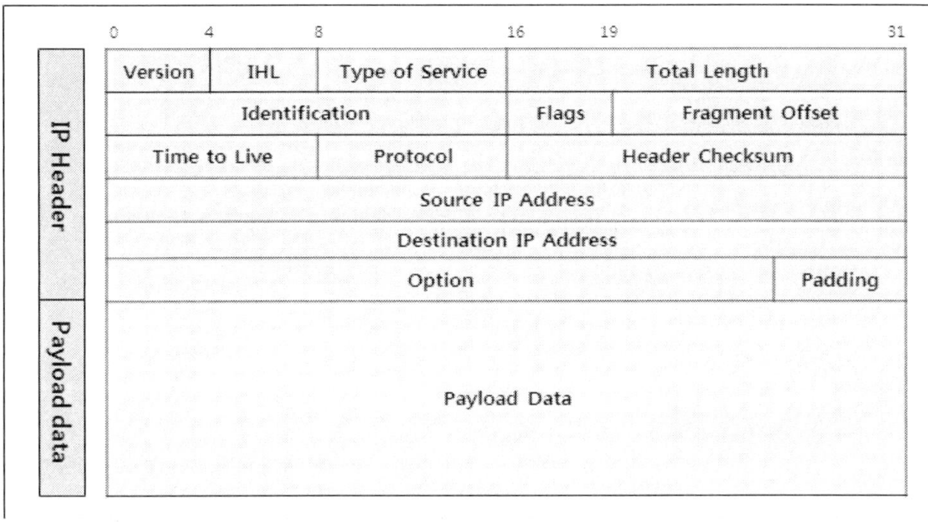

[그림 13-15] IP Packet Format

6) 특징

- 인터넷방식은 Open Protocol을 사용함으로서 특정 하드웨어나 운용체제에 의존하지 않는다.
- 물리적 네트워크에 독립적이다. 즉 물리적 네트워크에 구애받지 않는다.
- 전 세계에서 유일한 주소체계를 사용한다. Internet에 연결된 모든 컴퓨터는 독립적인 주소를 갖는다.
- 표준화되어 있으며, 보편적으로 사용되고 있다.
- address format은 dotted decimal notation으로, 각각의 host는 4 바이트(32-bit) 정수 주소와 각각의 숫자 사이는 dot(.)로 구분한다.
- Network number는 NIC(Network Information Center)에서 관리 및 부여한다.

- Best effort(Connection-less) 특성을 가지며, Hop by Hop으로 이동한다. 즉, 전체경로를 아는 것이 아니라 다음 이동 노드만 안다.
- 기존에 사용되어오던 IP주소체계의 한계를 극복하기 위하여 최대 약 40억개의 서로다른 주소를 부여할 수 있는 IPv4(4바이트, 32비트)에서 확장된 차세대 인터넷주소체계인 IPv6(128바이트)로 전환되고 있으며, 현재는 IPv6 및 IPv4가 공존하여 사용되고 있다.

바. 이동통신방식

이동통신네트워크를 이용하여 관제통신망을 구축할 수 있으나, 보편적인 이동통신서비스 상품을 적용하기가 어려운 면이 있다. 이동통신네트워크 이용방식은 2G/3G/LTE 등의 모바일통신Chip이나 모듈을 가입자장치의 통신부에 적용하여 관제통신망으로 구성하여 사용할 수 있다. 따라서 시큐리티서비스를 위한 관제통신망을 구축하기 위해서는 이동통신사업자와의 협력이 필요하다. 이동통신방식에 대하여는 다음의 제2항 “나. 이동통신방식”에서 자세히 설명한다.

2. 지령통신망(指令通信網)

관제센터와 출동요원간의 지령 및 상황보고 등에 사용되는 지령통신네트워크는 이동성을 확보하여야 하고 출동지령 및 상황보고 등이 즉각적으로 이루어져야 하므로 주로 이동통신방식이나 TRS방식 등의 무선통신수단이 이용된다. 대형건물이나 아파트단지 등의 로컬관제인 경우에는 휴대전화나 TRS이외에 무선에 의한 무전기 등이 사용되기도 한다. 무선통신(Radio Communication)방식은 전자기파(電磁氣波)를 매개(媒介)로 행하여지는 통신방식으로, 두 지점 간에 유선전송로(전선)를 통하지 않고 전파를 매개로 하여, 신호·부호·영상·음성 등의 정보를 교신할 수 있는 통신방식이다. 따라서 유선통신에 비하여 상대적으로 감청이나 도청이 용이하며 도청 및 감청을 인지하기가 어려운 점 등의 보안상 취약한 특징이 있다. 지령통신네트워크는 경비대상가입자에 대한 상황전파, 출동상황보고, 상황대응 지령, 조치결과 보고 등에 대한 지령정보를 전송하게 되므로 도청이나 감청으로부터 안전한 조치를 취하는 등 보안대책을 강구하여 이용하는 것이 바람직하다. 최근에는 전자기술, 전파통신기술, 정보통신기술 등의 발전으로 전파통신의 이용확대를 가져오고, 보다나은 전파이용 기술의 발달을 촉진하였다. 따라서 무선통신기술의 발전은 무선방식의 취약점을 보완하여 보안성을 유지하는 방법 등의 기술이 적용되고 있으며, GPS와 연계하여 출동요원 등의 위치파악이 가능해지는 등 지령통신망으로서의 활용도를 높여가는 통신방식이 되고 있다. 이러한 지령통신망의 일반적인 구성계통도의 예는 [그림 13-16]과 같으며, 지령통신에 주로 이용되는 무전기방식, 이동통신방식, TRS방식에 대한 상세내용은 다음과 같다.

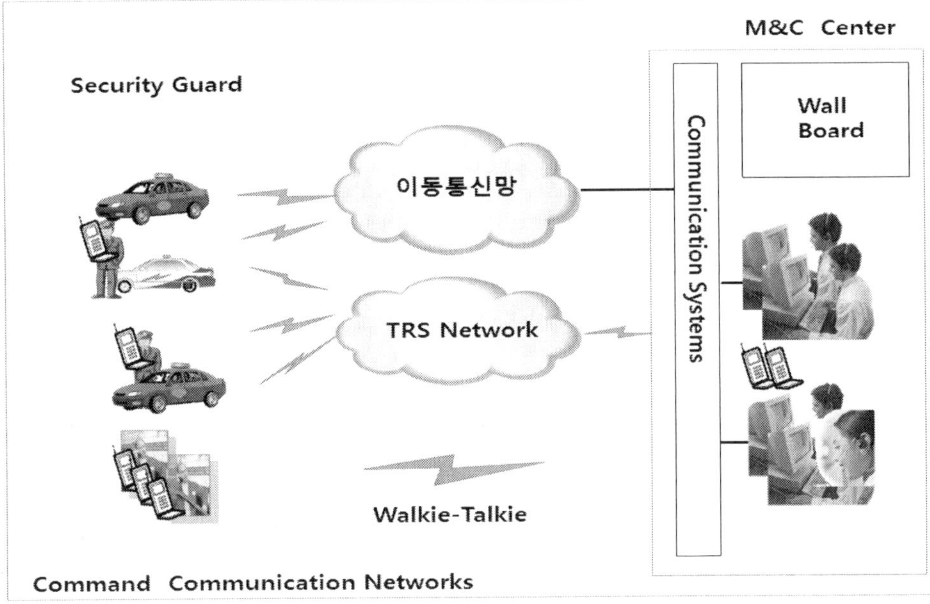

[그림 13-16] 지령통신망 구성계통도의 예

가. 무전기방식

무선방식에 의해 가장 간단하게 통신할 수 있는 무선전화기를 말하며 워키토키 (walkie-talkie)라고도 한다. 무전기는 제2차 세계대전 중 미국에서 야전용으로 만들어진 휴대용 소형 무선전화기에서 점차 한손으로 들고 다닐 수 있는 휴대용으로 발전하여 왔으며, 핸디토키라고도 한다. 이는 건물 내의 작업용, 건설현장, 등산 등의 레크리에이션에도 많이 사용되고 있으며 점차 소형화, 고성능화 되어 가고 있다. 최근에는 무전기 사용의 편의성과 휴대성을 강조한 무전기장치가 많이 등장하고 있다. 그러나 보통 무전기에 사용되는 주파수는 주로 파장이 매우 짧은 주파수를 사용하게 되므로 전파특성상 근거리 통신에 한정되는 결점이 있다. 또한 전파자원이 한정적이므로 무전기의 수신방법은 채널을 공유하여 사용하며, 같은 채널 사용자 모두가 수신할 수 있으므로, 송신방법은 한사람씩 교대로 송신하는 순차송신방식의 사용이 일반적이다.

나. 이동통신 방식

현재 널리 사용되고 있는 이동통신방식을 지령통신네트워크로 적용하는 방법은 이동통신사업자의 서비스를 이용하는 것인데, 이동통신서비스에는 기존의 셀룰러전화, 무선호출, 무선데이타통신, 2G/3G, LTE방식의 서비스 등이 있다. 무선통신은 유선통신과는 달리 전파를 이용하여 신호를 송수신하기 때문에 유선통신에 비하여 상대적으로 보안이 취약한 단점이 있다. 일반적으로 이동통신시스템의 구성은 크게 이동국, 기지국, 이동통신교환국으로 구분할 수 있다.

1) 이동국(MS: Mobile Station)은 서비스영역 내에서 이동하는 무선가입자의 단말기를 말하며 기지국과 무선채널을 통해서 통신한다. 이동국에는 세 가지 유형이 있다. 정지 또는 저속인 경우에는 PS(Personal

Station), 차량 또는 항공기 등의 고속인 경우에는 MS(Mobile Station), 그리고 인공위성을 이용한 서비스인 경우에는 MES(Mobile Earth Station)를 이용한다.

2) 기지국(BS: Base Station) : 이동통신시스템에서는 무선채널의 효율적인 이용을 위하여 커다란 지역을 셀이라는 작은 지역으로 분할하여 각 셀에 기지국을 두고 이를 통하여 이동국과 무선통신을 수행한다. 즉, 기지국은 자신이 관할하는 셀내에 있는 이동국에서 발사된 신호를 무선채널로 수신하여 이동통신교환국으로 전송한다. 또한 이동통신 교환국으로부터 오는 신호는 무선채널을 통하여 이동국에 송신하는 기능을 수행한다.

3) 이동통신교환국(MSC: Mobile Switching Center) : 공중전화통신망(PSTN)과 이동통신망의 인터페이스 역할을 담당하여 가입자들에게 회선교환서비스를 제공할 뿐만 아니라 무선자원(Radio Resource)의 관리기능, 이동국의 위치를 추적하여 항상 서비스 가능하도록 하는 기능, 통화중인 이동국이 이동하더라도 통화를 지속시켜주는 기능 등을 제공한다.

이동통신서비스는 전반적으로 아날로그시스템에서 디지털시스템으로 전환되고 제2세대, 제3세대, 제4세대통신으로 발전하여 전환되는 추세에 있다. 이러한 추세는 디지털시스템이 아날로그시스템에 비하여 기지국 및 단말기의 소형화, 경량화가 가능하고, 다수의 가입자에게 고품질의 음성 및 데이터서비스를 효율적으로 제공할 수 있기 때문으로 보인다. 최근의 이동통신은 초고속의 데이터통신서비스를 제공하고 PDA, Smart Phone 을 이용하는 이용자가 늘어나면서 데이터이용이 증가하고 데이터전송속도도 빨라지는 등 빠르게 발전하고 있다. 이제는 이동통신망을 이용하여 언제, 어디서나 가입자에게 음성과 데이터를 전송할 수 있는 통합서비스를 제공할 수 있다. 따라서 이동통신망 접속이 가능한 PDA나 스마트단말기기 등에 의한 지령통신망 구축이 용이해졌으며, 지령통신에 효과적이기도 하다.

다. TRS(Trunked Radio System) 방식

1) 개요

TRS(Trunked Radio System)는 흔히 주파수공용무선통신시스템이라 하며, 부족한 주파수 자원을 효과적으로 사용하기 위해 다수의 사용자가 공동으로 채널을 활용할 수 있게 한 무선방식의 통신시스템을 말한다. 이는 일반 업무용 무전기와는 달리 여러 개의 채널중 사용하지 않는 빈 채널을 다수의 사용자가 공유한다. 따라서 비교적 작은 지역에서 같은 임무를 수행하는 사람들이 서로 의사소통을 하는데 유리하다. 특히 디지털TRS는 보안성과 통화품질이 우수하고, 음성과 데이터 통신을 하나의 시스템으로 통합함으로써 지령통신망구축에 유용하다. 이 방식은 음성 외에 Data, FAX 등의 통신도 가능하며 사무실, 이동 중인 사람 및 차량 등 다수의 가입자 군들이 일정주파수 채널을 공동으로 사용한다. TRS의 접속방식은 연결채널과 통화채널이 따로 있어서 연결채널을 통해 모든 접속이 시도되고 이 채널을 통해 접속 시도된 신호는 시스템상의 빈 채널에 자동적으로 접속하도록 구성되어 있다. 이 방식은 일반무선국 보다 적은 주파수 자원으로 많은 사용자가 혼선없이 사용할 수 있고, 중계방식을 이용해 넓은 지역에서 사용가능하다.

- 통신방식은 주로 단신방식으로, 하나의 송 수신기에 2~9개까지 식별부호 부여가 가능하다.
- 송수신기의 종류는 고정형, 이동형, 차량용, 휴대용 송수신기가 있다.
- 통화의 종류는 일제통화, 선별통화, 개별통화로 나눌 수 있다. 일제통화는 해당 단말기(송수신기) 전체를 동시에 호출하여 통화하는 방법으로 일반 무전기 기능과 동일하다. 선별통화는 소속 단말기

중 통화하고자 하는 단말기들만 선택적으로 호출하여 통화하는 방법이다. 개별통화는 소속 단말기 중 통화하고자 하는 단말기 1대만을 호출하여 통화하는 방법이다. 따라서 선별통화나 개별통화에서 선택하지 않은 단말기에서는 들을 수 없으므로 통화 비밀 유지가 가능하다.

- 사용주파수대 : 우리나라의 TRS 주파수는 300MHz 대와 800MHz 대를 할당하고 있다. 800MHZ대의 경우는 상향링크(단말 → 기지국) 806~821 MHz (15MHz 대역), 하향링크(기지국 → 단말) 851~866 MHz(15MHz)이며, 채널간격 및 채널수는 25KHz, 600 CH로 1 채널당 보통 100가입자를 수용하고 있다. 일본은 1.5 GHz, 미국은 800MHz, 영국은 175~225 MHz, 프랑스는 150MHz 대를 운영하고 있다.

2) 특징

- 1개 중계국의 서비스제공지역을 넓게(20~50Km) 형성하여 주파수를 공유함으로서 주파수를 효율적으로 활용 가능하다.
- 디지털TRS시스템은 TDMA방식을 채택하여 아나로그방식에 비해 5~6배 이상의 서비스 향상이 가능하다.
- TRS방식의 일제통화, 개별통화 등의 각 기능을 적정하게 적용하여 활용하면 관제요원과 출동요원이나 순찰요원 간에 효과적으로 지령통신을 할 수 있는 지령통신망 구축이 가능하다.

제3절 관제센터

기계경비에서 관제센터는 가장핵심적인 구성요소이며, 경비대상 고객 하나하나에 대한 모든 상황과 이벤트정보를 모니터링하고 상황을 통제하는 등의 매우 중요한 역할을 담당한다. 관제센터는 기계경비의 중심에서 관제설비들을 갖추고, 이벤트신호 및 정보 분석뿐만 아니라 가입자의 행동패턴 등을 보다 정밀하게 분석하여, 관제요원에게 과학적인 분석결과를 제공하는 기능을 수행한다. 따라서 관제요원은 침입이나 오작동 등의 상황을 좀 더 명확히 판단하여 필요한 조치를 취할 수 있어 효과적인 경비업무의 수행이 가능하게 된다.

1. 주요 구성요소

관제센터는 관제설비실과 관제상황실로 구분할 수 있으며, 주요 구성요소로는 관제설비, 통신설비 그리고 관제요원을 들 수 있다. 관제용 서버 등의 관제설비와 통신설비는 관제설비실에, 관제터미널과 Wallboard 등의 설비 및 관제요원은 관제상황실에 위치하여 기계경비의 관제업무를 수행함이 보편적이다. 일반적인 관제센터 및 관제시스템의 구성 개념도는 [그림 13-17]과 같으며, 관제센터의 관제시스템은 관제설비 및 통신설비로 대별할 수 있다. 관제설비는 관제요원이 관제업무를 수행할 수 있도록 해당 고객의 상황정보 및 이벤트 이력정보, 이벤트 분석결과, 침입여부 판단을 지원하는 정보 등을 제공한다. 관제센터의 통신설비는 경비대상고객의 가입자장치와 관제설비를 통신망으로 연결해주며 가입자의 경보신호 및 상황정보 등을 받고 해당조치 명령을 전송하는 등의 기능을 수행한다.

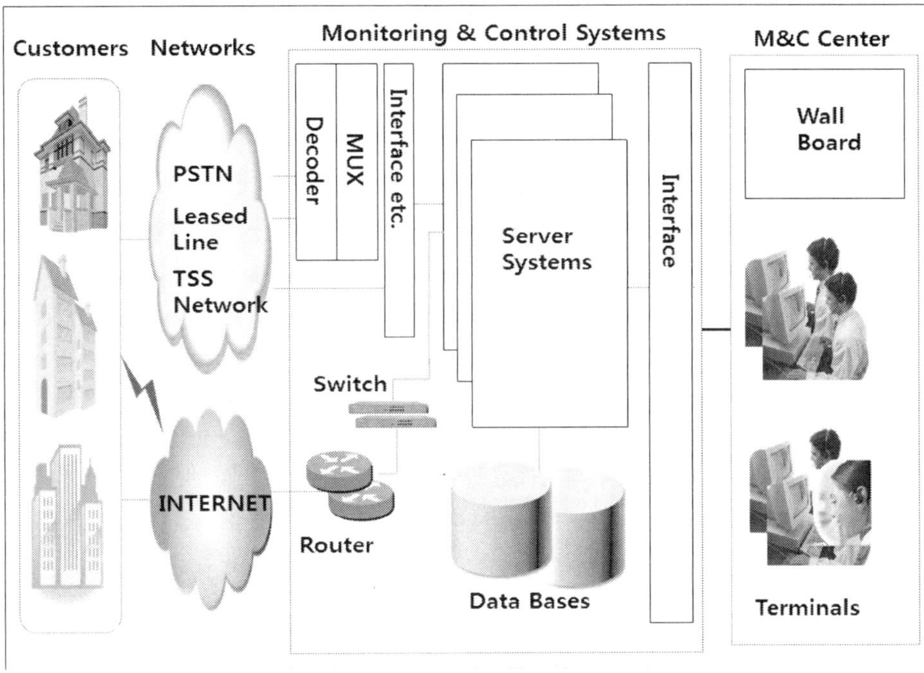

[그림 13-17] 관제센터 및 관제설비 개념도

2. 관제설비

관제설비는 경비대상 고객의 가입자장치로 부터 전송된 침입감지 등의 경보신호를 수신하고 경보신호 및 침입감지 정보 등을 분석하여 해당정보를 관제요원에게 제공하는 설비이다. 관제설비는 관제요원이 경비대상가입자의 현장상황 및 침입여부 판단을 하는데 직접적인 도움을 주는 정보를 제공하는 기능을 하며, 경비업무를 수행하는데 있어서 빼놓을 수 없는 핵심설비이다. 이 설비는 상황발생 시에 수신된 이벤트정보와 데이터베이스의 정보를 관제요원에게 제공함으로서 보다 신속하고 효과적으로 경비업무를 수행할 수 있도록 관제의사결정을 지원해준다. 관제설비는 경보신호와 이벤트 정보 등을 종합적으로 분석하고, 발생상황에 대한 판단 및 대응조치를 취할 수 있도록 과학적인 데이터에 근거하여 관제업무 수행을 지원해주는 설비이다. 엄밀하게 보면 관제센터의 모든 설비들은 관제업무를 위한 것이므로 관제설비로 분류할 수 있겠으나 그 각각의 세부기능에 따라 경보신호처리설비, 관제통합설비, 관제단말설비로 나눌 수 있으며, 데이터베이스설비와 저장설비를 같이 구성하는 것이 일반적이다.

가. 경보신호처리설비

경보신호처리설비는 수신된 경보 또는 감지신호 및 이벤트 등의 정보를 처리하는 서버시스템이며, 각 업무기능별 서버시스템과 데이터베이스시스템으로 구성될 수 있다. 각 업무기능별 서버시스템들의 구성 예를 들면, 신호중계, 신호해석, 신호패턴분석, 이벤트정보 분석 및 처리 등의 기능을 하는 서버들을 들 수 있다. 각 기능별 서버시스템은 규모에 따라 각 서버들을 별도로 두거나 통합된 서버로 경보신호처리설비를 구성할 수 있다. 이들 각 기능별 서버의 주요 기능은 다음과 같다.

1) 경보신호처리

경비대상가입자로부터 수신된 원시 신호를 번역하고, 고객ID 별 등으로 분리하며 그 신호내역과 원시신호를 저장한다. 즉 가입자로부터 수신된 경보신호는 비상벨신호, 전원정보신호, 각종 감지기 작동신호, 경계 설정 및 해제 신호 등이 있다. 이러한 신호들을 ID별, 신호그룹별, Category별, 종류별 등으로 분류하거나 관제에 유용한 형태로 처리하여 긴급 상황발생 시 해당 고객의 상황을 신속히 파악하고 조치를 취할 수 있도록 각각의 신호정보들을 변환하거나 분류하고 Grouping하는 등의 정보처리를 한다. 경보신호내역은 데이터베이스설비에 전송하여 데이터베이스화하여 관리할 수 있도록 하고, 동시에 관제통합설비에 전송하여 그 경보신호 내역, category,

중요도 등에 따라 관제요원이 해당고객의 상황을 즉각적으로 파악할 수 있도록 해당정보를 제공한다.

2) 이벤트정보처리

경비대상 가입자들로부터 수신된 경보신호 등으로부터 추출된 이벤트 정보들을 Event Type, Category, Priority, Pattern 등의 분류기준을 적용하고 해당고객별, ID별, 고객유형별 등으로 Grouping 및 정규화 등의 처리과정을 거쳐 데이터베이스설비로 전송한다. 이와 같은 이벤트정보 처리결과 데이터는 관제업무수행에 필요한 매우 중요한 기초자료가 된다. 이러한 기초자료 및 관련 기본정보들은 관련서버와 연관하여 가입자 유형, 경보 및 이벤트 유형, 경보신호 및 이벤트 패턴, 이벤트 발생 이력 등을 분석할 수 있다. 그 분석결과는 해당이벤트와 비교 검토하는 등의 프로세스를 통하여 침입 및 이상상황 판단에 효과적으로 활용할 수 있다. 이벤트정보들은 비상벨 신호와 같은 긴급 상황 이벤트, 감지장치의 동작상태 정보에 의한 침입경보 이벤트, 가입자장치 동작에 관한정보(정상동작, 이상상태정보, AC 상용전원에 의한 동작인지, DC(배터리)전원인지, 정전인지 등의 전원동작상태, 경계상태 등), 가입자장치와 네트워크간의 통신 상태 정보 그리고 감지장치 접속 수 정보 등을 들 수 있다.

나. 관제통합설비

관제통합설비는 경비대상고객의 상황정보를 신속하고 효과적으로 관제요원에게 제공하기 위한 설비이다. 관제통합설비는 경보신호처리장치의 경보신호 및 이벤트처리 데이터에 근거하여 분석된 결과를 토대로 관제업무를 수행하기 위한 개별 서버들로 구성된다. 예를 들면, 관제통합설비는 관제일반업무, 통합관제GUI제공, 관제를 위한 GIS정보제공, 지령관제 기능을 제공하는 장치나 서버 등으로 구성 할 수 있다. 이와 관련된 단위서버 및 장치로는 지령관제서버, 고객관리서버, 출동관리서버, 위치추적서버, 관제일반업무서버, 통계처리서버, 관제GIS서버, PDA(Personal Digital Assistant, 개인용 휴대 단말기)와 같은 스마트기기장치를 들 수 있다. 이들 각 서버들과의 연동 및 게이트웨이 역할을 할 수 있도록 통합적으로 관제GUI를 제공할 수 있는 서버를 둘 수 있는데, 그러한 기능을 하는 서버를 통합관제GUI서버라 한다. 관제통합설비 형태인 통합관제GUI서버와 관제일반업무서버, 통계처리서버의 주요기능은 다음과 같다.

1) 관제일반업무서버

관제일반업무서버는 경비대상 고객의 기본정보를 관리하고 각종 현황과 관련 정보 및 보고내용의 조회 기능을 제공하며 관련보고서를 생성한다. 또한 관제일반업무서버는 현황정보처리서버, 기초정보처리서버 등을 포함하여 구축하거나 개별단위서버들로 구성할 수 있으며, 고객과 관련된 각종 데이터 및 정보를 분류 및 분석하여 데이터베이스에서 저장 관리하며 필요시 현황정보를 조회할 수 있도록 해준다. 이 서버에서 관리하는 정보는 경비대상가입자의 고객 기본정보, 단말기 정보, 출동요원 정보 등이 있으며 관리대상정보들의 예는 다음과 같다.

- 관제자원 및 출동자원, 출동관련 장비 등의 자원관리에 필요한 정보; 차량정보, 출동요원정보, 관제요원정보, 관제콘솔 정보, PDA 등의 스마트 기기 정보, 무선채널그룹정보 등
- 관제시 필요한 기초정보 및 관제규칙 등; 관제콘솔별 관할구역, 관제콘솔별 채널그룹, 지역별 채널그룹 및 채널관리 정보, 관제규칙에 관련된 정보 등
- 고객관리 정보; 고객의 기본정보, 고객별로 설치된 장치에 대한 정보와 감지기 정보, 고객의 기본정보로는 가입자명 또는 식별번호, 가입자유형, 설치장소, 가입구역, 경비구역 및 경비Zone, 감지기

설치현황, 가입장치 명, 가입장치 Type 등을 들 수 있다.

- 각종 관제관련 정보; 관할구역 관리 정보, 그룹관리 정보, 관제 SMS 전송내역 및 통계 정보, 근무일지 내역, 순찰 및 정기점검 내역 등
- 현황정보로는 경비대상 고객현황, 일별 이벤트발생 및 조치현황, 출동차량별 현황, 신호별 현황, 고객카드발급현황, 고객별 신호발생현황, 고객별 출동현황, 일별 출동현황, 상황처리 현황, 차량별 업무처리현황, 경보신호별 현황 등
- 이벤트관리정보로는 경계설정, 경계해지, 감지기 동작상태, 경보발생 이력, 가입자장치 점검, 종류별 이벤트 발생현황 및 각종 이벤트의 발생이력 정보 등을 들 수 있다.

2) 통계처리 서버

통계처리서버는 관제업무 수행 시 고객별 및 사건/사고 별로 처리하는 개념을 적용하고, 침입발생 등의 이벤트별 처리내역 정보를 생성하여 통계 및 보고가 가능하도록 설계한다. 통계처리는 가입고객의 이벤트발생이나 긴급상황 등에 대한 이벤트 발생빈도, 이벤트패턴 분석 등에 활용할 수 있도록, 각종 신호 유형별 통계, 출동 유형별 통계, 원인별 통계, 경계/경보신호 등의 처리내역 통계를 제공할 수 있도록 한다. 또한 해당가입자의 이벤트에 대하여 가입자 유형의 통계 및 동종 이벤트별 통계, 전체 통계 등에 의하여 실제 발생이벤트와 통계자료의 평균치 및 최대치의 비교분석이 가능하도록 정보를 제공할 수 있다. 통계처리서버에서 생성하여 보고가 가능한 각종 통계자료의 예는 다음과 같다.

- 이벤트별, 상황별 통계
- 원인별 출동지령 통계
- 고객유형별 출동지령 통계

- 시간대별 출동지령 통계
- 감지기별 신호접수 통계
- 신호유형별 처리내역 통계
- A/S 접수현황 및 처리 통계 등
- 고객별 각종 사고처리 통계 및 내역
- 고객별 접수 통계 등

3) 통합관제GUI서버

통합관제GUI서버는 관제에 필요한 모든 정보를 조회하거나 처리할 수 있도록 개별서버들의 관련기능을 통합한 서버로서 관제통합설비 또는 지령관제통합서버라고 불리기도 한다. 통합관제GUI서버는 관제일반업무서버 및 통계처리서버와 연동하거나 관련기능을 포함할 수 있다. 통합관제GUI서버의 기능은 필요한 정보를 검색 및 조회하거나 제어, 입력, 처리, 저장하고 관제를 위한 해당업무를 처리할 수 있도록, 단위서버들(출동관리, 관제GIS, 패턴분석 서버 등)과 스마트기기, 관제단말설비 등을 연동하여, 각 설비들에 효과적으로 접근(Access)할 수 있도록 통합 User Interface를 제공한다. 관제업무에 관련되어 조회 가능한 정보의 예는 다음과 같다.

- 고객신호 접수 내역 ; 출동 및 확인 진행상태, 최초 신호발생 일시, 실시간 신호내역, 도면 및 출동이력, 고객 기본정보, 고객과의 통신내역 등
- 고객의 경계상태 모니터링 및 확인(가입자장치 동작 상태); 이벤트 발생 감시, 이벤트 발생에 대한 조치 사항 등
- 출동관리정보; 출동차량 위치, 고객의 이벤트 발생 히스토리, 조치기록 관리내역 등
- 관제 GIS 정보; 고객 및 출동차량의 위치정보, 출동가능 차량 및 해당차량 상태정보, 인근 출동차량 및 해당차량 상태정보 등

- 지령통신 관련 정보 ; TRS, SMS 지령송신 내역, 지령통신 단말장치(무전기, 휴대전화, PDA 등의 스마트기기) 정보, SMS 지령수신 내역, 차량용 Navigation 단말 정보, 출동요원 정보 등
- 이벤트 정보 ; 신호패턴, 경보신호 패턴 및 내역에 대한 분석 정보 등

다. 관제단말설비

관제단말설비는 크게 나누어 관제정보표시장치와 지령통신단말장치로 구분할 수 있다.

1) 관제정보표시장치

관제정보표시장치는 경보신호 발생, 상황정보, 침입 판단지원 정보 등을 관제요원에게 표시해주는 장치로서 대형스크린이나 Wall board 그리고 관제요원 터미널을 들 수 있다. Wall Board는 빔프로젝트 또는 대형 Display와 화면구성장치 및 관련 소프트웨어 등으로 구성된다. 화면구성장치는 관제요원이 보기 좋게 화면을 분할하거나, 화면 확대 및 축소, 화면 표시 및 숨김, 화면전환 등의 기능을 구현해주는 장치를 말한다. 관제실의 대형화면은 관제상황실의 모든 관제요원이 긴급 상황을 공유하고 각 관제요원의 담당구역과의 연계성을 바로 알 수 있게 하는 등 가입자의 상황을 실시간으로 알 수 있도록 상황정보를 표시해줌으로서 효과적인 관제업무를 수행할 수 있다. 대형화면은 평상시 분할운영(4~9화면 등)하거나 중첩표시 형태로 운용할 수 있으며, 필요시 특정화면을 전체화면으로 전환할 수 있는 기능을 갖추는 것이 업무처리에 유용하다. 관제단말설비는 관제지역 및 구역 등의 관제범위의 규모나 관제요원 수 등에 따라 관제업무를 효율적으로 수행할 수 있도록 관제단말설비들을 한곳에 배치하여 콘솔형태로 운용할 수 있다. 관제콘솔에는 일반전화, 관제모니터, 관제업무터미널, 지령통신 단말장치 등으로 구성하고, 관제대상 고객의 규모 등에 따라 적정한 수

의 관제콘솔을 배치하여 운용한다. 여러 대의 관제콘솔이 있는 경우 각각의 관제콘솔 및 관제요원의 터미널에 경비 지역 및 구역 별, 경비구역 담당 별, 고객그룹 별 등으로 업무역할을 미리 할당하여 담당자 및 업무범위 등을 지정 운용함이 바람직하다.

2) 지령통신단말장치

지령통신단말장치로는 관제요원과 출동요원간 또는 출동요원 상호간에 통신을 위한 PDA등의 스마트기기, 무전기, TRS단말장치, 이동통신 휴대기기 등이 있다. 일반적으로 관제센터에서는 지령통신을 위해 SMS 송수신 및 GIS 정보 수신 등의 기능을 서버에서 통합적으로 구현하여 통신할 수 있도록 하고 있다. 또한 지령통신망과 연계하여 효과적인 관제와 지령통신 내용 등을 기록 관리할 수 있도록 해당서버에 기능을 부여할 수 있다.

라. 데이터베이스 설비

데이터베이스 및 저장 설비(일반적으로 Data Base와 Storage를 포함하여 데이터베이스시스템 또는 데이터베이스설비라고 칭하기도 한다.)는 경보신호, 이벤트, 고객상황 등에 대한 모든 자료를 DB화하여 저장, 검색, 갱신, 관리 기능을 통하여 필요한 정보를 제공할 수 있는 설비이다. 즉 데이터베이스설비는 각 고객의 기본정보, 고객현황, 경계 및 경보 등에 대한 이벤트 발생 및 처리 정보, 출동 및 처리 기록정보, 점검 및 출동 이력, 관제에 필요한 정보 등을 현행으로 갱신하여 저장하고 필요시에는 언제든지 관련시스템을 통하여 관제요원 등에게 필요한 정보를 제공할 수 있도록 한다. 데이터베이스는 매일 발생하는 전체 이벤트발생량, 일회 이벤트 처리량, 정보검색 주기 및 시간, 정보처리능력 등을 감안하여 적정한 용량과 요구성능을 만족시킬 수 있도록 설계하여 구축한다. 또한 DBMS 등의 솔루션은 정보 데이터를 손쉽게 갱신, 분류, 저장, 검색할 수 있는 것을 선택하여 업무의 용이성을 확보하는 것이 좋다.

3. 통신설비

통신설비는 가입자로부터 전송된 데이터를 수신하기 위한 장치들로 구성되며통신네트워크 및 통신방식 별로 각기 다른 장비가 구성될 수 있다. 통신설비를 구성하는 장비 및 장치들은 다이얼업(Dail-Up)모뎀, 디코더(Decoder), 멀티플렉스(Multiplex), 라우터(Router), 스위치(Switch), 프로토콜 변환장치 등을 들 수 있다. 통신설비는 경비대상 가입자의 가입자장치와 관제정보를 처리하는 서버시스템 간의 네트워크 접속인터페이스를 제공하고, 경비대상고객의 가입자장치로부터의 호출에 응답하는 등의 통신접속을 통하여, 가입자들로부터 전송된 침입감지, 경계설정 등의 신호 및 데이터를 경보신호처리설비에 보내는 역할을 한다. 관제센터의 통신설비 기능의 예를 들면 다음과 같다.

- 전화이용방식은 가입자측의 다이얼업 모뎀에 의해, 관제센터의 다이얼업기능이 있는 PSTN용 디코더에 접속(수신응답)하여 신호를 전송하면, 가입자ID, 신호의 종류, 경보신호 등의 정보를 Decoder에서 해독하고 여러 가입자들의 데이터를 MUX로 다중화 시켜 해당 인터페이스장치를 거쳐 서버시스템으로 전송한다.
- 전용회선이용방식은, 가입자장치와 직접 접속된 전용회선용 디코더에서 각종 신호와 데이터를 해독하고 다중화장치(MUX)로 다중화하여 해당 인터페이스장치를 거쳐 서버시스템에 전달한다.
- 원격통신회선방식은 가입자장치와 전화선로가 직접 접속되어 여러 가입자들의 데이터가 TSS Host로 모이고 그 데이터들은 TSS호스트의 포트와 접속된 전용회선을 통해 관제설비의 인터페이스장치를 거쳐 서버시스템으로 전달된다.
- 인터넷 방식인 경우에는 IP방식으로 관제센터의 라우터나 스위치를 통해서 서버에 직접 접속할 수 있다.

따라서 [그림 3-17] 개념도의 예에서 보는 바와 같이 전화이용방식, 전용회선방식, 원격통신회선방식은 TCP/IP 인터페이스장치 등을 통하여 TCP/IP 네트워크에 접속되고, 인터넷사용방식은 라우터 및 스위치를 거쳐 관제설비와 통신 할 수 있게 된다. 대부분의 경우 관제설비나 통신장비 등에 IP망을 활용하거나 적용해가는 추세이므로, TCP/IP 프로토콜을 사용하면 관제센터 구축, 관제업무시스템들의 집중화 및 확장성을 확보할 수 있는 네트워크나 서비스 확장 등에 있어 많은 장점을 활용할 수 있다. TCP/IP 인터페이스장치는 터미널서버나 인터페이스 서버 등으로 구성될 수 있으며, 각 서버시스템의 정보 송수신의 효율성 확보 등을 위하여 다양한 신호방식을 TCP/IP 방식으로 인터페이스 할 수 있도록 해준다. 인터넷방식 및 통신방식에 따라 다이얼모뎀이나 디코더 등이 생략되기도 한다. 인터페이스서버나 터미널서버는 가입자의 이벤트정보나 경보신호 등이 PSTN, 전용회선, TSS등의 여러 통신매체를 통해 수신된 신호에 대해, 다중화 된 데이터들과 신호를 해독하고 프로토콜변환 등을 거쳐 관제설비에 전송하는 기능을 한다. 지령통신설비는 대부분 통신사업자의 통신망과 설비를 이용하므로 제2항 다호에서 언급한바와 같은 지령통신에 필요한 해당 단말장치들로 구성되며 각 단말장치는 해당단말장치 간의 고유통신 기능을 담당한다.

4. 관제요원

상황관제는 경비시스템에 의해 수집된 경보 및 상황정보 등을 분석하여 종합적인 판단과 통제 업무를 수행하는 관제업무를 말한다. 관제요원은, 관제설비에서 제공해주는 상황관제에 관련된 모든 정보와 실시간 현장 모니터링 상황을 정확히 파악하여 효과적인 대응을 하는 중요한 업무를 수행한다. 또한 침입 등의 이벤트가 발생한 현장의 상황에 신속하고 효과적으로 대응하기 위하여, 관제요원은 기 구축되어 있는 출동체제와 대응체계를 가동시켜 적절한 조치를 취한다. 출동체제는 상황발생 현장에 신속하게 출동할 수 있도록 준비된 체제이며, 대응체계는 상황발생 등에 대하여 신속한 상황파악 및 판단에 의해 조치를 취할 수 있는 전반적인 활동을 말한다. 일반적인 관제요원의 주요임무는 다음과 같다.

- 실시간 모니터링 상황정보와 관제설비를 통해 제공되는 정보에 의한 침입여부 등의 종합적인 판단
- 현장상황을 통제
- 대응조치
- 유관기관과 협력 및 협조사항
- 대응 내역 및 결과 기록관리

5. 관제센터 운영

기계경비에 있어 관제센터의 역할이 매우 중요하며 상황관제의 능력 및 수준에 따라 경비서비스 수준이 결정된다고 볼 수 있다. 따라서 관제센터는 시큐리티서비스의 중심에서 상황관제 및 상황통제 기능을 비롯하여 서비스개통 확인 및 해지 등 서비스제공에 대한 대부분의 권한을 부여하여 운영하는 것이 보편적이다. 관제설비의 서버들은 앞에서 살펴본바와 같이 모든 가입자의 각종 신호정보, 가입자정보, 이벤트 발생 및 조치내용, 이력정보 등을 처리하고 저장, 검색, 조회 등에 대한 해당기능을 제공한다. 그리고 대부분의 서버시스템은 TCP/IP 인터페이스로 접속되는 경우가 많은데, TCP/IP 포트에 의한 네트워크 접속은 관제용 서버시스템들의 위치나 관제업무에 있어 유연성을 부여할 수 있으며, 가입자 접속점의 분산이나 규모별 접속점을 분리하여 운용할 수 있는 장점이 있기 때문이다.

제4장 시큐리티 서비스 운영

"제1장 시큐리티 개요"와 "제3장 기계경비/시큐리티 시스템"에서 설명한 바와 같이 일반적인 기계경비업무는, 가입자 댁내, 상가 등에 설치되어 있는 가입자장치에서, 침입을 감지하거나 비상 신호 등을 감지하면 이벤트신호를 생성하여 전송하고, 관제센터에서는 수신된 이벤트신호 및 상황정보 등을 분석하고 확인하여 대응조치를 취하는 것을 말한다. 일반적으로 시큐리티서비스는 기계경비업무를 제공하는 것을 기본적으로 포함하고 있으며, 인명, 재산 등의 안전에 관련된 범주에 속하는 업무를 비롯하여 그 부가기능을 제공할 수 있는 서비스로 볼 수 있다. 따라서 본서에서 사용하는 용어도 기계경비나 시큐리티는 기본적인 업무기능이 같으므로 혼용하여 사용하였으며 시큐리티서비스에 대하여는 기계경비 업무기능의 진화 및 확장된 개념으로 이해하여 설명한다.

제1절 서비스 운영 체계

1. 시큐리티 서비스 체계

기계경비업무와 응용서비스 등을 제공할 수 있는 시큐리티서비스의 구성요소로서 서비스제공사업자, 서비스대상 고객, 시큐리티 시스템 및 관련설비, 관제, 출동 및 대응체계를 들 수 있다. 시큐리티서비스 체계도는 [그림

14-1]과 같으며, 대부분의 시큐리티사업자들은 시큐리티서비스를 제공할 수 있는 시스템(Security System)과 출동인력 및 대응체계를 갖추어 서비스를 제공한다. 통상적인 시큐리티서비스 체계 및 절차는 경비대상 고객의 경비구역에 침입이 감지되어 침입경보신호를 전송하거나 비상벨 작동에 의한 비상경보신호가 관제센터에 전송된 경우에, 관제요원은 각종 상황정보 등에 대한 분석 결과를 토대로, 원격으로 조치를 취하거나 현장출동 지령을 내리고 출동체계를 가동시켜 대응한다. 현장에 출동한 전문요원(보통 출동요원, 경비사 등으로 칭한다)은 침입상황이나 긴급상황 등에 대한 대응프로세스에 의해 대응하고 필요한 조치를 취한다. 대응프로세스는 시큐리티사업자별로 각 상황에 따른 조치방법, 지침, 구체적인 현장 대응방안 등의 행동요령과 대응체계를 마련하여 운용한다.

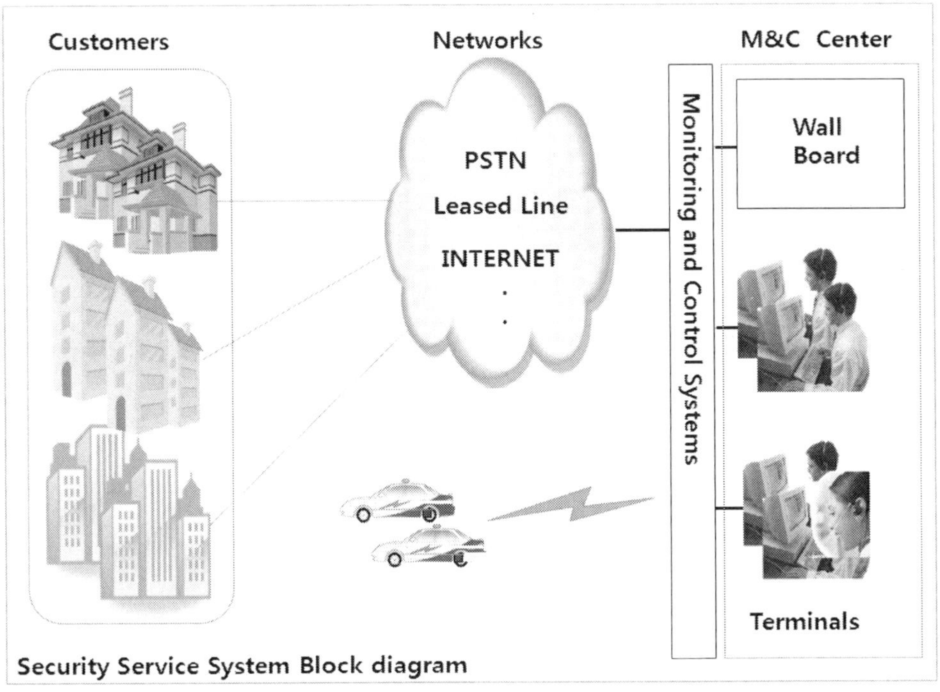

[그림 14-1] 시큐리티 서비스 체계

2. 업무 흐름(Service Flow)

시큐리티서비스 제공에 앞서, 서비스를 제공하고자하는 시큐리티사업자는 제도적인 규정[4]을 따라야하며, 서비스제공에 대한 요구조건 등에 맞게 시큐리티시스템을 구축하고, 관제체제, 대응 및 출동 체제 등을 마련하여 서비스제공 준비를 완료하여야 한다. 그 이후 경비대상 가입자를 확보하고, 해당가입자에 대한 무인경비 등의 시큐리티서비스를 제공한다. 시큐리티서비스의 업무흐름은 [그림 14-2]와 같이, 경비대상 가입자에 대한 준비단계를 거쳐 서비스를 제공할 수 있는 운용단계에 접어들게 된다.

서비스제공을 위한 준비단계는, 경비대상 고객에 대하여 가입자 장치를 설치하고 통신네트워크를 통해 서비스제공자의 시스템에 연결하며, 서비스 고객으로 등록하는 과정을 말한다. 준비단계에 대한 세부사항은 제2절 서비스준비단계에서 상세히 설명한다. 서비스운용단계는 경비대상 고객에 대한 기계경비 등의 시큐리티서비스를 제공하는 단계이며, 고객은 경계 설정을 통하여, 경비업무를 수행할 수 있도록 경계설정을 하거나 경비중인 경계상태를 해제하는 등 경비대상구역에 설치된 가입자장치를 운용한다. 서비스제공자는 고객의 가입자장치 운용정보(경계 설정 및 해지, 이벤트 신호 등)를 수신하고 분석 및 관리하며 상황이벤트 발생 시에는 대응조치를 취한다. 이에 대한 세부사항은 "제3절 서비스운용"에서 자세하게 살펴본다.

4) 경비업법(법률 제11690호) 등

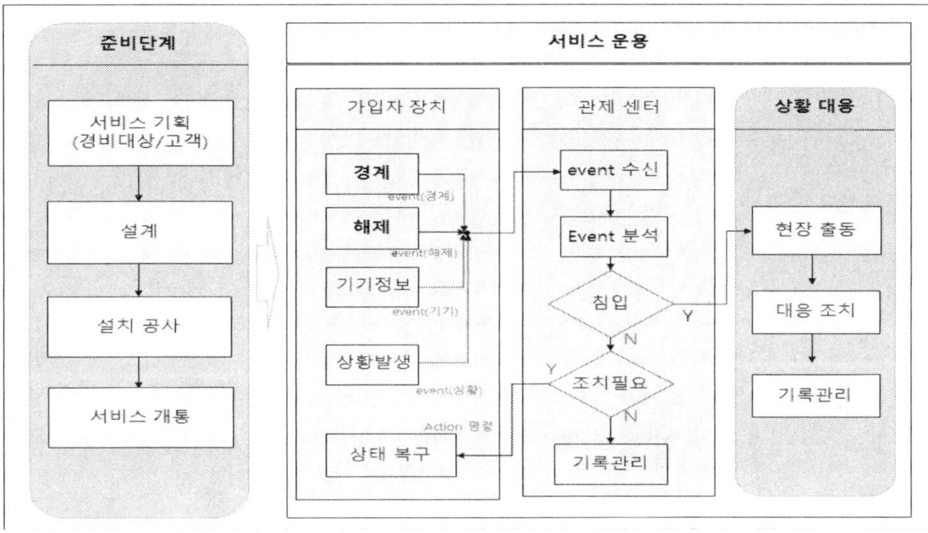

[그림 14-2] 시큐리티 서비스 업무 흐름도

제2절 서비스 준비단계

시큐리티서비스를 원하는 고객에게 한발 더 다가갈 수 있는 최상의 서비스를 제공하기 위해서는 서비스를 제공하기 전의 준비단계가 매우 중요하며, 고객별로 특성을 파악하고 분석하여 그 고객만의 맞춤형서비스를 제공할 수 있는 서비스기획과 그에 적합한 설계가 필요하다. 서비스준비단계의 일반적인 과정은 [그림 14-2]"시큐리티서비스 업무 흐름도"의 준비단계에서 보는 바와 같이, 경비대상고객에 대한 서비스기획, 설계, 설치공사 그리고 서비스개통 단계로 이루어진다.

1. 서비스 기획 (Customer Service Plan)

서비스기획은 SP(Service Plan)작업이라고도 하며, 운용의 효율성 등을 고려하여 고객의 경비대상 현장에 설치할 가입자장치의 구성방안을 기획하고, 해당 경비대상에 대한 특성, 서비스조건, 경비방법 등에 대해 관련 자료들을 조사, 분석하여 종합적인 계획을 수립하는 것을 말한다. 경비대상물의 경비구역에 대한 취약부분이나 예상 침입경로 등에 대한 자료조사와 대비책을 강구할 수 있도록 관련 자료들을 면밀히 분석한다. 그 분석결과를 토대로 집중경비구역을 선정하고 경비방법 등을 구체화하여 서비스제공을 위한 세부적인 계획을 수립한다. 서비스기획 단계에서는 효과적인 경비를 위해서 경비대상물에 대한 취약점이나 예상침입자의 침입형태를 파악하고, 경비대상 규모나 형태 등이 유사한 고객의 사례, 적용 방법 등과 다음과 같은 사항을 참고하여 세밀한 부분까지도 고려하여 반영한다.

가. 경비대상시설의 입지조건, 규모, 구조 및 업종 등이 기계경비를 제공할 수 있는 조건을 갖추고 있는지를 판단한다.

나. 경비대상시설에 대하여 서비스운영 효율성을 고려하여 구역(Area)별로 구분하여 경계 및 해제가 효율인가를 정한다.

다. 금고, 귀중품 보관함 혹은 중요한 창고 등과 같이 지켜야 할 중요한 대상물의 목록을 작성하고 검토하여 경비대상 목표물을 선정한다.

라. 불법침입자가 침입하여 사건, 사고를 발생시킬만한 예상침입로 등의 취약한 곳을 찾아내고 침입예상 상황 등을 분석한다.

마. 취약한 곳으로 침입하는 경우에 침입자를 감지하기에 적당한 감지기를 선정하고 필요시에는 경비구역내의 경비존(Zone), 경비섹터(Sector) 등으로 구분할 것을 기획한다.

2. 서비스 설계(Customer Service Design)

설계단계에서는 경비대상 목표 및 지켜야할 중요한 곳을 중심으로 침입이 예상되는 침입로에 대한 취약점을 세부적으로 분석한다. 그 취약점 분석결과를 토대로 감지기, 경보기, 주장치, 주변기기 등을 설치할 위치를 설정하고, 가입자장치의 구성 등을 설계한다. 경비대상 가입자의 환경여건이나 서비스가능 조건 등을 반영하고 적정하게 기획하여 설계된 기계경비용 가입자장치의 주장치 및 각종 감지기 등의 구성은, 고객의 경계 설정 및 해지 등에 대한 운용의 편리성을 도모할 수 있다. 또한 잘못 작동될 확률을 줄일 수 있어 불필요한 출동을 방지하는 등 운용의 신뢰성을 높이고 운영경비도 절감할 수 있다. 서비스의 신뢰도를 높이는 데에 있어 설계단계가 매우 중요하므로, 감지장치와 같은 기계소자나 전자장치에 의해, 인간의 오감을 동원하여 탐지하거나 감지하는 기능을 대신 수행하여 작동될 수 있게 구성하고 설치될 수 있도록 설계한다. 그 방법의 하나로 오 경보를 신속하게 판단할 수 있도록 외부센서와 내부센서를 복합적으로 구성한다거나, 침입감지 개소를 늘리거나, 감시 및 감지장치를 2중3중으로 구성하는 등의 방안으로 무단침입자의 침입감지에 대한 신뢰성을 향상시켜 무인경비 효과를 높일 수 있다. 그러나 상대적으로 설치비용이 많이 들어가게 되므로 경비대상물의 경비구역에 대한 환경이나 조건 등을 꼼꼼하게 조사하고 분석한 결과에 의해 센서의 종류 및 그 수량을 적정하게 배치함으로서 최상의 효과를 얻을 수 있도록 설계에 반영한다. 예를 들면 아파트, 회사건물, 주택, 창고, 귀금속취급 점, 현금취급 장소 등 경비대상의 종류나 장소에 따라 주변 환경조건이 다르므로 경비대상물과 경비구역에 대한 특성에 맞는 경비계획을 수립하여 적용하는 설계가 중요하다. [그림 14-3]은 설계단계의 업무흐름도이며 서비스기획 의도에 맞게 상세한 내용으로 구체화하는 과정을 나타내었다.

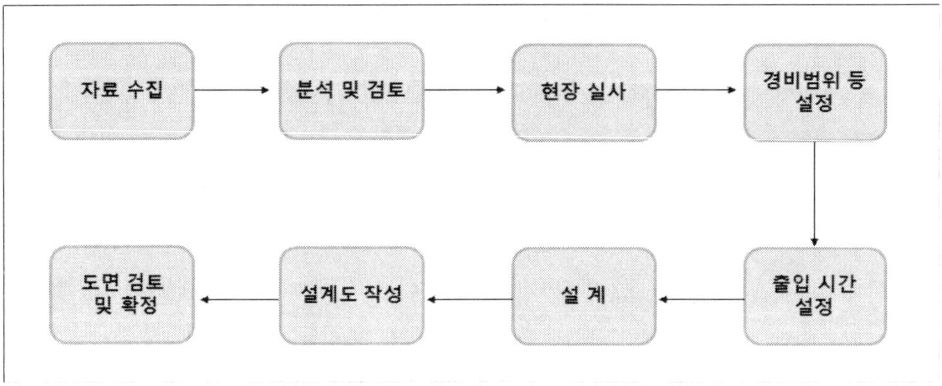

[그림 14-3] 서비스설계 업무 흐름도

가. 자료수집과정은

고객의 서비스종류에 따른 서비스 대상 및 범위에 관한 정보, 경비대상물에 대한 도면, 주위환경요건 자료 등을 수집하고 고객의 요구사항을 파악한다.

나. 분석 및 검토 과정은

고객의 요구사항 반영이 가능한지, 중요한 경비대상물에 대한 보호가 가능한지, 경비서비스가 가능한지, 요구사항에 맞는 적절한 기기나 그 기기에 대한 부가적인 기능이 추가로 필요한지 등을 분석한다.

다. 현장실사는

현장을 방문하여 경비대상물이 있는 건물의 구조 및 취약요소, 외적인 환경과 내부 환경 요인, 위협 또는 위험요소 등을 확인하며, 서비스 기획안 및 분석결과에 대하여 실사에 의해 적정여부를 확인한다. 이때, 추가사항이나 변동사항이 있는 경우에는 해당사항을 추가 또는 보완하여 설계에 반영하도록 한다.

라. 경비범위설정 과정은

중요한 경비대상 또는 보호 대상물에 대하여 감시 및 보호대책을 적용할 수 있도록, 예상 침입경로, 취약지점 등을 고려하여, 감지장치나 감시장치들을 설치할 경비구역을 설정한다. 경비구역은 외곽경비 또는 내부경비 형태로 설정하거나 외곽 및 내부 이중경비 방법으로 구역을 설정할 수 있다. 필요에 따라 경비구역을 세부적으로 나누어 경비존이나 경비섹터 등으로 구분하여 경계업무를 수행할 수 있도록 설정하기도 한다.

마. 출입시간 설정 단계는

출입문 위치, 입실 및 퇴실 시의 지연시간 등에 대한 적절한 값을 산출하여 적용한다. 출입에 관련된 변수 값들은 고객이 일상적으로 활동하는 행동반경과 활동패턴을 분석하여 고객의 활동에 불편함이 없이 경계 설정 및 해지를 할 수 있도록 경계 및 해제의 지연시간 설정과 설정방법 들을 결정한다. 경계 및 해제 설정 지연시간은 출입문의 위치, 입실 및 퇴실 시의 경계 설정 또는 해제될 때까지의 시간, 카드리더기 또는 키패드의 설치위치 등을 고려한다.

바. 설계단계는

설정된 경비구역에 대하여 서비스 등급이나 중요대상물, 예상 침입로, 취약지점 등을 고려하여 경비대상 구역을 세분화하거나 경비존을 구분하여 설계한다. 설계도서의 작성은, 최대한의 경비효과를 얻을 수 있도록 가입자장치 및 감지장치의 구성 등을 설계하고, 장치를 설치하는 사람이 명확하게 알 수 있도록, 설치위치, 설치방법 등을 명시한다. 즉 Area 및 Zone, Sector 등을 설정하여 적절한 감지기들을 배치하고, 감지기와 주장치, 경보장치, 전원공급 등에 대한 구성방법과 어떠한 통신네트워크를 사용할 것인지 등에 대해서도 구체화 한다. 또한 고객의 특성 및 요구사항에 따라 필요시, 보다 정밀한 침입감지를 위해 공간감지 기능을 반영한다. 공간감지는 주로 열선센서나 초음파센서, 음향감지센서를 이용하면 가능하다. 공간감지센서 적용의 예를 들면, 경비영역이 유리창으로 보호되고 있는 내부인 경우는 송신되는 에너지가 유리창을 통과하지 않는 열선센서가 적합하다. 이는 유리창 밖에서 일반인의 정상적인 활동을 허용하여 오작동을 피할 수 있기 때문이다. 따라서 어떤 센서를 사용할 것인가와 어떻게 구성할 것인지 등에 대하여, 서비스기획 의도에 맞게 적정한 기기를 선정하고 그 방법 등을 설계에 반영한다.

사. 설계도서 작성

설계에 반영된 가입자장치의 각 Component 구성에 대한 설계도 등의 설계도서를 작성한다.

1) 설계도면 작성은

각 기능에 맞는 기기구성도와 기기배치도, 시스템 구성계통도, 각장비들의 연결 및 세팅 방법 등을 세부적으로 그려 도면화 한다. 가입자장치의 기기 구성도, 감지기 및 주변장치 등의 배치도, 가입자장치 접속 계통도 등의 설계도를 그린다.

2) 기기배치도(Sensor & Equipment Layout) 작성

경비구역(Area, Zone 등)을 설정하고, 금고, 귀중품 보관함이나 창고 등의 해당구역 내에 중요한 곳을 표시한다. 또한 불법침입자의 예상 침입로를 표기하고 감지기, 주장치 등의 설치위치를 표시한다.

3) 가입자장치 시스템 계통도(Customer System Block Diagram) 작성

주 가입자장치 및 부가입자장치, 각종 감지장치, 주변기기 등의 시스템 구성 계통도를 작성한다.

4) 기기명세서(Sensor & Equipment List) 작성

각 장치의 기기명, 모델명, 수량, 단가, 주요사양(specification) 등을 명기한다.

아. 도면 검토 및 확정은

설계도와 설계내용을 검토하고 수정 또는 정정하여 최종적으로 확정하는 단계이다. 설계내용 및 도면 검토 시 Check List의 예는 다음과 같다.

- 시스템의 설치목적(무인 기계경비, 로컬경비 등)에 적정한지 확인
- 경비대상에 대한 내용 및 고려사항(내 · 외부 주위환경 및 건물구조, 취약지점, 진입경로, 위험요소 등) 반영여부 확인
- 존 구성 등 경비구역 설정 사항
- 도면검도에 있어 경비구역의 구성형태, 감지기선정, 위치 등을 확인
- 감지장치가 예상 침입경로에 위치한 장소에 적합한 기기로 선정되었는지 확인
- 취부위치 선정은 기기의 성능을 최대한 발휘할 수 있는 위치인지 확인
- 배관, 배선 방법(노출, 매입 등)을 확인
- 설계도면은 축적, 심볼, 평면도 그리고 외부환경에 대한 사항이 작성되었는지를 확인

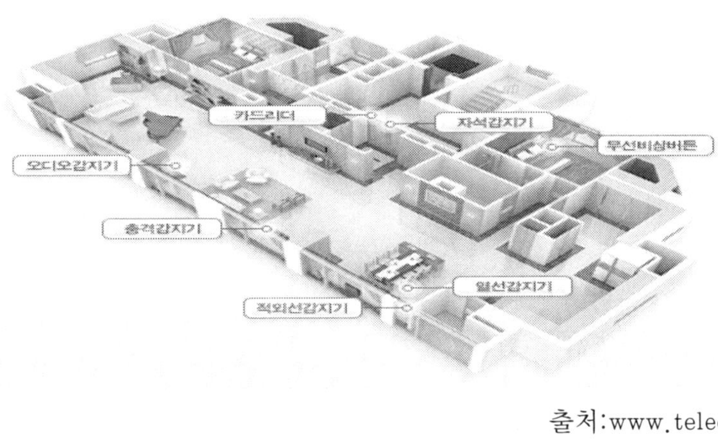

출처:www.telecop.co.kr

[그림 14-4] 개인주택 기기배치의 예

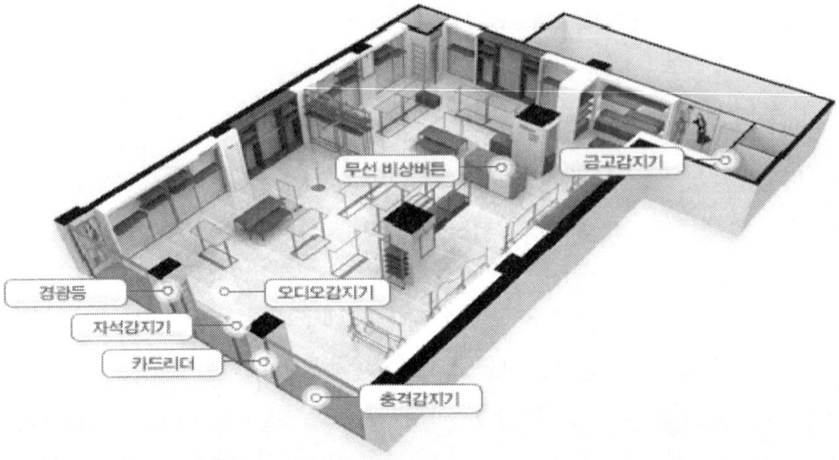

출처:www.telecop.co.kr

[그림 14-5] 일반점포/사무실 기기배치의 예

이러한 과정을 거쳐 작성된 설계도서들에 의해 설치공사가 진행된다. 따라서 설계도서가 세부적이고 충실하게 작성되면 공사품질 및 서비스품질 확보가 용이해 진다. 이들 설계도서들 중의 하나인 센서 등 기기배치도의 한 예를 [그림 14-4]와 [그림 14-5]에 나타내었다.

3. 설치공사(Installation)

고객에게 시큐리티서비스를 제공하기 위한 준비단계에서, 기획 및 설계과정이 완료되면 경비대상 고객의 현장에 가입자장치를 설치하는 부서 및 관련부서에 공사명령서(또는 공사의뢰서)를 발행하여 설치공사가 진행되도록 한다. 공사명령서는 시큐리티사업자가 미리 정한 업무분장에 따른 해당부서가 발행권한을 가지며 공사가 완료될 때까지 그 업무를 통제 및 관리한다. 설치공사는 대부분 시큐리티사업자 별로 지침이나 규정 또는 기준을 마련하여 적용하고 있으며, 공사시공 시 적용되는 일반적인 준수사항은 다음과 같다.

- 공사명령서, 설계도면, 공사시방서 등에 의한 공사일정을 계획하여 공사를 시행한다.
- 설치공사 시에는 표준공법 및 규정 등을 준수하며, 적정자재를 사용하여 시공한다.
- 설치공사 시에는 안전사고를 사전에 예방할 수 있도록 조치를 취한다.
- 기본적으로 공사명령서 내용을 엄수하며 함부로 변경하지 않는다.
- 공사대상 현장의 상태 등 각 조건을 고려하여 기기의 기능이 정상유지 되도록 하며, 미관상 손상이 가지 않도록 견고하게 시공한다.

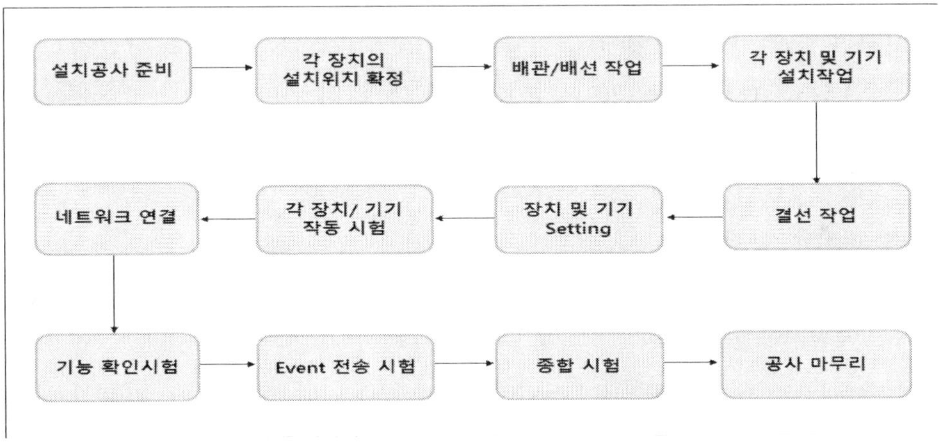

[그림 14-6] 설치 공사 업무 흐름도

일반적인 설치공사의 업무흐름은 [그림 14-6]과 같으며 각 단계별 과정을 거쳐 경비대상가입자에 대한 가입자장치의 설치공사가 완성되면, 각 기기의 운용을 위한 데이터입력 등의 setting을 하고 전반적인 시험을 완료한 후 공사를 마무리한다. 설치공사 업무 절차는 크게 준비단계와 실행단계로 나눌 수 있으며 그 내용과 배관배선, 가입자장치 및 관련 장치 등의 설치에 대한 세부사항은 다음과 같다.

가. 준비단계에서는

고객의 댁내나 상점 등의 경비대상 현장에 가입자장치를 설치해야 하므로 공사일정이나 공사방법 등에 대하여 고객과 협의하고 설치공사 일정계획을 수립한다. 설치공사를 위한 작업준비 단계에서는, 기기의 부착위치, 설치장소, 작업장소를 고려하여 공구나 사다리 등 필요한 도구들을 미리 준비하여 가입자장치 등의 설치에 차질이 없도록 한다.

나. 실행단계에서는

고객과 협의한 해당일정에 경비대상 고객의 현장을 방문하여 설치공사를 실시한다. 설치공사 진행에 있어 기획서 및 설계서를 토대로 사전에 고객의 의견을 수렴하고 협의하여 가입자장치 및 감지장치, 경보기, 경광등, 조작판넬 등의 설치위치, 방법 등을 미리 결정한다. 또한 현장 설치공사에 앞서 현장상태 및 환경 등을 최종확인하고 주장치의 위치와 조작기, 비상벨의 위치를 확정한다.

다. 배관, 배선의 설치

1) 배관은 배선선로를 보호하기 위하여 사용되며 배전선이 외부의 충격으로 인해 단선되거나 short되는 것을 방지함으로서 Main장치 및 주변기기에 미칠 영향을 최소화 하는데 있다. 배관은 주로 합성수지관(PVC Pipe) 및 Hi-Lex Pipe, MOLD 등을 사용한다. 배관에 있어 관의 배열은 관과 관의 뒤틀림이 없도록 주의를 기울여 배열하고 수평을 유지하며 불필요한 굴곡이 없도록 설치한다. 배관을 매설하는 경우에는, 매설이 완료된 후에 매설관로의 상단에 일정간격으로 표지판을 설치하여 관로가 매설되었음을 알게 한다.
2) 배선은 메인장치 및 주변기기의 성능을 최대한 발휘할 수 있도록 정

격의 케이블을 사용하며, 선로의 전압강하 및 노이즈에 의한 손실을 최소화하도록 표준공법을 준수하여 시공한다. 분전반에서 분기한 전원 선로는 단말장치까지 이음부분이 없도록 하여 직접 배선한다. 통신선은 전력선의 배관선로에 같이 배선하지 않으며, 전력선 및 형광등선로 등과 교차되지 않도록 설치한다. 통신선의 배선은 별도의 배관이나 Mold를 사용하여 외부충격이나 인화 물질로부터 보호를 받을 수 있도록 설치한다. 선로마감부분은 압착단자를 사용하여 깨끗이 마무리하여 접속불량이나 쇼트로 인한 기기파손이 없도록 한다.

라. 가입자장치의 설치

1) 주장치

- 건물의 인테리어에 적합하고 외부침입자가 쉽게 발견할 수 없는 곳에 설치하여 침입자에 의한 기기파손을 방지한다.
- 여름철 직사광선에 직접 노출되거나 겨울철 외부공기와 직접적으로 접촉되지 않는 장소에 설치한다.(온도와 습도의 주변 환경 요건을 고려한다.)
- 가입자장치의 조작에 지장을 주지 않도록 최소한의 공간을 확보하여 기기성능을 최대한 발휘할 수 있도록 설치한다.
- 가스배관으로부터 일정거리(예: 3미터 이상), 주전원박스 또는 전기 분전반으로부터 일정거리(예: 6미터 이상) 이격하여 설치한다.
- 유사전파를 발생시키는 기기(오디오, TV, 컴퓨터 무선통신기기 등)와는 일정거리를 두어 설치한다.
- 네트워크 접속을 위한 전용선이나 전화선의 연결은 가입자장치에 직접 연결한다. 특히 전화이용방식의 경우 전화기를 거치지 않고 직접 연결한다.

- 카드리더는 현관입구나 출입구 쪽, 주장치로 부터 최대 100m가 넘지 않는 곳에 설치한다.

2) 비상통보용 버튼위치는 외부인들이 쉽게 알 수 없고, 비상상황 발생 시에는 고객이 쉽게 조작 할 수 있는 위치를 선정하여 설치한다.

3) 감지기의 설치

- 감지기 기능 및 성능을 최대한 발휘할 수 있도록 감지기 별로 특성에 맞는 적절한 위치를 선정하여 설치한다.
- 주위환경의 영향에 의한 기기의 오작동을 최소화할 수 있도록 설치한다.
- 침입탐지용 감지기 및 CCTV 카메라 등은 눈에 잘 띄지 않으며 최대의 성능을 낼 수 있는 곳에 설치하며, 통행에 지장을 주거나 너무 낮게 설치하지 않도록 한다.

마. 접지시설

접지시설 시공 시 유의사항 및 시공품질 확보 방안은 다음과 같다.

- 낙뢰, 과도전류, 과도전압으로부터 인명 및 시스템의 보호를 위해 반드시 접지를 하여야 한다.
- 접지는 전기적 기계적 특성이 저하되지 않도록 표준규격의 소재를 사용하고 표준공법을 준수하여 설치한다.
- 접지선은 피복이 벗겨져 나선부분이 노출되지 않도록 한다.
- 접지선은 전력선과 병행해서 설치하지 않도록 한다.

바. 기기 점검 및 동작시험

1) 기기 결선 및 Setting

- 가입자장치 및 각 장치의 단자 또는 컨넥터에 배선 결선작업을 한다.
- 가입자장치와 각 장치의 구성 및 접속을 완료한 후 전원이 공급되도록 하고 각 기기의 데이터입력, 프로그래밍, 옵션 선택 등의 세팅 작업을 한다. 전원공급으로 인해 기기의 기능에 영향을 주는 결선이나 세팅 작업은 해당 작업을 완료한 후에 전원을 공급하여 세팅작업을 완료한다.
- 감지기의 각도조정이나 감도조정 등은 현장의 상황에 맞게 하고 종합시험을 통해 검증하고 검증결과에 따라 조정이 가능하도록 한다.

2) 자체 동작시험

- 가입자장치와 조작판넬, 각종 감지기 등의 접속으로 전체적인 구성이 완료되고 해당 데이터입력 등의 세팅작업이 완료되면, 가입자장치 및 각 기기에 전원을 공급하여 각 기기 및 가입자장치의 기능이 정상적으로 작동하는 가를 확인한다. 가입자장치 및 각 기기의 작동상태는 해당 장치나 기기의 동작상태 표시 램프 등의 동작 상태를 육안으로 확인할 수 있다.
- 자체 기능시험을 위하여 가입자장치 및 각 기기의 사용설명서나 자체동작시험 체크리스트에 의해 각 항목별 해당사항을 확인한다. 가입자장치에 기기의 자체시험을 할 수 있는 시험단자나 관련 기능을 부여한 경우에는 그 단자를 이용하거나 그 기능을 활용한다.
- 자체 기능시험 중에 필수적으로 확인되어야 할 사항은, 침입상황에 대해 감지기가 작동하고 침입경보신호가 발생하는지 여부 및 이에 대하여 가입자장치에서 경광등이나 경보기를 작동시키는 지, 비상벨을 눌렀을 때 긴급신호 발생 및 즉각적인 반응으로 작동하는지 등이다.

- 자체 동작시험은 가입자장치 및 각 기기의 동작상태 및 그 기능을 시험할 수 있는 장치인 Test Set에 의해 그 기능을 확인할 수도 있다.

3) 종합시험

- 자체 동작시험 결과 이상이 없으면 관제센터와 연결된 네트워크를 가입자장치에 연결하고
- 가입자장치와 함께 설치된 감지기, 비상벨 등을 작동시켜, 각각의 기기정보 및 이벤트신호를 관제센터에 전송하고 관제센터에서는 잘 수신이 되는지 확인한다. 일부기능은 기기의 시험단자 및 이에 연결된 Test Set을 활용할 수도 있다. 감지기 작동 등에 대한 이벤트 신호가 관제센터에 잘 전달이 되면, 조작판넬의 동작, 경계설정 및 해제, 경계상태에서의 침입감지 등에 대한 종합적인 시험을 시행한다.
- 이때의 종합시험 결과 값을 참조하여 각 기기의 동작 기능, 감지기 각도 및 존 구성, 각 기기의 옵션 등을 적절하게 조정한다.
- 관제센터와 고객의 현장 간에 시행한 가입자장치의 종합 시험결과에 대한 시험내용을 기록하고 관리한다.
- 모든 설치공사와 시험이 완료되면 배선이나 기기설치상태가 미려한지 등의 전반적인 상태를 확인하고, 현장을 깨끗하게 청소하는 등 정리 정돈하여 마무리 한다.
- 설치공사 완료 후에는 그 결과를 고객에게 설명하고 확인절차를 거치도록 한다.

4. 서비스 개통(In service)

고객의 경비대상 현장에 가입자장치 설치가 완료되면, 관제센터에서는 가입자장치의 설치공사가 준공되는 시점에서 서비스가 가능하도록 가입자 등록 및 서비스개통관련 시스템에 가입자 기본정보 및 서비스 관련데이터

를 입력한다. 또한 관제센터에서는 해당고객의 서비스제공 준비를 완료하고 다음의 준공검사 및 개통과정을 거쳐 서비스를 개시할 수 있도록 한다.

가. 준공검사 및 개통확인 시험

설치공사 완료 후 준공검사요원(관제요원이나 시스템 운용요원 등을 준공검사요원으로 임명할 수 있다.)은 시공된 공사내용과 설계도서의 내용이 일치하는지, 표준공법에 의해 시공되었는지 등을 확인한다. 또한 자체 동작시험 및 종합시험 결과를 확인하고, 관제센터의 관제요원과 함께 개통확인 시험을 시행한다. 개통점검 및 개통확인시험에 포함될 주요 확인사항은 다음과 같다,

침입예상로에 침입하는 침입자를 감지하여 이벤트를 발생시키는 것을 확인한다. 이벤트발생을 확인하기 위하여, 시험자 등이 침입상황을 연출하여 현장에 설치된 감지기의 동작상태 및 반응 등을 실질적으로 시험해 보는 것이 좋다.

- 감지기의 작동상태가 주제어장치 또는 주제어장치 및 부제어장치에 표시되는 것을 확인한다.
- 주제어장치 또는 부제어장치의 경계설정이나 해제 조작으로 해당모드가 이행되는 것을 확인한다.
- 주제어장치와 주변기기와의 데이터통신이 이루어지는 것을 확인한다.
- 경비대상 현장의 이벤트 발생 등 변화 상태에 대한 해당신호가 관제센터로 전송되어 상황실에 정확히 표시가 되는지 확인한다.
- 경비대상 현장에 설치된 감지장치를 포함한 모든 장치에 대하여 각각의 동작에 의해 해당신호가 정확히 전송되는지 확인한다.
- 세부적인 기능시험 등은 설치공사단계에서 시행한 종합시험결과를 참조하여 일부항목을 생략하거나 그 시험결과로 갈음할 수 있다.

나. 서비스 개시

준공검사 및 개통확인시험 결과 이상이 없으면, 고객기본정보, 가입자장치 설치 정보, 시험결과 등 서비스제공 및 관제업무처리에 필요한 정보들을 관제센터의 해당설비에 입력 하거나 기 입력된 해당정보를 활성화시켜 서비스를 개통한다. 현장에서는 고객에게 가입자장치를 포함한 방범시스템 운용방법과 가입자장치의 정상 동작상태, 경계설정 및 해지 방법 등의 사항을 설명하고, 경계상태로 설정하여 서비스를 개시한다. 고객에게 경비업무관련 내용 및 서비스 내용 설명과 함께, 고객의 방범시스템(주로 가입자장치)의 올바른 운용방법 및 조작방법, 오 경보 발생 등에 대한 사항을 상세히 설명해주고 인지시켜줌이 매우 중요하다. 이러한 설명은 고객실수에 의한 불필요한 출동이나 기기의 오작동 및 오경보를 사전에 예방할 수 있다. 관제센터에서는 신규고객의 서비스 개시에 따라 해당고객에 대한 모니터링 및 관제업무를 수행하게 된다. 관제센터에서는 해당고객의 종합시험결과 및 개통확인시험 결과를 필요시 언제든지 볼 수 있도록 관리한다. 해당가입자의 서비스 개시 초기의 상태정보는 추후 관제업무수행에 있어 가입자장치 및 각 기기의 동작 상태를 비교분석하는 등의 상황판단에 매우 유용하게 활용할 수 있기 때문이다.

제3절 서비스운영

1. 서비스 운영업무의 흐름

경비대상 가입자의 서비스 개통 이후 시큐리티서비스를 위한 서비스운영 업무 흐름도는 [그림 14-7]과 같다.

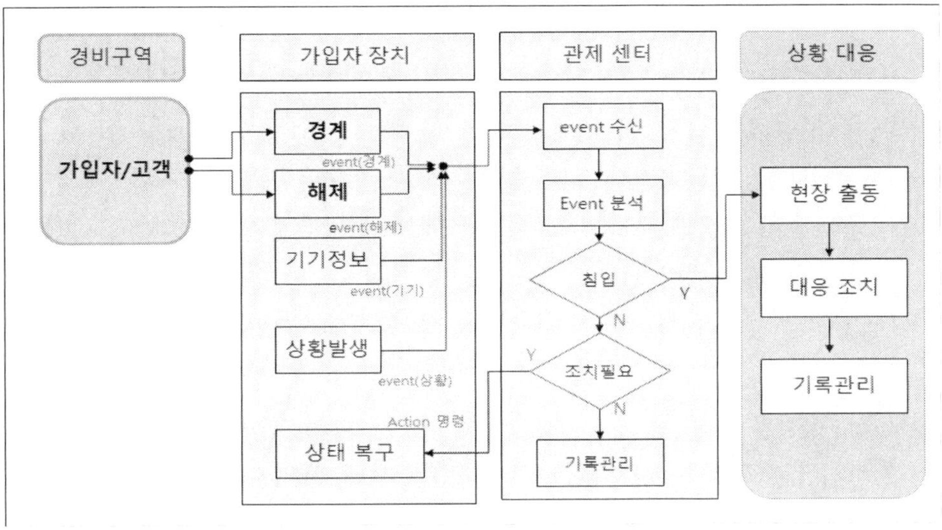

[그림 14-7] 서비스운영 업무흐름도

2. 고객의 시스템 운용

고객은 경비대상구역에 설치된 가입자장치를 작동하도록 조작하여 경비기능을 멈추게 하거나 가동시킬 수 있으며, 대개의 경우는 고객이 현장에 있지 않을 경우에 경비기능을 가동한다. 그러나 경비구역이 귀중품이나 현금을 취급하는 등의 현장인 경우에는 고객에게 위해를 입힐 수 도 있으므로 고객이 있는 경우에도 경비기능을 가동시킬 수 있어야 한다. 사람이 상주하는 경우 무단침입이나 비상 상황 발생 시 등의 위험상황일 때에는 비상벨을 누른다. 비상벨이 작동되면 가입자장치는 즉각적으로 관제센터에 긴급경보신호를 전송한다. 관제센터에서는 긴급경보신호가 수신되면 긴급한 상황임을 인식하고 최우선적으로 대응조치를 취하도록 한다. 고객의 경비시스템 운용사항은 다음과 같이 크게 네가지 형태로 볼 수 있다.

① 경비대상 가입자인 고객은 가입자 장치를 경계설정 상태로 작동시켜

경비업무를 수행하도록 한다. 일반적으로 경비업무의 가동은 경계설정버튼과 ID카드 등을 같이 사용하여 경계상태로 설정한다.

② 고객은, 긴급상황 및 위급상황 발생 시나 무단침입자 침입 시 등에는 비상벨을 눌러 긴급신호가 전송되도록 한다. 가입자장치는 경계해제 상태에서 비상벨을 작동시킨 경우에도 긴급신호가 전송될 수 있도록 그 기능을 부여한다.

③ 고객이 현장에 상주하거나 경비현장이 사무실이며 근무자가 있을 경우에는, 통상적으로 경계해제 상태로 운용하고, 퇴근 등으로 경비 대상 현장을 비우는 경우에는 경계설정을 하여 경비업무가 수행되도록 한다. 경계상태에서는 침입상황 발생 시에 가입자장치에서 침입을 인식하여 자동으로 해당 이벤트신호를 관제센터에 전송함으로서 관제요원이 필요한 조치를 취할 수 있도록 한다.

④ 고객은 별도의 통보사항이나 요청사항 및 문의사항에 대하여 Helpdesk나 고객상담센터 등을 호출하여 문의한다.

3. 관제센터의 모니터링 및 대응

가. 관제센터의 관제요원은 서비스가 개시된 경비대상 가입자에 대하여, 고객설비인 가입자장치의 운용상태 및 현장상황을 예의주시하며, 고객의 가입자장치로부터 전송된 경보신호 및 이벤트신호를 관리한다. 경비대상 가입자의 현장에 설치되어 운용되는 가입자장치는 경비구역에 침입이 발생하면 침입로의 해당 감지장치가 동작됨으로서 생성되는 침입경보신호를 관제센터로 전송하여 상황발생을 알린다.

나. 관제센터에서는 서비스운용 중에 발생하는 경계설정, 해제 등 모든 상황 이벤트에 대한 처리사항을 기록 관리하여 통계자료나 이력관리 등으로 활용한다. 이러한 기록이나 이력들은 고객의 이벤트 패턴이

나 특성을 파악 할 수 있어 고객의 안전을 관리하고 최상의 서비스를 제공하는 데에 중요한 자료로 사용될 수 있다.

다. 관제센터에 전송된 침입경보나 긴급경보신호에 의해 해당고객의 현장상황이 긴급상황이나 재난상황 또는 침입발생 상황으로 판단될 경우에는 관제요원은 대응프로세스에 의해 출동지령을 내리는 등 해당상황에 대응하고 상황을 통제한다. 침입에 대한 경보신호가 가입자장치로부터 전송되었으나 해당가입자의 이벤트발생이력이나 내·외부 감지기 동작상태, 기타 상황정보 등을 종합적으로 판단하였을 때, 오경보이거나 침입상황이 아니라고 결론이 나면 해당상황을 종료하고 기록관리 한다. 필요시에는 가입자장치에 복구명령 등을 내려 경보상태를 해제한다.

이와 같은 관제센터에서의 모니터링, 상황인식 및 대응 활동을 비롯하여, 이벤트발생 신호 및 해당 상황정보 등의 처리 및 관리, 관제업무 관련 사항은 "제4절 상황관제 및 대응"에서 상세히 설명한다.

제4절 상황관제 및 대응

침입이나 이상상황 발생 시 신속하고 효과적으로 대응하기 위해서는 정확한 정보 및 데이터에 의한 상황관제가 이루어져야 한다. 또한 상황발생에 따른 적절한 대응 및 조치를 위해 출동체제, 대응체계를 갖추어 운영하여야 한다. 일반적으로 상황관제는 고객의 경비구역에 대한 상황모니터링에 따른 상황정보, 시스템에 의해 수집된 경보신호 및 이벤트정보 등을 분석하여 종합적으로 상황을 판단하고, 상황판단에 따른 대응 및 상황통제 업무를 수행하는 활동을 말한다. 또한 출동체제는 상황발생 현장에 신속하게 출동할 수 있도록 준비된 체제이며, 대응체계는 상황발생 등에 대하여 신속한 상황파악 및 판단에 의해 조치를 취할 수 있는 전반적인 활동을 말한다.

1. 경비 업무의 흐름

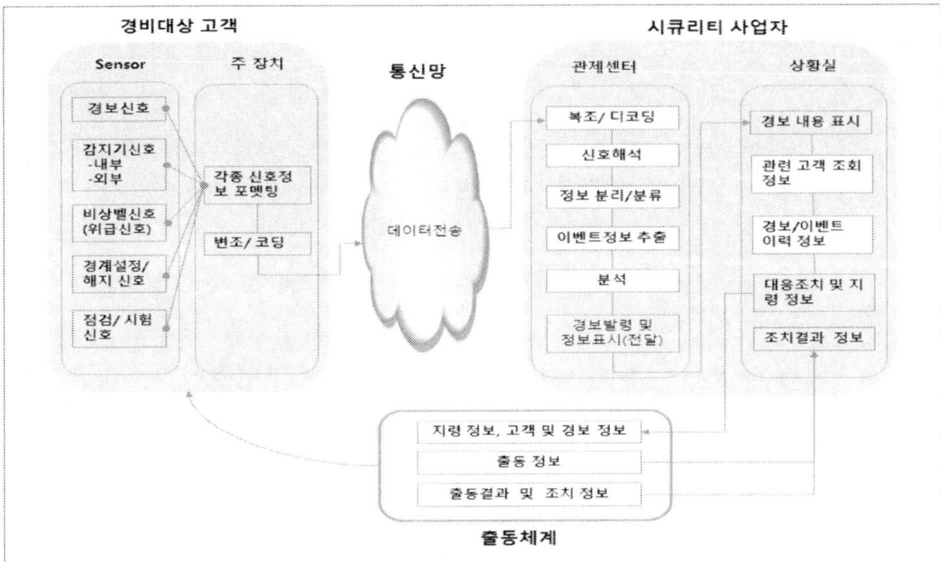

[그림 14-8] 기계경비업무 정보 흐름도

기계경비의 일반적인 구성과 경비업무 관련정보의 흐름은 [그림 14-8]과 같다. 경비서비스 제공 업무의 흐름은 [그림 14-8]에서 보는 바와 같이 이벤트 발생부터 대응까지를 나타내고 있으며, 다음과 같은 단계의 과정으로 진행된다.

가. 이벤트의 발생

경비대상 고객의 가입자장치는 평상시에는 경비대상 구역에 설치된 센서들의 동작 상태를 주기적으로 확인하는 등의 기능을 수행하고 있으며, 비상벨이 작동하거나 침입이 발생하여 해당센서가 작동하면 가입자장치는 비상상황이나 침입에 대한 이벤트 발생을 인식하게 된다. 또한 고객의 경계설정이나 해제기능 가동 시에는 경계설정 및 해제에 대한 이벤트를 인식하고, 가입자장치나 관련 기기의 점검이나 시험을 위한 기능 작동 시에는 그에 따른 해당 이벤트를 인식하게 된다. 이와 같은 이벤트들은 경보신호, 감지기신호, 비상벨신호, 경계 설정 및 해지 신호, 점검 및 시험 신호의 발생여부 등에 의해 인식할 수 있다.

나. 이벤트정보 전송

가입자장치는 발생된 이벤트에 대한 해당 신호정보를 포맷팅하고 변조 또는 코딩의 처리단계를 거쳐, 이들 이벤트정보들을 통신매개체를 통해 전송할 수 있는 형태로 만들어서, 통신포트와 연결된 통신망을 통하여 관제센터로 전송한다.

다. 이벤트정보 처리

관제센터의 통신설비에서는 경비대상 고객으로부터 수신된 전송신호에 대하여, 복조 또는 디코딩을 통해 이벤트 신호로 변환하고 신호해석, 정보분리 및 분류 과정을 통해 이벤트정보를 추출한다. 추출된 이벤트정보가 어떤 종류의 이벤트인지 등을 분석하고 미리 정해놓은 Rule이나 경보 등급 기준에 따라, 경보를 발령하거나 해당 내용을 알리는 등의 절차를 진행한다. 고객으로부터 수신된 이벤트 신호는, 이벤트정보 처리과정을 거치는 동시에, 이벤트가 발생했음을 관제요원이 알 수 있도록 대형화면이나 관제 모니터에 상황정보로 표시해 준다.

라. 상황인식

관제요원은 이벤트 발생에 대한 상황정보에 의해 이벤트 발생을 인지하게 되고, 그 이벤트에 대한 경보등급 등을 확인하여 해당 고객의 경비구역 상황을 인식한다. 관제요원은 해당 이벤트 및 해당고객의 기본정보, 동급의 이벤트 발생 이력, 이벤트 발생 구역 및 존 등의 정보를 종합적으로 검토 및 분석하여 보다 상세한 현장상황을 인식하고 긴급대응이 필요한지 등을 판단한다.

마. 상황대응

현장상황에 대해 긴급한 대응조치가 필요하거나 침입으로 판단되는 경우, 관제요원은 출동지령에 의해 상황에 대응할 수 있는 요원을 현장에 출동시켜 대응토록 조치하고 상황을 통제한다. 발생 이벤트나 해당 이벤트에 의한 현장상황이, 일상적이거나 원격으로 조치가 가능한 상황일 경우에는 관제요원은 관제업무 지침이나 상황대응 프로세스의 절차에 따라 대응하여 이벤트발생 상황을 해소한다.

바. 결과 정리

발생이벤트에 대한 조치 내용과 해당이벤트에 의한 상황관제 및 출동, 대응조치 내용 등을 기록하고 저장하여 관리할 수 있도록 한다. 사안의 중요성 등 필요시에는 해당 고객에게 해당 상황을 알리는 등의 조치를 취한다.

2. 관제업무 절차

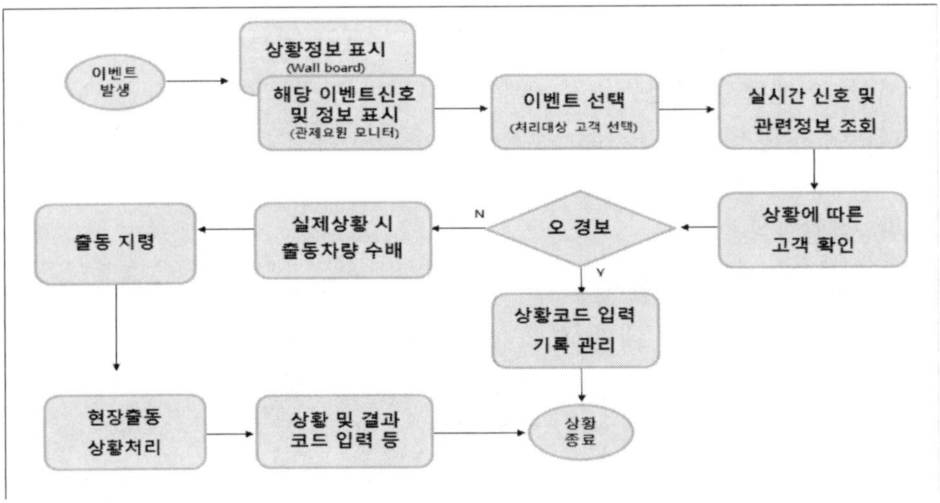

[그림 14-9] 관제업무 절차도

일반적인 관제업무절차는 [그림 14-9]와 같으며, 평상시는 경비대상 고객의 상태나 상황에 대한 모니터링 활동을 한다. 이벤트가 발생되었을 때 해당 이벤트의 확인으로부터 상황종료 때까지의 업무의 흐름에 대한 절차의 개략적인 내용은 다음과 같다.

① 고객의 경비구역에 외부인의 침입 등으로 이벤트가 발생하면 고객측의 경비설비(가입자장치)에서 침입경보신호 등의 이벤트신호를 관제센터로 전송한다.

② 관제센터의 관제설비에서는 자동으로 이벤트신호(침입경보신호, 상황정보 등)가 접수되어 상황발생을 인지하게 되고, 고객 측에서 전송한 침입경보신호 등이 대형상황판인 Wall Board와 해당 고객의 담당관제요원 모니터 화면에 이벤트 발생에 대한 정보를 나타내 준다. 보통은 대형 상황판에 주요 경보 등급이상의 이벤트를 표시하고 관제요원 모니터에는 미리 할당된 담당고객들에 대한 모든 이벤트를 나타내준다.

③ 관제요원은 이벤트 발생을 인지하고 처리할 해당이벤트를 선택한다. 즉 이벤트의 등급 및 처리 우선순위에 따라 해당이벤트에 대한 처리대상 고객을 선택한다. 관제센터 상황실의 Wall Board 및 관제요원 모니터에 표시되는 이벤트들은, 모든 경비대상 가입자에 대한 이벤트가 관제센터로 집중화되어 표시되므로 여러 고객의 이벤트가 표시된다.

④ 선택한 이벤트에 대하여 실시간으로 신호를 확인하고 해당고객의 위치, 각기기의 설치도면, 과거의 이벤트 발생이력 등의 고객정보를 조회한다. 관제설비는 상황정보에 대한 시스템에서의 분석처리결과와 고객의 이벤트 패턴 등의 정보를 관제요원에게 알려준다.

⑤ 관제요원은 해당 고객의 관련정보 확인 및 이벤트 종류, 등급, 이벤트 이력 등을 종합적으로 분석하여 현장상황을 판단하고 필요시는 고객에게 상황을 확인한다.

⑥ 고객확인 결과 고객의 실수에 의한 경보신호 전송 및 이벤트 발생 인

경우는 필요시 원격으로 경보신호를 복구하는 등의 조치로 해당이벤트 상황을 해소한다. 해당이벤트에 대한 조치사항과 상황처리코드를 입력하는 등의 작업을 통하여 발생이벤트에 대한 사항을 기록하고 상황을 종료한다.

⑦ 오경보가 아니면 실제상황으로 볼 수 있으므로 해당이벤트 및 실시간 경보신호를 재확인하고 상황을 지속적으로 모니터링하면서 상황을 통제한다. 동시에 현장에 가장 가까운 곳에 위치하고 있는 출동가능 차량을 수배한다.

⑧ 수배된 차량의 출동요원을 현장에 투입하여 대응할 수 있도록, 출동요원에게 출동지령을 내린다. 출동지령은 지령통신망을 사용하는 TRS 단말이나 차량PDA, 스마트기기 등을 이용할 수 있다.

⑨ 출동지령을 받은 요원은 신속하게 현장에 출동하여 상황을 처리한다. 출동요원은 도착보고 등 상황에 대한 정보를 관제요원과 공유하여 안전 확보 및 상황대처에 만전을 기한다.

⑩ 출동요원은 현장의 상황조치 사항 및 대응결과를 관제센터에 보고하고, 관제요원은 이벤트발생에 대한 대응 및 처리사항을 추후에 활용할 수 있도록 상황통제 사항과 상황처리코드를 입력하여 기록하고 관리한다. 그리고 해당이벤트에 대한 상황을 종료한다.

3. 상황관제

시큐리티서비스에 있어 효과적인 경비업무를 수행하는 핵심적인 역할은 관제요원의 상황관제업무이며 그 수준에 따라 경비업무의 효과와 서비스 수준이 결정된다고 볼 수 있다. 경비대상 고객들의 이벤트들 중에서 침입상황을 찾아내고 그에 대하여 적절한 대응조치를 취하는 상황관제 활동에 있어, 신속하게 침입상황을 인식 및 판단하여 대응하는 것이 매우 중요하다.

가. 관제요원의 임무

상황관제에 있어 가장 중요한 업무는 모니터링으로써 고객의 경비구역 상황을 항시 감시하고 특이사항을 확인하는 것이다. 관제요원은 모니터링 중에 발생하는 이벤트 등 많은 정보를 수집하며, 이벤트 및 관련정보들 중에서 침입에 대한 정보를 가려내는 것이 우선적으로 해야 하는 주요업무이다. 관제요원이 수행하는 주요업무내용은 다음과 같다.

- 경비대상 고객의 시설 및 사용자정보를 수집하고 관리한다.
- 수신된 경보(이상)신호에 의거하여 관련정보 조회 및 분석 등에 의한 현장상황을 분석한다.
- 현장상황 분석 및 관련정보를 활용하여 최대한 정확한 상황을 판단하고 경비대상고객의 사고확대를 방지하기 위한 조치를 취한다.
- 필요 시 상황대응요원을 현장에 긴급출동 시키고 현장에서의 대응 및 조치활동을 지시한다. 출동지령 시에는 출동요원의 신변보호에 만전을 기하며 현장상황을 실시간으로 모니터링하며 상황을 통제한다.
- 출동요원의 보고 및 관제관련 설비의 보고자료(Report) 등을 활용하여 사고 내용 및 규모 등을 확인한다.
- 현장상황 및 사고내용에 따라 필요 시 경찰기관, 소방기관, 의료기관, 설비회사 또는 고객에게 통보하거나 협조 요청한다.
- 관제요원은 종합적으로 상황을 통제하고 관리하며, 고객과의 계약내용에 대한 서비스를 성실히 이행함은 물론, 고객에게 다양한 서비스를 제공하는 업무를 행한다.

나. 경비대상 고객의 시설 및 사용자정보의 수집과 관리

고객설비에 대한 개통요원 또는 출동요원은 경비구역의 기기설치 위치 및 구성, 사용자에 대한 정보 및 특기사항 등을 조사하여 고객관리카드를 작성하며, 고객관리카드의 내용을 관제설비의 해당 고객의 관리Form 화면에 입력하여 등록한다. 이러한 정보들은 이상상황이 발생하면 이 정보를 조회하여, 신속하고 정확하게 상황을 판단할 수 있고, 대응조치 및 확인업무 수행에 유용하게 활용할 수 있다. 고객관리카드는 다음의 내용을 포함하며, 관제상황실에 비치하여 활용하도록 한다.

- 서비스 이용계약자 및 사용자 인적사항, 주소 및 전화번호
- 경비대상 구역 내의 핵심 경비품목
- 침입 등의 사건이 발생한 경우의 사건, 사고 전력
- 경비대상 구역 건물의 전력, 동력, 가스, 소화전, 통신회선 등의 사항
- 경비대상 고객의 시설명칭, 주소, 전화, 팩스, 업종, 구조 및 면적
- 관할경찰서, 파출소 및 소방서 명과 전화번호
- 인근 병원, 설비회사 및 통신회사의 연락처
- 대응 및 대처를 위한 의 복수의 현장 접근로
- 계약상대방의 요구 혹은 회사의 판단에 따라 필요한 특기사항

고객관리카드에는 기획설계 시 작성된 시스템의 기기배치도, 계통도 및 기기명세서의 사본 등도 첨부한다.

다. 침입 판단

관제요원은 관제설비에 접속된 관제터미널이나 관제콘솔을 통해서 관제업무와 관련된 데이터베이스 시스템에 접근할 수 있으며, 주어진 권한에 의해 관제업무에 필요한 정보들을 검색하거나 조회할 수 있다. 관제요원은 모니터링 중에 발생하는 경보신호나 이벤트들 중에서 침입을 가려내기 위한 업무활동으로 고객관리카드의 해당 자료, 고객의 이벤트정보, 이벤트 및 침입경보 이력들을 조회 및 확인하여 현장상황 판단에 활용한다. 얼마만큼 신속하고 정확하게 침입에 대한 신호를 가려내고 어떻게 대응하느냐에 따라 서비스품질이 결정된다고 볼 수 있다. 이러한 서비스품질의 수준은 고객의 위험을 해소하거나 재산을 보호 할 수 있는가의 여부를 판단하

는 중요한 척도가 된다. 일단 침입신호가 오경보인지 아니면 실제 상황인지를 모니터링 하는 관제요원이 판단해야 하며 일반적인 판단 기준의 예는 다음과 같다.

경비대상 고객의 현장 환경조건은, 경비대상가입자의 건물 마당이나 정원 또는 건물외벽에 외부센서를 설치하고, 출입문 및 창문 내부에 출입감지센서 그리고 경비구역 침입예상로 내부에 열선센서 등이 설치된 경우라고 가정한다.

1) 오 경보 판단

① 경비구역의 외부센서나 출입문센서 또는 창문센서의 감지신호를 확인한다. 즉 1차 침입신호의 위치 및 해당감지기의 동작상태를 확인한다.

② 1차 침입신호 이후의 2차 침입신호를 기다린다. 즉, 건물외부의 센서가 1차적으로 작동하고 난후 출입문센서나 창문센서가 작동하는지 기다린다. 또는 출입문 센서나 창문센서 작동 후 공간감지 센서 등 내부의 센서 작동을 기다린다.

③ 2차 침입신호가 없으면, 현재의 가입자의 상태를 실시간으로 확인한다.

④ 1차 침입신호가 해제되었거나 가입자의 상태가 경계해제인 경우는 오경보로 판단한다.

2) 실제 침입으로 확인되는 경우

① 위 1)의 ①~②의 과정을 확인한다.

② 2차 침입신호를 확인한다. 즉, 1차로 외부센서가 작동하고 2차로 창문센서가 작동되거나 1차로 출입문센서 또는 창문센서가 작동하고 2차로 내부의 열선센서가 작동됨을 확인한다.

③ 2차 침입신호에 대한 감지장치 위치 및 종류를 확인한다.

④ 1차 침입경로에서 침입신호가 발생하고 2차 침입경로로 침입신호가 변경되면 침입으로 판단한다. 즉 외부센서 작동 후에 창문센서가 작동하면 마당이나 건물외벽을 통해서 창문 쪽으로 침입했다고 볼 수 있다.

⑤ 또는 1차 침입신호, 2차 침입신호 이후 내부의 센서에 의한 3차 침입신호가 발생하면 외부에서 침입하여 경비대상물에 접근해가는 침입임을 판단할 수 있다.

일반적으로 침입감지신호에 의해 경비대상 현장의 상황을 파악하고 관련 현장의 이벤트발생이력이나 고객관리카드 내용정보 등의 확인 및 분석에 의해 침입여부 판단을 하게 된다. 따라서 이벤트 유형별, 고객 유형별, 고객별 이벤트나 경보신호 이력, 사고발생 이력 등의 정보와 관련통계정보가 잘 정리되어 제공되면 신속하고 정확한 분석 및 판단이 가능해질 수 있다. 또한 해당경비구역의 감지기 동작 상태 및 순서에 의해서도 침입여부를 판단할 수 있다. 예를 들면, 출입문감지기가 작동되고 실내의 열선감지기나 적외선감지기가 동작하거나, 경계설정 후에 모두 퇴근하여 내부에 사람이 없는데 침입예상경로에 설치된 감지기들이 순차적으로 작동하는 경우에는 침입으로 판단할 수 있다. 이때 동물에 의해 작동될 수도 있으므로 동물인지 사람인지 등을 분석하여 최종침입여부를 판단한다. 그런데 1차 침입감지 없이 2차 침입감지가 되거나, 3차 침입감지, 1차 침입감지 등 산발적으로 감지기가 작동되는 경우, 경비대상물에의 접근경로 순서가 침입예상로 및 침입시나리오와 매우 다른 경우에는 오경보로 볼 수 있으므로 현장상황을 면밀하게 파악할 필요가 있다.

라. 대응 및 상황통제

경비대상 고객들의 현장 모니터링 중에 발생한 이벤트들의 확인 및 분석

결과, 침입으로 판단되면 대응체계를 가동하고, 상황별 대응프로세스에 따라 대응 및 조치를 취한다. 침입 등의 긴급 상황이 아닌 경우로서 관제요원에 의한 자체 조치가 가능한 상황에 대하여는 원격으로 조치를 취하고, 출동점검 및 조치가 필요한 경우에는 출동요원을 현장에 투입하여 조치를 취하도록 한다. 긴급상황에 대한 현장출동 및 현장조치는 관제요원의 지령에 따르며, 대응프로세스는 사전에 마련하여 교육훈련을 통하여 숙지되도록 하여야 한다. 대응프로세스에 대하여는 제4항에서 상세히 살펴본다. 관제요원은 이벤트 발생에서부터 상황이 종료될 때까지 현장상황 및 상태를 실시간으로 확인하고 해당상황을 통제하며 적절히 대응한다. 또한 현장상황에 따라 경찰관서나 소방관서 등의 도움이 필요한 경우에는 유관기관에 지원요청을 하며, 필요시에는 고객에게도 상황을 알리는 등의 조치를 취한다. 출동요원과는 긴밀한 통신을 통해 출동상황을 보고받고 현장상황을 공유하여 현장상황처리에 효과적으로 대응한다.

4. 상황 대응체계

침입상황이나 긴급상황에 대응하기 위하여 시큐리티사업자는 출동 및 대응체계를 갖추고, 각 상황에 따른 조치방법, 지침 등의 대응프로세스를 마련하여 운용한다.

가. 출동체제

출동체제는 불법침입이나 화재, 긴급 상황 등의 상황발생시 관제요원의 관제지령에 의해 출동요원이 현장에 신속하게 출동하여 침입이나 위험, 위협 등의 현장상황에 대한 대응조치를 취할 수 있도록 마련된 체제를 말한다. 기계경비업무를 제공하는 시큐리티서비스는 상황발생시 신속하게 출동하여 상황에 대응할 수 있도록 출동시간을 단축할 수 있는 체제를 구축하는 것이 중요하다. 따라서 경비대상 가입자의 규모, 지역의 분포 및 관할 구역, 경비구역 범위, 출동소요시간, 출동인원, 이동수단 등에 대한 분석을 통하여 적정 출동요원 수를 산정하고, 출동팀의 규모, 구역별 소요 출동인력 등을 결정한다. 출동체제는 경비업무의 효과성 및 서비스품질을 확보할 수 있는 방안을 강구하여 항시 출동 가능한 체제로 운영한다. 출동팀은 평상시에는 관할지역의 고객에 대한 순찰활동을 하도록 임무를 부여한다.

상황발생 현장에의 출동은 관제센터의 출동지령에 의해 관할 구역의 해당 출동요원들이 출동한다. 순찰 및 출동 팀은 몇 개의 팀을 운영할 것인지, 담당하는 관할 구역은 어떻게 나눌 것인지 등에 대하여 관할구역의 도로 사정이나 지형특성 등을 고려한다. 또한 경비대상 가입자들의 특성별 및 지역별로 그룹화하고 지형과 도로사정을 감안하여, 최단 출동거리와 출동시간을 분석하여, 출동대기 장소와 출동 팀을 설정하여 운영한다. 또한 상황발생시 경비현장에 신속하게 출동할 수 있도록 기동장비(이륜차, 자동차 등)를 확보하여 활용하며, 보통은 2인 1조로하여 경비규모에 적합한 수의 팀을 운영한다. 기동장비에는 경비업무 수행 및 상황대응에 필요한 장비와 관제센터와의 통신연락을 위한 무선통신 시스템 등의 지령통신체제를 갖춘다. 출동요원들에게는 지령통신망에 항시 접속하여 통신할 수 있는 무전기 또는 휴대통신 기기를 지급하여 휴대하도록 한다.

나. 상황대응프로세스

고객의 현장상황에 적정하게 대응할 수 있도록, 경비대상 고객의 경비구역에 무단침입이 발생하거나 가입자의 위급상황 발생 시에 효과적으로 대응할 수 있는 상황대응 프로세스를 수립하여 적용할 필요가 있다. 상황대응프로세스에는 침입상황 판단 기준 및 절차, 오 경보 판단 기준 및 절차, 각 상황별 대응 방법, 출동 및 순찰 행동지침 등 세부 대응방법 및 조치사항에 대한 시나리오와 처리지침을 마련하여 시행한다. 시큐리티서비스에서 실질적인 위협이나 침입상황인지를 판단하고 대응하는 프로세스는 매우 중요하며, 이러한 절차가 소홀하면 불필요한 출동이나 인력자원의 소모 등으로 과다한 운영경비가 소요될 뿐만 아니라 서비스의 신뢰성이 저하하는 요인이 된다.

제5장 운영센터

기계경비 등의 시큐리티서비스 제공에 있어 서비스품질 수준을 향상시키고 서비스운영의 효율성을 확보하기 위해서는 고객 대응, 상황관제, 시스템설비 운용 등의 업무가 유기적으로 조화를 이루어 운영되어야 한다. 이를 위해서는 여러 가지 사항들을 고려하여야 하는데, 서비스대상지역, 가입자규모, 서비스규모, 시설규모 등에 따라 달라지겠지만 일반적으로 관제센터, 고객지원센터, 상담센터, 기술지원센터, 시설운용센터 등을 구축하여 운영한다. 또는 업무의 효율성을 향상시키기 위하여 각 센터의 기능을 통합하여 통합센터를 구축하여 운영하기도 한다.

제1절 서비스데스크 운영

고객과의 컨택포인트로 서비스데스크를 운영하여 시큐리티서비스에 대한 고객의 궁금한 사항, 문의사항, 요구사항 등 서비스의 전반적인 사항들에 대한 상담과 해당사항에 대하여 필요한 조치를 해줌으로서 고객만족도를 높일 수 있다. 서비스데스크는 일반적으로 고객센터, 상담센터, 고객지원센터 등으로 불리는 고객 상담 및 지원센터의 형태를 통칭하여 말한다. 서비스데스크 운영에 대한 사항은 Part 3의 "제4장 서비스데스크 운영"에서 상세히 살펴본다.

제2절 시스템설비 운용

고객이 만족하는 시큐리티서비스를 제공하기 위해서는 시큐리티시스템 및 관련 부대설비와 관제통신망 설비, 지령통신망설비, 단말설비 등이 항시 최적의 성능을 발휘하여, 해당기능 및 역할을 수행할 수 있도록 운용 및 유지되어야 한다. 특히 서비스제공에 필수적인 시스템설비들은 24시간 가동이 중단되지 않도록 운용되어야 하므로, 주요설비는 이중화 및 이원화 대책을 강구하여 설치하고 최적의 상태로 운용한다. 또한 각 설비 및 장치들이 최상의 기능 및 성능을 유지하도록 정기점검, 부정기점검, 수시점검 등의 정비점검계획을 수립하여 시행한다.

1. 관제설비 운용

관제센타의 관제설비는 시큐리티서비스에서 매우 중요한 역할을 수행하며 가입자상황 정보를 집중화하여 모니터링, 상황인식, 상황판단, 대응조치 등의 기능을 수행할 수 있도록 한다. 시큐리티서비스의 중심역할을 하는 운영센터 또는 관제센터의 이원화 운용이나 관제설비의 이원화 또는 이중화 운용을 고려한다. 또한 관제설비의 고장 시나 관제통신망의 장애 등에 대비한 백업망이나 백업설비들을 갖추어 운용함이 바람직하다. 관제설비의 운용데이터나 고객정보, 상황정보, 이벤트발생정보, 상황대응 및 조치 등에 관한 정보 등은 주기적인 백업으로 만약의 경우에 대비한다. 데이터베이스 자료처리 및 해당정보처리 서버의 고장이나 저장데이터에 에러가 발생한 경우라도 즉시 복구하여 정상적이 기능을 수행할 수 있도록 긴급복구대책을 강구하여 시행한다. 관제설비 중 중요한 서버시스템이나 데이터 백업시스템에 대한 이원화 구성에 있어 통신사업자 등의 IDC를 활용하는 방안을 적용하는 것도 고려할만 하다.

2. 통신설비 운용

통신설비의 운용은, 경비대상 가입자의 규모, 경비대상 도시 및 지역, 가입자 밀집도 등에 따른 통신망 구성과 관련설비들의 종류 및 규모 등에 따라 통신망관리시스템에 의한 관제통신망을 관리할 수 있다. 경비대상 규모 및 지역 등의 여건에 따라 지역분산된 관제센터나 운용센터를 운용하는 경우에는, 각 센터의 상황을 알 수 있는 망관리시스템이나 통합관리시스템을 구축하여 운용의 효율성을 높일 수 있다. 이러한 통신망관리는 통신망의 장애 시에도 정보유통의 지속성을 확보할 수 있도록 관제통신망을 운용할 수 있어 고객들의 상황정보의 누락이나 긴급상황에 대한 경보신호의 전송 유실을 최소화할 수 있다. 또한 통신망의 주요 네트워크설비들은 이중화구조로 장비를 구성하고 통신회선은 이원화하여 장비의 고장이나 통신회선 장애 등에 대비한다. 또한 관제통신 및 지령통신의 24시간 운용 등에 효과적으로 대비하기 위해 관련 통신사업자와 긴밀한 협력체계를 갖추어 운영한다.

3. 기타 부대설비 운용

관제설비 및 통신설비 등의 성능을 유지하기 위한 항온항습 시설이나 전원공급 시설 등의 고장으로 인한 문제를 방지하기 위한 대책을 수립하여 적용한다. 특히 전원설비는 상용전원의 정전 시에도 각 설비의 운용중단이 발생하지 않도록 UPS(Uninterrupted Power Supply) 등의 무정전전원설비, 발동발전기 등을 갖추어 운용한다. 또한 외부에서 유입되는 낙뢰 등으로부터 설비 및 인명을 보호하기 위한 접지시설을 하고 정전기 방지대책을 강구하여 시행한다.

제3절 운용조직 및 인력

기계경비 등의 시큐리티서비스 업무를 수행하기 위하여 필요한 인력은 다음과 같이 구분될 수 있으며, 업무특성 및 인력규모 등을 고려하여 업무 수행의 효율성을 확보할 수 있는 형태로 조직체계를 구성함이 바람직하다.

1. 관제요원

관제요원은 경비대상가입자에 대한 기본정보 이외에 관제설비에서 제공하는 분석정보, 가입자 이벤트발생 이력정보들을 활용하여 가입자 특성을 파악하고 분석하여, 경보신호발생에 대한 침입 여부를 판단하며 필요한 조치를 취한다. 관제요원은 침입발생으로 판단될 때나 고객의 위급상황 시, 또는 고객의 요청 시에는 출동지령을 내리고 상황을 지휘한다.

관제업무를 효과적으로 수행하기 위해서는 경비대상 가입자의 특성, 경비구역, 시스템 및 가입자장치 성능 등에 맞게 관제업무 처리지침 및 상황별 대응프로세스를 마련하여 적용해가는 것이 중요하다. 관제요원은 업무처리지침 및 대응프로세스를 충분히 숙지하고 관제설비의 표출정보 현황과 대상가입자의 특성 및 경비패턴 등을 종합적으로 분석하여 상황을 판단한다.

2. 출동요원

출동요원은 상황발생 시에 관제센터의 지령에 의해 경비대상 가입자의 현장에 출동하여 대응조치를 취하는 임무를 수행하며, 평상시에는 경비구역을 순찰하는 등의 경비활동을 한다. 출동근무자는 시간대별 또는 상황별로 출동거점이나 대기거점에 위치하며 차량 등을 이용하여 지정된 경비구역의 순찰업무를 수행하기도 한다. 출동요원들에 대해서는 출동요원의 업무지침이나, 불법침입자에 대한 대응 및 제압요령, 무인경비용 가입자장치 및 관련 장치의 점검이나 확인 요령 등을 숙지시킨다. 또한 교육훈련과 정기적인 모의훈련을 실시하는 등의 활동으로 정예요원 양성과 함께 기량을 향상시킬 수 있는 프로그램을 마련하여 시행한다. 출동인력은 상주요원 및 순찰 요원 등으로 편성하여, 현장출동이 쉽고 빠른 곳에 거점을 마련하고, 효율성 및 서비스 신뢰성 확보에 주안점을 두어 운용함이 바람직하다.

3. 시스템 운용요원

시스템 운용요원은 기술적인 능력을 갖추고, 가입자장치나 관제설비, 네트워크장비, 관제통신망, 지령통신망 등에 대한 설비를 운용하고 점검 및 정비활동으로 기계경비시스템 등의 시큐리티시스템이 경비업무 등의 시큐리티서비스에 지장이 없도록 유지하는 역할을 한다. 시큐리티시스템의 각종설비 또는 통신네트워크의 고장 시에는 예비품이나 예비장비 등으로 교체하여 신속히 복구하고, 평상시에는 예방점검 및 정비를 철저히 하여 서비스제공에 지장이 없도록 한다.

4. 고객 상담요원

시큐리티서비스 고객의 문의나 요청사항에 대하여 안내 및 조치를 취하기 위한 고객과의 컨텍포인트 요원으로서, 고객의 불편사항을 해소시켜주며 경비서비스의 만족도를 향상시킬 수 있는 역할을 한다. 따라서 고객 상담요원은 고객의 요구사항이나 문의사항에 대하여 친절하게 성심성의껏 응대하며 고객의 문의나 요구사항에 대한 신속한 대응을 하는 역할이 매우 중요하다.

5. 유지보수요원

가입자장치나 관제설비 등의 시큐리티 시스템설비에 고장이 발생한 경우 고장 장비 및 설비의 수리와 정비 업무를 담당한다. 가입고객 현장에 설치된 장치들에 대한 점검이나 유지보수는 출동요원이 겸임하여 간단한 예방정비 및 고객서비스 업무를 수행할 수 있도록 함이 인력운용의 효율성을 기할 수 있다.

6. 운용조직

시큐리티서비스 업무를 수행할 조직은 관제업무부서, 출동업무부서, 시스템운용 유지보수 업무부서, 고객 상담업무부서, 관리감독업무 부서 등을 두고, 유기적인 협력이 가능하도록 조직을 구성하여 운영한다. 일반적으로 경비대상이나 기계경비시스템의 규모가 큰 경우에는 각각의 주요업무를 수행하는 인력이나 조직을 독립적으로 운영함이 바람직하나, 규모가 그다지 크지 않은 경우나 업무특성상 독립적운용이 바람직하지 않은 경우, 유지보수 업무 및 시스템 운용 업무, 가입자장치에 대한 점검이나 간단한 정비업무 등은 통합하여 업무를 수행함이 효율적일 수 있다.

Part 2

시큐리티 시스템 구축

Part

02 시큐리티 시스템 구축

시큐리티시스템은 경비업무의 핵심설비로서 경비서비스를 이용하는 고객의 안전을 최대한 확보할 수 있도록 하고 재산상의 피해를 최소화하는 등 서비스의 품질을 결정하는 중요한 요소가 된다. 따라서 시큐리티시스템은 신뢰성을 최우선으로 고려하고, 안정적이고 고품질의 서비스를 제공할 수 있도록 설계하여 구축하여야 한다. 즉, 시큐리티서비스를 위한 시스템 구축은 경비대상고객의 생활환경, 주변여건, 중점고객들의 특징, 서비스 규모, 서비스 종류, 제공서비스의 품질 등을 충분히 고려하고 기술발전추세 및 고객 요구사항의 분석내용을 충분히 반영하여 설계함이 바람직하다. 그리고 향후의 기술추세 반영이나 서비스 및 가입자 규모확장 등에 대비하는 중장기적인 구축전략을 수립할 필요가 있다.

따라서 시큐리티시스템 구축은 서비스운영 전략과 기계경비 및 시큐리티서비스를 이용하는 고객의 요구사항, 서비스의 신뢰성 및 확장성 등 제반사항을 고려하여야 한다. 서비스 설계와 시스템 구축에 있어 중점적으로 고려할 사항은 시큐리티 및 기계경비 업무에 대하여 제공하고자 하는 서비스, 이용자 규모 및 서비스의 질, 기술의 발전추세, 향후의 확장 가능성 등이며, 중점고려사항 각각에 대하여 미리 예측하고 계획하여 적절한 규모 및 서비스시스템을 설계하고 그에 따른 구축방안을 마련한다. Part 2에서는 안정적이고 신뢰성 있는 시큐리티서비스를 위하여 필요한 사항과 시스템 구축절차 및 단계를 설명하고 시스템 구축전략, 기획, 계획서 작성, 설계 업무 절차와 기본설계 및 실시설계에 대한 상세한 설명 그리고 시스템 구축 공사에서 준공 및 개통까지의 과정을 자세히 살펴본다.

제1장 구축 절차 및 단계

시큐리티 서비스를 제공하는 시스템을 구축하는 일반적인 단계 및 절차는 [그림 21-1]과 같으며, 준비단계, 전략수립단계, 기획단계, 설계단계, 구축단계를 거쳐 완성되고 그 이후 서비스 운영에 들어가게 된다.

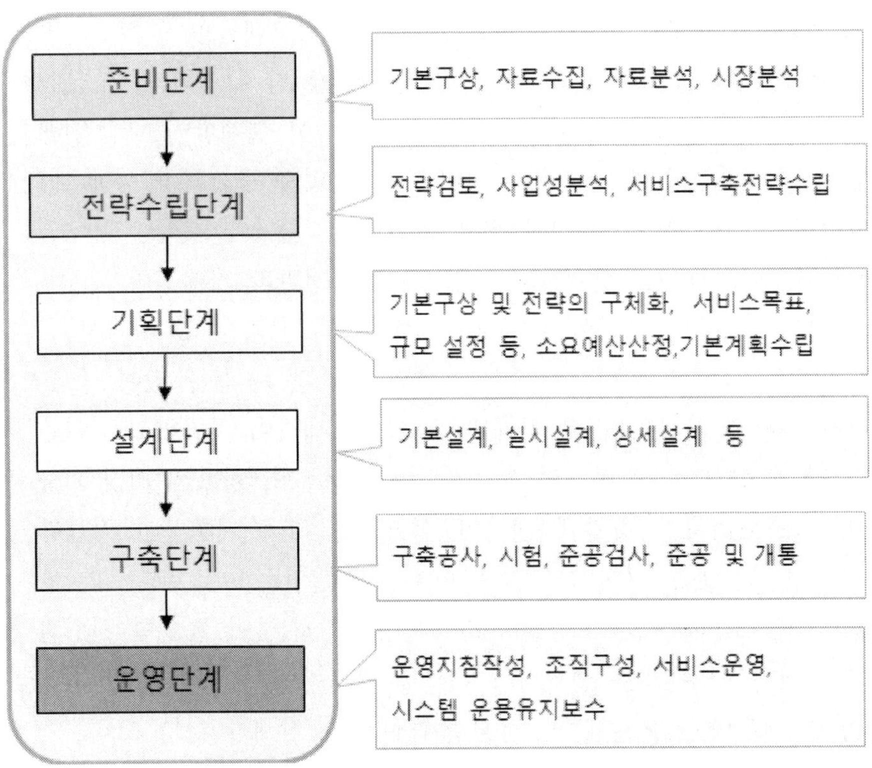

[그림 21-1] 시큐리티서비스 시스템 구축 절차 및 단계

제1절 준비단계

준비단계에서는 시큐리티서비스를 제공하기 위한 기본적인 구상을 하며 관련 자료들을 수집하여 분석하고, 시장분석 등을 통하여 시큐리티 서비스 및 시스템에 대하여 어떻게 접근할 것인지 등의 방안을 준비한다. 즉, 시큐리티서비스 규모나 서비스 대상을 설정하고, 어떤 형태의 서비스를 어떻게 제공할 것인가의 구상에 대한 전략을 수립하기 위한 정보 및 자료를 수집하고 준비하는 단계이다. 여기에서는 시큐리티서비스 대상 및 서비스종류, 그 규모 및 목적, 예상 시장규모 및 수요, 경쟁사 등과의 차별성 및 주변환경, 시큐리티서비스에 관련된 법률이나 규정에 대한 사업여건 등의 기본자료 수집과 수집된 자료의 분석이 이루어져야 한다.

제2절 전략수립단계

전략수립단계는 기본구상을 구체화하고 서비스제공 시스템을 어떻게 구축할 것인가에 대한 전략을 수립하는 단계이다. 시스템구축 전략은 시큐리티서비스를 제공하기 위한 서비스전략을 먼저 수립하고, 서비스전략에 대한 해당서비스를 구현하여 제공하기 위한 시스템을 구축하는 전략을 수립하는 것이 일반적이다. 시스템 구축은 전반적인 시큐리티서비스를 제공할 수 있는 기본 시스템 구축과 부가서비스 및 응용서비스 각각의 해당서비스를 제공할 수 있는 부가시스템 구축 그리고 필요시 추가적으로 시스템을 구축하는 방안을 들 수 있다. 따라서 시스템 구축전략은 기본시스템 구축 방안과 함께 부가서비스나 응용서비스를 수용할 수 있는 확장성을 고려하여 구축전략을 수립함이 바람직하다. 즉 준비단계에서의 정보 및 자료 분석 결과를 토대로 기계경비 등의 시큐리티서비스 수요, 시장동향, 정보통신 발전추세 등을 고려하고, 시장개척 및 마케팅 방안, 가입자 확보 방안, 서비스 모델, 수익창출모델 등을 설정하여 서비스전략을 수립한다. 그리고 서비스전략에 근거하여 시큐리티영역의 해당서비스를 구현하고 실행할 수 있는 시스템을 구축하는 구체적인 전략을 수립한다. 이러한 시큐리티시스템 구축전략은 다음과 같은 사항들을 고려하여 구체화할 수 있다.

- 서비스 제공방안 및 목표
- 서비스의 종류 및 가입자의 규모
- 부가서비스 및 응용서비스 제공 전략
- 시큐리티서비스 수요와 시장분석 결과를 반영한 사업 전략
- 관제 구역 및 규모
- 통신망의 구성방안 및 그 형태와 종류
- 시스템 설비의 구성 및 개발전략
- 가입자장치 및 각종 감지장치 등의 확보방안, 개발방안, 적정공급방안 등

제3절 기획단계

기획단계는 시큐리티서비스를 누구에게 어떻게 제공할 것인지와 그에 대한 시스템 구축에 대한 사항을 시행할 수 있도록 각각의 전략을 구체화하는 단계이다. 기획단계에서는 시장목표 설정, 서비스대상 설정, 서비스목표 설정, 시스템규모 설정, 개발방안 확정 등이 이루어져야 하며 이를 위한 구체적인 자료수집 및 분석이 필요하다. 시큐리티서비스 대상, 서비스종류와 품질수준, 시스템 구축방안, 서비스제공방안, 통신망 구성방안, 시큐리티시스템 구축에 필요한 장비의 도입, 서비스제공을 위한 시스템 개발 등을 고려하고 어떤 부분을 개발할 것인지, 개발시스템 및 도입시스템은 어

떻게 할 것인지 등의 검토를 거쳐 개발방안을 확정하는 단계이기도 하다. 또한 서비스 목표에 대한 시스템규모를 산정하고, 서비스 및 시스템 구축 전략에 따른 사업타당성 분석과 해당서비스 제공을 위한 추진방안을 결정하고 소요예산을 산정하여 시큐리티 시스템 구축 기본계획(Mater Plan)을 수립한다. 기획단계에서 소요예산을 산정하기 위하여 시스템 및 각 장비, 소요자재 등을 산출하는 개략적인 설계가 수반되기도 한다.

제4절 설계 단계

설계단계는 기획단계에서 설정한 서비스 대상 및 목표, 시스템 구축방안 등의 기본계획에 대한 실행을 할 수 있도록 구체적인 시스템구축 사항들을 결정하고 설계한다. 설계단계에서는 시스템 구성, 시스템의 설비, 소요자재의 구체화와 구축일정 등을 검토하고 확정한다. 시큐리티 시스템구축을 위한 설계에 있어 자체설계나 외주용역에 의한 설계 방안이 있는데, 설계전문업체 등에 외주용역으로 설계를 수행하는 경우는 자체 설계능력의 한계를 보완하는 장점이 있다. 설계전문 업체에 의한 용역 설계는 시스템 구축 설계에 대한 추진방법, 방침, 고려사항, 추진방안, 소요예산 등에 대한 실행계획(설계 기본계획)을 수립하여 추진하기도 한다. 설계는 보통 기본설계와 실시설계 과정을 거쳐 시스템 및 세부설비 등을 구체화하며 설계도 등의 설계도서를 작성한다. 기본설계는 시스템 구축에 대한 기본적인 사항과 개략적인 사항들에 대한 세부사항을 결정하여 설계에 반영하고, 실시설계는 기본설계사항을 세부적으로 검토하고 필요한 사항들을 반영하여 명확하게 나타내주는 세부설계도를 작성하는 등의 상세설계를 하는 것이 일반적이다.

제5절 구축단계

시큐리티시스템 구축단계는 설계단계에서 작성된 설계도면 등의 설계도서에 의해 시스템 구축을 위한 기반공사 및 해당 장비들을 설치하고 설치된 시스템설비의 시험 및 시운전, 준공검사 등을 거쳐 서비스가 가능하도록 모든 준비를 완료하는 단계이다. 구체적으로 살펴보면 구축단계에서는 관제센터 및 시스템 운용센터 등의 기반시설을 갖추고 장비실에는 이중마루 및 케이블랙, 대형스크린, Rack 및 캐비넷, 분전반 등의 기초시설들을 설치하고 통신케이블 및 전원케이블 포설 등의 시공을 한다. 그리고 시큐리티시스템 구축에 필요한 시스템설비 및 해당 장비들을 설치하고, 내부네트워크의 케이블 접속과 외부네트워크 접속점에 연결하여 네트워크 구성을 완료한다. 시스템설비 및 각 장비의 기본데이터와 서비스에 필요한 변수 및 데이터 값을 입력하는 등 Setup을 완료한다. 각 설비들의 Setting이 완료되면 해당 설비의 동작상태 및 기능 확인과 네트워크를 연결하여 전체적인 설비 및 장치들의 동작시험을 통하여 시공이 완료된 설비들의 정상동작 여부를 확인한다. 시험단계에서는 시공완료 된 설비에 대한 자체시험을 하고 그 결과 모든 시스템과 네트워크의 동작상태가 양호하면 인수시험 및 준공검사 과정을 통해 기능 및 성능 등에 대한 종합적인 시험을 한다.

필요에 따라서는 시험 운용, 시범 운용 또는 시운전기간을 정하여 구축된 시스템의 신뢰성이나 안정성 등을 검증해 볼 수 있다. 또는 준공이후에 신뢰도 시험기간이나 안정화기간을 둘 수도 있다. 이와 같은 시험운용, 시운전, 시범운영 등의 형태로 시범적으로 서비스를 제공하여, 서비스개통이후에 발생할 수 있는 문제점을 찾아내고 개선함으로서 시스템구축 단계의 문제점을 미리 보완하여 서비스 신뢰성을 향상시킬 수 있다. 시범서비스에는 가상가입자 및 시험가입자 등의 가입자를 접속하고 가입자 정보 등 서비스에 필요한 모든 데이터를 입력하여 실제 서비스와 같은 환경으로 시범서비스를 운영하여 구축된 시스템의 신뢰도 등을 확인한 후에 서비스를 개통을 하고 본격적인 서비스제공을 하는 것이 바람직하다. 기계경비 등의 시큐리티서비스를 제공하기 위한 시스템의 구축은, 고객에게 안정적이고 고품질의 서비스가 가능하도록, 각 단계별로 적합한 기술의 적용과 기술기준 및 표준공법 등을 준수하여 시공하고, 요구 성능에 만족하는 해당설비 및 장비들을 설치하여 품질을 확보할 수 있도록 한다.

제6절 운영단계

시큐리티 시스템 구축이 완료되고 서비스개통이 되면 운영단계로 접어들게 되는데, 시큐리티서비스 운영에 앞서 서비스 및 시스템 운영에 필요한 규정 및 지침, 운용조직 및 인력 등을 미리 준비하여야 한다. 또한 서비스 및 시스템 운용인력과 관련조직을 구성하여 효과적인 서비스를 제공하고 효율적인 시스템운영에 만전을 기하는 것이 바람직하다. 운영단계에서 고려하고 적용해야 할 사항들은 다음과 같으며 상세한 내용은 Part 3 "시큐리티서비스 운영체제 확보"에서 구체적으로 살펴본다.

- 운영지침서 작성
- 운영조직 구성
- 서비스제공 업무절차서 등의 매뉴얼 작성
- 서비스데스크 구축 및 운용
- 시스템 운용관리
- 유지보수 업무 수행
- 긴급복구대책 수립
- 비상연락망 구축
- 비상복구자재 확보
- 기술지원체제 확보 및 유지 등

제2장 전략 수립

제1절 전략수립 절차

시큐리티서비스 제공을 위한 일반적인 시스템 구축전략 수립 절차는 [그림 22-1]과 같으며, 시큐리티서비스에 대한 기본적인 구상을 구체화하여 서비스 및 시스템에 대한 전략을 수립하는 과정을 나타내고 있다. 기본구상단계는 어떤 서비스를 어떻게 제공할 것인가 등에 대한 서비스전략을 구상하고, 시장분석단계에서는 시큐리티 및 해당서비스와 관련된 시장을 분석한다. 전략검토단계는 서비스별, 시장별 진입전략과 시장 확대전략 등을 수립한다. 사업성분석단계는 각 서비스별 전략에 대한 사업성을 분석하고, 구축전략 수립 단계에서는 각 서비스별 전략, 단계별 전략들과 시장분석 및 사업성 분석 등을 종합적으로 고려하고 반영하여 세부적인 전략을 수립한다.

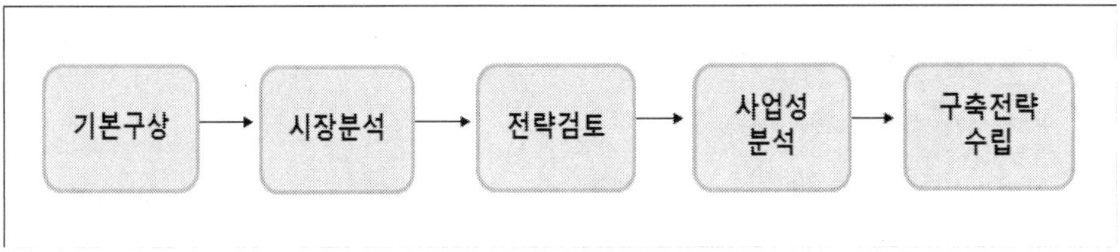

[그림 22-1] 구축전략 수립 절차

제2절 서비스전략

서비스전략은 시큐리티사업자로서 사업을 영위하기 위한 시큐리티 영역의 주력서비스를 설정하고 어떤 서비스를 누구에게 어떻게 제공할 것인가 또 향후에 서비스를 어떻게 발전시킬 것인가 등에 대한 전략을 수립한다. 서비스전략 수립을 위해 시큐리티 시장을 분석하고 현재 나와 있는 서비스와 향후 제공 가능한 서비스에 대하여 어떻게 적용해 갈 것인가 등에 대한 전략을 구체적으로 검토한다. 전략검토 결과를 적용하여 각각의 서비스 제공방안 등에 대한 사업성을 분석한다. 그 결과에 따라 주력서비스 등의 대상서비스를 설정하고 서비스 제공시기, 지역 및 대상, 규모 등에 대한 구체적인 구축전략을 수립한다. 서비스전략 수립에 있어 고려할 사항들은 다음과 같다.

- 주력서비스 설정
- 서비스 구현전략 및 개발전략
- 서비스 영역 확장 전략
- 서비스 런칭 및 홍보 전략
- 단계별 서비스 확대 전략
- 시장 확보 및 고객 확보 전략
- 시장 확장 및 고객 확대 전략
- 부가서비스 개발 및 적용방안 및 시행전략
- 개발서비스 및 부가서비스 적용시기
- 서비스 이용조건, 요금전략
- 가입자대상 확대 및 서비스 지역 확대 전략
- 서비스 구현에 따른 관련법규, 규제사항, 허가가 필요한 사항 등에 대한 접근전략
- 경쟁사 및 경쟁서비스에 대한 경쟁력확보, 서비스품질의 차별화 전략 등

제3절 시스템 구축전략

주력서비스 등에 대하여 제2절에서 수립한 서비스전략을 실행하고 구현할 수 있는 시스템 구축 방안 및 구축전략을 수립한다. 시스템구축 전략은 제공하고자하는 서비스를 구현할 수 있고 서비스운영의 효율성과 안정성을 확보할 수 있도록 시스템 및 각 설비들의 기능, 성능, 확장성 등을 고려한다. 서비스전략에 적합한 시큐리티시스템을 구축하기 위하여 최근의 기술동향 및 시장조사를 통하여 적정한 설비 및 장치들을 찾아 그 기능 및 특성, 규격,장비의 크기, 설치조건, 가격 등을 분석한다. 그리고 서비스 전략과의 일치성, 서비스 요구사항, 경쟁력확보 등의 타당성분석을 거쳐 구체적인 시스템구축 전략을 수립한다. 시스템구축 전략 수립에 있어 다음과 같은 사항들을 고려하여 반영할 수 있다.

- 시스템설비 및 각 장비의 장치 구성
- 제공 서비스를 구현할 수 있는 시스템설비의 기능 및 성능
- 서비스 품질확보가 가능하고 안정적인 서비스가 가능한 시스템 구성
- 향후 부가서비스 등의 추가적인 서비스를 수용할 수 있는 시스템구조
- 시스템의 기능 추가, 신규서비스 추가, 기존서비스 성능이나 용량 확장 등의 확장성
- 추가적인 기능 등의 개발대상 및 개발방안
- 시스템 성능 대비 경쟁력 및 경제성을 확보한 시스템 구축 여부 등

시큐리티시스템은 대상가입자의 규모나 특성, 향후 확장성 등에 따라 목표시스템이 달라질 수 있다. 목표 시스템의 규모나 성능 등을 결정하는 요소로, 최대 수용가입자 수, 시스템 구조, 서비스 제공지역 및 관할지역별 시스템 구성, 가입자 접속 및 인증 방법, 최번시 이벤트발생 트래픽, 시간당 최대 이벤트처리량, 이벤트 대비 경보신호발생 비율 등을 들 수 있다. 또한 시큐리티시스템은 정전 시에도 가입고객으로부터 경보신호 등을 전송

받을 수 있고, 주변환경의 영향이나 이상상태 발생 시에도 정상동작이 가능하도록 고려하여 시스템을 구축함이 바람직하다. 이와 같은 요소들에 대한 적용방안이나 구성방안 등이 전략수립에 반영되어야 할 사항이며 구체화 될수록 실현 가능성이 높은 시스템구축 전략이 된다.

제4절 시스템 개발 전략

시큐리티서비스 제공에 있어 서비스 경쟁력 확보 또는 새로운 서비스 제공을 위해 개발이 필요한 경우, 신규서비스 등의 필요한 서비스를 실현할 수 있는 시스템 전체를 개발할 것인지 또는 상용시스템이나 장비를 활용하여 일부 기능을 개발하여 적용할 것인지 등을 검토하여 시스템 개발전략을 수립한다.

1. 개발시스템

개발시스템은 개발하고자 하는 서비스 및 단위 업무에 대한 각 업무요소, 단위업무기능, 상호연동성 등의 사항을 명확히 분석하고 그 내용을 반영하여 개발업무에 대한 시스템구성 및 개발범위 등을 결정한다. 개발시스템은 기존의 상용시스템을 도입하여 구축하는 경우에도, 기 구축된 시큐리티시스템과의 상호연동성을 고려하여야 한다. 시스템구축 전략에 의한 시스템 추가기능 개발이 필요한 경우에도 그 기능 등을 구체적으로 분석하여 앞의 사항들과 같은 방법으로 적용한다. 구축하고자 하는 시스템의 개발전략에는 효과적이고 성공적인 개발이 가능하도록, 구축하는 시큐리티시스템과 개발시스템의 상호연동, 운용 및 유지보수, 기술적용성, 경제성 등을 면밀히 분석하여 반영한다. 시큐리티서비스에 관련된 특정기능의 시스템이나 일부시스템은 그 특성이나 높은 수준의 품질확보 등의 필요에 따라 해당 전문업체에 의뢰하여 용역개발을 하는 경우도 있다. 용역개발을 하는 경우에는 개발시스템에 대한 요구사항 및 개발규격을 명확하고 상세하게 확정하여 의뢰하여야 원하는 수준의 시스템품질을 확보할 수 있다.

2. 가입자장치 (고객 설비)

시큐리티서비스 제공에 있어 시큐리티시스템과 상황관제 지원설비 등의 기능이나 성능이 서비스품질에 크게 영향을 미치나, 시큐리티서비스에서 빼놓을 수 없는 설비중의 하나가 고객 측에 설치되는 설비인 가입자장치이다. 가입자장치는 "Part 1. 시큐리티서비스"에서 살펴본 바와 같이 주장치와 감지장치 등으로 구성된다. 가입자장치는 경비대상가입자인 고객의 현장상태 및 상황정보를 실시간으로 전송하는데, 가입자장치의 안정적이고 정확한 기능수행이 상황관제업무 수행에 매우 중요한 역할을 한다. 상황관제는 현장상황을 정확하게 알 수 있어야 침입인지 오경보인지 등을 신속하게 파악할 수 있기 때문이다. 따라서 가입자장치의 기능이나 성능의 향상이 계속적으로 요구되고 있다. 또한 관제설비나 통신설비 등의 시큐리티 시스템설비들은 많은 부분이 보편적인 형태의 상용시스템을 활용하여 구축되어 운용하고 있다. 대부분 그 시스템의 하드웨어적인 구성은 같더라도 시스템에 적용하는 소프트웨어나 관제기법, 경보 Rule Set, Application 등에 따라 그 기능이나 성능이 달라지고 시큐리티서비스의 수준에 차이가 생기기 때문이다. 반면에 가입자장치는 시스템설비에 비하여 하드웨어 구성이 비교적 단순하고 그 기능은 감지기의 동작상태 등을 관제센터로 전송해주는 등의 역할을 하는 단말장치이므로, 대부분 시큐리티사업자 별로 디자인이나 단말기 구성방법 등에 각기 다른 형태의 가입자장치를 개발하여 적용하고 있다.

가입자장치의 주 기능 및 부가적인 기능이나 성능 및 역할을 고도화 하는 방법은 두가지 예를 들 수 있다. 첫째는 가입자장치의 주장치 기능을 지능화하고 고성능의 감지장치를 사용하는 등으로 가입자장치 기능 및 성능을 고도화하여, 고객 현장의 침입사항을 자체적으로 판단하여 해당조치를 취하거나 상황정보를 관제센터로 전송해주는 것이다. 예를 들면 필요시 자율적으로(사전에 프로그램된 절차에 따라) 침입 감지된 구역의 조명 등을 켠다든지, 경보음이나 경고방송, 경광등 작동 등으로 현장 경비효과를 높일 수 있다. 두 번째는 기존 가입자장치의 주장치나 감지장치들은 단순화하고 관제설비의 침입패턴이나 침입자 특성 등의 여러 상황들에 대한 데이터분석을 통하여 침입감지 및 상황판단 알고리즘을 고도화하여 보다 신속하고 정확한 현장상황정보를 관제요원에게 제공하는 것이다. 이는 관제센터의 관제설비 등을 고도화하여 적용함으로서 전체 가입자에 대하여 상황관제 수준을 향상시키는 효과를 얻을 수 있다. 가입자장치를 고도화하는 방안은 각각의 가입자장치를 개선하거나 새롭게 개발하여 적용하여야 하므로 관제센터의 설비기능을 고도화하는 경우보다 많은 비용이 소요되며 고객설비(가입자장치)의 주장치 등의 기기 교체가 수반되어야 한다.

따라서 가입자장치의 개발을 최소화하여 성능을 향상할 것인지, 지능형 가입자장치나 스마트 기능을 부여한 새로운 가입자장치를 개발할 것이지 등에 대한 전략을 검토하여 적정한 전략을 수립한다. 또한 각 방안 별로 어떤 기능을 부여하며 그 기능들은 어떻게 구현할지, 기존 서비스 고객들에게는 어떻게 적용할지에 대한 방법 등도 함께 고려하여 구체적인 가입자장치 개발전략을 완성한다. 가입자장치 개발전략에 다음과 같은 사항을 고려할 수 있다.

- 가입자 경비구역 확장
- 신규서비스 기능 적용
- 신규서비스 적용에 따른 고객측기기 설계기능 확장

- 새로운 기술적용 및 영상서비스 기능
- 부가서비스 적용 및 추가
- 가입자장치의 지능화, Smart화
- 설정, 해제, 출입통제에 대한 생체인식 적용의 지능화
- 단계별 시스템 확보, 기능구현, SW개발, 시스템 개발, 단말장치 개발, 적용계획
- 가격, 기능, 서비스 등의 경쟁력 확보 등

제3장 기획 및 계획서 작성

제1절 서비스 기획

서비스기획 과정은 "제2장 전략수립"과정에서 수립된 전략을 구체화하고 서비스제공이 가능하도록 서비스전략, 시스템구축 전략, 개발전략 등에 대한 실행방안을 기획한다. 또한 주력서비스 등의 대상서비스, 서비스 수준, 시큐리티시스템 구축, 시스템 및 기능 개발 등의 사항과 시큐리티서비스 제공을 위해서 전반적으로 고려하여야할 사항들을 서비스기획에 반영한다. 시큐리티서비스의 수준을 결정하는 요소는 여러 가지가 있겠으나 먼저 현재의 시큐리티 기술수준, 제공 가능한 서비스, 기술발전 동향 등을 판단하여 구축하고자하는 서비스 수준을 설정하는 것이 중요하다. 따라서 서비스 전략 및 서비스수준에 맞는 적정한 시스템을 구축할 수 있는 서비스기획이 필요하며, 다음과 같은 항목들을 포함하여 고려한다.

- 시큐리티사업 목표
- 시큐리티사업자로서의 위치 및 비전
- 서비스런칭 계획
- 시장진입 계획
- 경쟁사 및 기존서비스와의 차별화 계획
- 상황관제 방안 및 대응활동 계획
- 대응체계 및 출동 계획
- 신기술 도입 및 적용 계획 등

제2절 기본계획 수립 절차

시큐리티서비스 기본계획(Master Plan) 수립절차는 [그림 23-1]과 같으며, 서비스 및 시스템 구축전략을 구체화하고 서비스목표 설정에서부터 시스템규모 설정, 타당성 분석 등 시큐리티사업을 위한 마스터플랜 확정까지의 과정을 나타내었다.

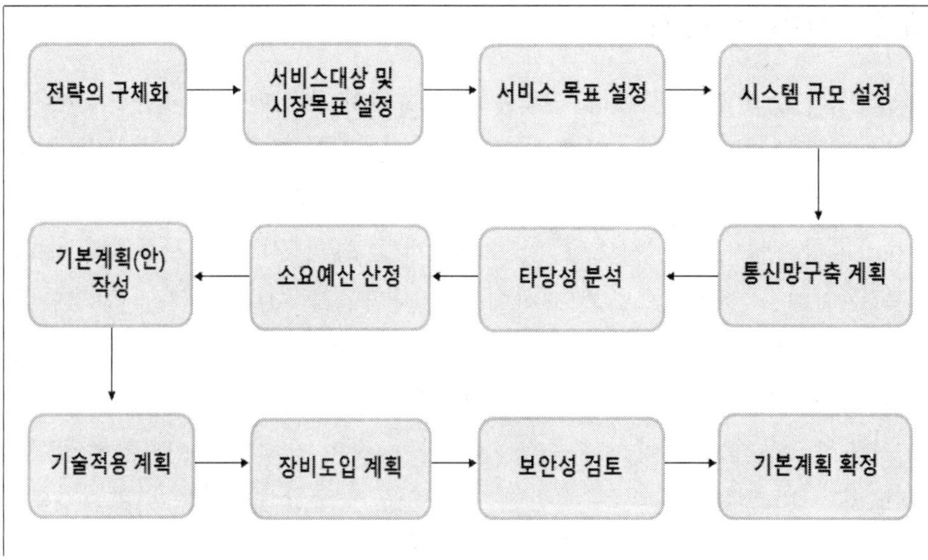

[그림 23-1] 기본계획(Master Plan) 수립 절차

제3절 시큐리티 기본계획(Security Master Plan) 수립

시큐리티 마스터플랜은 시큐리티사업자 등이 시큐리티서비스를 제공하여 사업을 영위하기 위한 전반적인 요구사항을 수용할 수 있도록 서비스제공 시스템을 구축하는 기본계획을 말한다. 시큐리티 기본계획에는 서비스대상 발굴, 정보통신서비스계획, 마케팅, 요금정책 등이 포함되도록 작성한다.

또한 서비스의 목표 및 서비스운영 수준을 설정하고 그 목표 및 수준에 적정한 시스템규모 설정과 통신망구축 등의 계획을 마련하고 타당성분석을 통하여 시큐리티 기본계획을 확정한다.

1. 전략의 구체화

시큐리티 서비스 및 시스템 구축에 대한 전략과 기획사항들을 구체화하고 서비스제공에 필요한 사항들에 대한 서비스운영 방안, 서비스시스템 구축방안 등을 검토하여 세부적인 실행방안을 마련한다. 예를 들면 관제센터, 운영센터, 서비스센터의 구축 및 운영에 대하여, 중앙 집중형태로 할 것인지, 지역별로 어떻게 분산할 것인지와 기계경비 관제방법에 있어 분산관리, 중앙집중관리, 혼합관리 중에 어떤 형태로 할 것인지에 대한 구체적인 방안을 설정한다. 그리고 경비지역 및 경비구역(Area, Zone, Sector 등)을 나누는 기준 및 설정에 대한 세부적인 방안을 마련한다.

2. 서비스대상 및 시장 목표 설정

서비스제공 방안 및 서비스대상을 결정하고, 시큐리티 시장에서의 해당 서비스의 위상 및 위치(Positioning)에 대한 목표를 결정한다. 또한 서비스별 성장목표, 서비스고객 확보, 시장점유율(Market Share) 등에 대한 목표를 설정한다.

3. 서비스 목표 설정

제공하고자 하는 시큐리티서비스의 종류, 서비스 범위, 서비스 수준 등의 목표를 설정한다. 예를들면 기계경비서비스, 영상보안서비스, 원격제어

홈케어서비스 등의 서비스에 대하여 기본서비스나 부가서비스 등을 결정하고 각 서비스들에 대한 서비스 품질수준 등 서비스에 관련된 사항들의 목표를 설정한다.

4. 시스템 규모 설정

설정된 서비스 대상, 서비스 목표를 구현하고, 서비스 수준 및 시장목표를 달성할 수 있으며 실현가능한 시스템의 규모를 설정한다. 시스템 규모는 서비스수준, 서비스 제공지역, 대상가입자 수, 향후 확장성 등을 고려한다.

5. 통신망 구축계획

시큐리티서비스 제공을 위한 서비스지역 및 가입자 규모 등에 대하여 서비스품질을 확보할 수 있도록 통신망 확보방안 및 구축 계획을 마련한다. 통신망 구축은 자가망으로 구축할 것인지, 통신사업자망을 활용할 것인지, 그 방안은 어떻게 할 것인지 등에 대한 세부사항을 검토하고 고려한다. 자가통신망을 구축하여 서비스에 적용하는 경우는 대규모 사업자의 일부지역에 한정되는 것이 대부분이며, 일반적으로 통신망사업자의 통신망을 이용하여 시큐리티서비스를 제공하는 것이 효율적이다. 시큐리티서비스를 위한 통신망 구축에 있어 가입자별 중요도, 위험도 등에 따라 그 통신방식을 결정하고, 관제통신망 및 지령통신망의 구성 및 운용에 효과적이고 효율적인 방안을 계획한다.

6. 타당성 분석

시큐리티 기본계획 수립에 대한 타당성 분석에는 현황조사와 조사내용에 대한 분석 단계를 거친다. 즉, 시큐리티시스템 구축을 위한 시스템에 대한 각 설비의 구성, 통신망 구성, 서비스제공 여건, 제도적인 사항 등을 포함하여 설치지역 및 설치장소의 환경조건, 정보통신망 확보 및 접속여건 등에 대한 현황자료 조사와 분석을 시행한다. 현황조사는 시행착오를 최소화하고 효과적인 계획을 수립할 수 있도록 기본계획 수립에 필요한 각종 자료와 현황 정보 등을 수집하고 조사한다. 현황조사 대상 자료의 예는 다음과 같다.

- Master Plan 수립에 소요되는 관련 자료 및 정보 수집
- 시스템설비 구성 방안 및 방식 관련 자료
- 적용기술 및 시스템설비 확보 관련 자료
- 시큐리티시스템 설비 구축 지역 및 장소, 설치장소의 주변환경 자료
- 정보통신망 접속을 위한 인프라 현황 등

타당성분석에는 다음과 같은 사항 등을 고려하여 분석하고 그 결과에 따라 필요사항을 기본계획(안) 수립에 반영한다.

- 서비스 목표에 대한 시스템구성의 적정성
- 관제통신망 및 지령통신망 구축에 대한 통신망계획의 타당성
- 시큐리티설비 투자 대비 효과분석
- 시큐리티 가입자 수요예측 및 경제성 분석
- 단계별 투자예측 및 수익추정
- 비용절감 방안 등

7. 소요예산 산정

서비스제공 및 시스템 구축에 필요한 시스템 구매비용, 구축비용, 운용비용 등 시큐리티시스템 구축을 위한 전체적인 비용을 산출하여 소요예산

을 산정한다. 시큐리티서비스 제공을 위한 소요예산 산출에 있어 시스템설비의 구축비용은 시스템의 라이프사이클 동안 소요되는 운용, 유지보수 등의 총비용인 소유총비용(TCO: Total Cost of Ownership)을 고려하여 반영함이 바람직하다. 소유총비용은 시큐리티시스템(관제시스템, 네트워크장비, 전송장비 등)의 구축비용뿐만 아니라 향상(upgrade)이나 유지 보수, 교육 연수 등과 같이 도입 후에 드는 여러 가지 비용을 포함한 각종 시스템의 총비용을 말한다. 따라서 장비의 도입 시에 저가격화로 비용이 저렴하다 해도 운용유지비용이 과다하게 지출되는 경우는 피해야 한다.

8. 기본계획(안) 작성

기본계획(안)작성 단계에서는, 기본계획안을 수립하기 위하여 수집된 자료 및 분석자료 등을 토대로 구축전략을 구체화하기 위한 계획과 시장목표, 서비스의 목표 설정에 대한 시스템규모와 방식 등을 정하고 시스템 구축계획을 가시화 한다. 설정된 목표를 만족할만한 시스템 구축에 대한 계획에 소요예산과 사업타당성을 분석한 결과를 반영하여 기본계획안을 작성한다.

가. 기본계획(안)에는 다음과 같은 사항이 포함되도록 작성한다.

- 시큐리티서비스 사업개요
- 대상서비스 및 업무 현황
- 사업 추진계획 및 사업내용
- 단계별 서비스 계획, 서비스지역 및 서비스 시기
- 년간 예상 서비스 트래픽 및 통신망 구축 방안
- 가입자 확보 방안
- 시스템 구축 방안

- 서비스 런칭 계획
- 소요자원 및 예산
- 기타지원 요건 등

나. 시스템 구축방안

1) 관제시스템

관제시스템설비는 가입자규모, 사업자의 사업영역, 관제센터 구성요건 등에 따라 각설비의 구분을 달리하거나 유사기능의 설비들을 통합 또는 세분화하여 운용할 수 있다. 관제설비의 각 서버들에 대한 응용프로그램 및 솔루션 구축에 있어, 통계자료 및 기존의 시큐리티서비스 운용상에 나타난 데이터 등을 분석한 자료에 근거하여 관제설비 및 관제센터를 설계하고, 구축함이 바람직하다. 예를 들면, 관제시스템 구축에 있어 기초정보 및 고객정보 등의 기본적인 정보의 관리 기능은 각 지역 센터 요원 또는 현장요원이 쉽게 접근할 수 있도록 웹 형태로 구축한다. 그리고 관제시스템의 각 단위시스템의 기능을 통합하여 관리할 수 있도록 하고, 보고서 및 통계 관리 분야는 각종 현황 중심의 통계보고와 함께 고객별 및 출동 건별 감지부터 처리종료까지의 처리과정 내역을 조회할 수 있는 기능을 구현하여 구축한다. 또한 이와 같은 정보에 의하여 파생될 수 있는 각종 통계정보 기능을 추가한다. 지역관제를 두는 경우에는 중앙관제 DB로 통합관리하고 지역에 관계없이 중앙 DB에 접근할 수 있도록 한다. 관제센터 설비구축에 있어 기본적인 기능들과 함께 다음의 중점 고려사항을 반영한다.

- 관제센터 이원화 구성
- 관제설비의 이중화 및 지역관제센터 망의 이원화 구성
- 네트워크에 방화벽구성 등의 보안대책 강구
- 고객정보, 관제 정보의 유출 방지 등 정보보호대책

- 관제정보 등 주요 데이터 백업 등

관제센터의 관제시스템설비는 DB설비, 통신설비, 서버설비, Interface장치, 관제상황실 설비(Wall Board, Terminal) 등으로 구성한다. Wall Board 등의 대형 관제정보표시장치는 화면분할이나 중첩표시기능, 분할화면 및 전체화면 전환기능 등을 갖추도록 하고 관제콘솔은 관제지역이나 관제구역 등의 관제 범위 및 규모, 관제요원 수 등에 따라 적정하게 구성한다. DB설비는 일일 및 최번시 이벤트 발생량, 1회 이벤트 처리량, 정보검색주기 및 시간, 정보처리 능력 등을 고려하여 서비스관련 자료 및 통계를 검색하거나 조회할 수 있도록 구축한다.

2) 가입자장치

고객의 경비현장에 설치하는 가입자장치는 용도별, 기능별 등의 모델을 확보하여 고객의 요구사항에 맞는 서비스를 제공할 수 있도록 각각의 장치를 적정하게 구성하여 적용한다. 가입자장치의 각 모델에는 출입통제 또는 경계설정 및 해지를 위한 용도나 가입자장치의 작동방식 등을 고려하여 적용한다. 예를 들면 지문, 혈관, 홍체 등의 특성을 활용하는 생체인식 단말장치 적용이나 RFID 등의 보안카드 적용방식 등을 들 수 있다. 감지장치는 기본적으로 출입문, 창문 등에 적용하는 자석감지기, 공간감지를 위한 열선센서나 초음파센서를 적용하는 등 그 용도 및 적용범위 등에 따라 각종 감지센서를 접속할 수 있도록 고려한다. 감지장치는 경비구역 외부용 및 내부용, 외부의 환경적 요소, 침입감지 요소 등에 따라 그 종류 및 특성이 다르므로, 경비대상 고객의 환경요건 및 요구사항 등에 가장 적합한 센서를 적용할 수 있도록 검토하고 미리 준비되어야 한다. 침입감지 효과를 높이기 위해서는 적정한 센서들의 조합에 의한 가입자장치의 구성이 이루어져야 한다. 예를 들면, 가입자장치의 구조 및 구성방안은 경비구역확장, 주가입자장치, 부가입자장치, 조작판넬 PW 부여 및 적용, 지문, 생체인식 등을 고려하고, 개발 및 주문생산 등의 고객에 대한 가입자장치 공급 방안을 마련한다. 가입자장치 Spec에는 정전이 된 경우나 침입자에 의한 전원차단 시에도 전원을 공급할 수 있도록 배터리(보통 12V) 백업이 가능하게 적용하고 적정한 전원용량과 기준전압 이하인 경우에 이상상태를 표시하는 기능 등을 반영한다.

3) 통신망 구축

시큐리티서비스를 위한 관제통신망의 구축에 PSTN방식, 전용회선방식, 인터넷방식 등에 대한 구성방안을 검토하고 가입자 특성 및 고객요구사항, 서비스품질 확보 등에 적정한 통신방식 및 통신망을 설정하여 효과적이고 효율적인 방안을 적용한다. 지령통신망은 관제요원 및 출동요원간의 원활한 통신과 편의성을 고려하여 이동통신사업자나 TRS사업자 망을 활용함이 효율적이다. 관제통신망 및 지령통신망에 대한 통신망 구성방안 및 통신방식, 각 통신망구축 및 유지관리 비용 등에 대한 타당성을 검토하여 적용한다.

4) 침입자 감지[5)]

침입자를 감지할 수 있는 센서는 침입자의 신체적 특징에 따른 특성에 맞게 감지기능을 갖고 있어 침입에 반응하여 감지신호를 발생시키게 되나 환경적 여건에 따라 침입감지기능이 저하되는 경우도 있다. 따라서 침입자의 신체적 특성에 가장 적합한 감지기 선정 및 감지방법을 설계하여 관제설비 및 가입자설비 구축에 적용할 수 있다. 침입자 감지를 위하여 관제설비에 적용할 침입감지알고리즘 설계나 가입자장치의 감지기 설계 및 설치에 있어 다음 사항들을 고려하여 실제 현장에 적용하도록 한다.

5) "기계경비개론, 정태황 저, 백산출판사 P.72~83"의 내용을 일부 인용하여 편집함

가) 침입자 및 침입감지

사람은 호흡을 하고 이산화탄소를 배출하고, 눈이 불투명하고, 특수한 형체를 가지고 있고, 유연하게 두 발로 걷는 등의 신체적 특징을 갖고 있다. 그리고 높은 곳을 오를 수도 있고, 볼 수도 말할 수도 있다. 또한 인간은 연장을 사용하여 파거나 자를 수 있으며, 뛰거나 길수도 있을 뿐 아니라 몸에서 열을 방출한다. 인체는 대부분 물로 구성되어 있으며, 사람은 신경과 두려움이 있다. 이러한 인간의 특성을 상황에 맞게 감지하기 위하여 어떤 센서를 선택해야 하는 지와 센서가 어떻게 작용하는지를 파악하는 것이 필요하다. 감지센서가 오작동을 피하거나 오작동을 최소화하기 위해 침입자와 그 외의 것을 구분 할 수 있어야 하는데, 우선 사람과 동물을 구분할 수 있어야 한다. 경비대상 구역의 어느 곳이든 침입행위를 빨리 감지할 수 있으면 그 만큼 위험을 제거할 수 있는 가능성이 증가한다. 침입감지센서를 외부에서 사용하기 위해서는 환경적 요인을 극복하여 오작동을 피할 수 있어야 한다. 빈번한 오작동에 의해 시스템의 신뢰가 저하된다면, 실제 침입을 알리는 경보신호가 울렸을 때, 근무자는 실제 경보상황을 오작동으로 생각하여 경보신호를 무시하게 되므로 결과적으로는 시큐리티시스템의 침입감지 기능을 상실 할 수 있다.

나) 단계적 감지 방안

침입자가 외부에 설치된 감지센서를 피하고 내부로 침입하였을 경우, 이를 다시 감지할 수 있으면 보다 높은 감지효과를 기대할 수 있다. 다시 말해 침입자가 목표달성을 위해 이동하게 되는 공간을 단계적으로 감지할 수 있으면 침입행위를 효과적으로 감지할 수 있다. 감지가 필요한 하나하나의 단계를 방호선의 개념으로 생각해 볼 때, 감지단계는 많을수록 좋으며, 가령 1단계 감지방법 보다는 2단계감지, 3단계감지가 더 효과적이다. 감지단계를 설정함에 있어 어느 곳을 기준으로 1단계를 적용하느냐에 따라 나머지 2단계와 3단계를 유용하게 적용할 수 있다. 예를 들어 울타리가 있는 단독 건물의 경우, 울타리를 1단계로 1차방호선으로 선정할 수 있지만, 울타리가 없는 건물인 경우 건물의 내부로 통하는 출입구나 창문을 1단계의 1차방호선으로 선정할 수 있다. 따라서 울타리가 1차방호선인 경우는 출입문, 창문이 2차방호선이 될 것이고, 출입구나 창문이 1차방호선인 경우는 침입 예상로가 2차 또는 3차방호선이 될 수 있다.

다) 단계적 감지를 살펴보기 위해 울타리가 있는 건물을 기준으로 적용하는 3단계 감지형태를 다음과 같이 예를 들어 설명한다.

- 1단계 감지

1단계 감지는 1차방호선 개념으로 주로 외부침입 감지를 들 수 있다. 이는 외부의 벽이나 울타리와 같은 물리적 보호장치를 피하여 침입하는 침입자를 1차적으로 감지하는 단계이다. 외부로부터의 침입을 감지하는 센서로는 적외선센서, 마이크로웨이브센서, 진동센서, 전기장센서, 광케이블센서 등을 사용할 수 있다. 이러한 외부 감지센서들은 외부의 환경적 요인에 의해 많은 영향을 받는다. 외부센서는 외부의 환경이나 기상변화에 민감하게 영향을 받게 되므로 비가 오나 눈이 오나, 안개가 끼거나, 천둥· 번개가 치거나, 더우나 추우나 정상적으로 작동할 수 있어야 한다. 물론 이러한 상황은 침입자에게도 악조건으로 작용할 수 있지만, 침입자는 그의 목표를 실행하기 전 감지센서를 피하거나 감지시스템의 작동을 멈추게 하는 조치를 하려 할 것이다. 따라서 외부에서 인입되는 통신선을 절단 하거나 정전을 유발시키는 행위에 대한 대비책도 강구함이 바람직하다. 감지센서를 효과적으로 사용하기 위해서는 경비대상 구역을 외부경계구역, 내부경계구역 또는 취약구역 등으로 구분하여 적정한 감지센서를 적용함으로서 침입자의 특성을 감안한 취약점을 보강할 수 있다.

- 2단계 감지

2단계 감지는 2차방호선 개념으로, 주로 내부 침입감지를 말한다. 이는 건물 내부의 경비대상 구역으로 침입하는 것을 감지하는 단계이다. 2단계 감지를 위하여 마그네틱센서, 적외선센서, 압력 매트, 유리파손 센서, 진동 센서 등을 사용할 수 있다. 출입문이나 창문 등에는 마그네틱센서에 의한 침입감지가 용이하며 유리를 파손시켜 침입하는 경우의 침입감지에는 유리 파손감지기나 진동감지기와 같은 형태의 센서가 널리 사용되고 있다. 또한 침입자가 내부로 침입하기 위하여 채광창이나 환기통과 같은 틈사이나 지붕을 통하여 침입하는 경우에도 침입을 감지할 수 있도록 별도의 센서를 사용하거나 공간감지센서를 광범위하게 적용할 수 있다.

- 3단계 감지

3단계 감지는 3차방호선 개념으로 주로 공간감지방법을 들 수 있다. 건물 내로 침입한 침입자를 공간감지방법에 의해 감지할 수 있는데, 3단계감지는 열선 센서, 초음파 센서, 음향감지 센서 등을 사용 할 수 있다. 보통 경비대상 구역 내에서 최종적으로 보호 되어야 하는 장소는, 일정한 공간을 형성하고 있고 침입자는 그의 목적달성을 위해 공간에서 움직여야하므로 공간감지센서의 적용은 매우 적합하다고 할 수 있다. 공간감지를 위하여 주로 열선센서나 초음파센서, 음향감지센서가 많이 사용되며, 유리창으로 보호되고 있는 내부에서는 열선센서가 적합하다. 더 넓은 공간이나 유리창에서 떨어져 있는 구역의 공간감지는 마이크로웨이브 레이더센서를 사용할 수 있다. 마이크로웨이브센서는 타 공간감지센서 보다 더 긴 파장으로 오작동을 감소시켜 줄 수 있다. 적외선센서는 좁은 지역이나 복도와 같이 침입자가 그의 목표지점으로 이동하기 위해 지나가야 하는 지점에 주로 사용되는 경향이 있다. 그러나 이러한 단편적인 설명으로 모든 장치의 선택 기준을 마련하는 것은 어려우므로 각 센서의 특성을 충분히 파악하여 적용할 필요가 있다.

5) 시스템운용 분야

관제센터 설비, 통신망설비 등의 시스템설비 운용은 운용요원의 조작이 편리하고 간단하게 세팅이나 변경이 이루어질 수 있도록 설계하여 구축한다. 시스템설비의 운용에 있어 주요기능이나 주요데이터의 설정 시에는 시스템로그인 등에 작업자나 작업내용이 기록 관리될 수 있도록 고려하여 반영한다.

6) 유지보수 분야

시스템설비는 유지보수가 용이하여야 하며, 주요설비에 대하여는 고장 시에도 서비스가 중단되지 않도록 이중화 또는 이원화 구성으로 구축됨이 바람직하다. 운용자들이 긴급조치내지는 긴급복구 할 수 있도록 관련시스템 설비를 설계하고, 필요한 예비품 등을 비치하여 조치할 수 있는 방안 등을 적용한다.

다. 시스템 및 장비 개발방안

1) 가입자 장치

가입자 장치는 경비대상 구역의 상황을 알 수 있도록 실시간으로 관련 신호 및 정보를 관제센터로 전송하는 기능을 수행하는 장치이므로, 서비스 용도에 맞아야하며 적정한 품질수준을 확보할 수 있는 성능을 갖추어야할 필요가 있다. 따라서 원하는 기능과 성능 및 품질을 확보할 수 있는 시큐리티서비스용 단말장치(즉, 가입자장치)를 시장에서(상용제품을 활용) 확보할 수 없다면 해당 단말장치를 개발하여야 한다. 단말장치의 개발은 그 기능 및 성능을 만족하고 서비스품질을 확보할 수 있도록, 서비스 대상 및 규모나 네트워크 통신방식 등에 따른 개발방안을 설정하고, 그에 맞는 가입자장치와 통신방식 등을 설계하여 개발한다. 가입자장치의 개발규격에는 다음과 같은 사항들을 고려하여 적용한다.

- 감지기, 주장치, 입출력장치 등의 구성방안
- 각 장치와의 접속 및 통신방식
- 관제센터와의 통신방식 및 통신망 접속방식
- 신규 서비스적용 및 신기능부여, 업그레이드 등이 쉬워야 함
- 감지기의 무선방식 적용 여부
- 사용부품이나 단말장치의 보편적인 조달 가능 여부
- 조달비용 제작원가 등

2) 업무지원 시스템 등

시큐리티서비스를 위한 업무지원시스템은 가입자관리, 고객상담 및 처리, 서비스요금 수납관리, 관제지원, 경보신호 통계처리 등의 전산시스템을 들 수 있다. 업무지원시스템 등의 개발은 시스템의 개발 요구사항을 상세히 분석하고, 필요시에는 시스템운용 대상자, 시스템 개발기획자 들과의 면담을 통해 목표시스템에 대한 기능, 성능 등을 파악하여 개발대상 목표를 설정한다. 시스템 개발에 소요되는 소프트웨어 즉, DB구축이나 DBMS, 프로그램 언어, 미들웨어, 운용체제 등에 대한 소프트웨어들은 각 단위시스템 별 특성을 고려하여 가급적 통일된 소프트웨어로 사용함이 바람직하다. 개발 시 사용된 프로그램언어나 그룹소프트웨어 등을 통일하여 적용하는 것은 운용 시에나 시스템업그레이드 또는 업데이트 등에서도 효율성을 확보할 수 있기 때문이다. 만일 운영체제가 Unix, Linux 등으로 다양하고, DBMS나 프로그램 언어 등도 다양하게 구성된다면 각 언어나 각 소프트웨어를 다룰 수 있는 전담운용요원이나 개발인력이 소요된다. 또한 운용매뉴얼, 운용요원교육, 소프트웨어 업그레이드 등에도 각 종류별로 비용이 소요될 것이며, 이상고장 등에도 각 소프트웨어 공급업체별로 기술지원 계약 등이 이루어져야 할 것이므로 결과적으로 많은 비용이 지출될 것이다. 시큐리티서비스 제공을 위한 업무지원시스템, 관제시스템 등의 개발은 시

큐리티 응용분야, 기술발전추세, 서비스수준 향상 등을 고려한 요구사항을 수용할 수 있는 형태로 개념을 확장하여 서비스 및 업무를 수용할 수 있도록 고려한다.

9. 기술적용계획

기술적용계획은 시스템 구축기술, 서비스기술, 시스템구성 기술, 네트워크기술, 품질확보기술, 통신망관리 기술, 해킹대응기술, 운용기술 등에 대하여 최신기술 및 기술발전 추세 등을 고려하여 세부적인 사항을 검토 및 분석하여 적용한다.

10. 장비도입계획

각 시스템 설비들에 대한 상호연동성, 기술의 적합성, 시스템 구축의 적합성, 신뢰성, 안정성을 확보할 수 있는 규격을 적용하여 어떤 설비 및 장비들이 적합한지를 검토하고 도입방안을 계획하여 기본계획에 반영한다. 그리고 관제설비, 통신망 설비, 경보신호처리설비, 관제통합서버, 관제단말설비, 가입자설비, 지령통신망설비 등과의 상호연동이 가능한지에 대한 상호운용성을 평가하여 반영한다. 특히 다음과 같은 각 항목에 대한 기술적용 및 상호연동방안 등을 고려하여 기본계획안을 수정 보완한다.

- 관제통신망 및 시스템 구성방안
- 관제업무 설비 구성방안
- 통합운영센터 구성방안
- 고장 등에 대한 비상복구 방안
- 단계별 투자예측 및 수익추정 사항
- 정보통신 운영조직 및 운영유지보수 방안 등

11. 보안성 검토

시큐리티시스템 구축 및 운용에 있어 보안취약점에 대한 대비 및 대응책을 검토한다. 대응책에는 고객의 개인정보보호 방안을 수립하여 적용하고, 시스템설비의 보안 및 시스템 운용자 등 내부 권한자에 대한 보안사고 예방활동을 강화하는 등의 보안사고 대비책을 강구하여 적용한다.

12. 기본계획 확정

시큐리티 마스터플랜에 대한 최종안을 확정하는 단계이며, 기본계획(안)에 대한 검토결과와 제11항까지의 보완사항 및 분석사항 등을 보강하여 기본계획을 확정한다. 기본계획의 확정은 최고경영자나 최고책임자에게 보고하고 확정하는 것이 일반적이다.

제4장 설계

시큐리티시스템 구축 설계는 그 목적에 적합한 성능을 보유한 설비를 선정하여 시스템을 구축하고 관제통신망과 지령통신망에의 접속성, 호환성, 연동성을 확보하여 가장 경제적으로 설치할 수 있도록 설계함이 바람직하다. 시큐리티시스템 구축설계에는 서비스 요구사항, 관제통신망 및 지령통신망의 전송특성, 기술표준 및 기술기준의 적합성, 물리적 환경, 신뢰도 및 가용성, 확장성, 기능성, 운영의 편리성, 소요비용 등을 고려한다. 그리고 시스템 구축 설계는 설비공사계획, 설계도면, 시방서, 공사비내역서, 기술계산서 등을 작성한다.

일반적으로 시스템 구축 설계는 시스템설비 및 장비의 설치와 통신네트워크를 포함하여 설계하며, 기본설계와 실시설계로 구분하여 기본설계 후에 실시설계를 한다. 시스템구축의 공사규모 등에 따라 기본설계와 실시설계를 통합 실행하는 경우가 있으며, 공사가 극히 소규모이거나 시공여건상 기본설계가 필요치 않다고 인정되는 경우에는 생략할 수 있다. 즉 기본설계는 타당성조사와 함께 실행하는 경우, 별도 실행하는 경우, 실시설계와 통합 실행하는 경우가 있다. 또한 기본설계는 실행계획 이전에 하는 경우와 실행계획에 따라 기본설계와 실시설계를 하는 경우가 있다. 일반적으로 실행계획이전에 기본설계를 하는 경우는 기본설계에 의한 소요예산 산출 등의 사항을 실행계획이나 기본계획(Master Plan)수립에 반영하기 위함이다. 보통은 기본설계 내용이 마스터플랜이나 구축계획에 반영되어 기본설계 없이 실시설계를 시행하거나 실행계획 수립 이후에 기본설계 및 실시설계를 진행하기도 한다.

제1절 설계 업무 절차

시큐리티시스템 구축을 위한 설계업무의 일반적인 절차는 [그림 24-1]과 같으며 각 업무절차의 세부사항은 제2절부터 제5절까지 자세히 살펴본다. 기본설계 및 실시설계 단계에서는 일반적으로 설계착수, 설계추진, 설계완성 과정을 거치게 된다. 설계착수는 설계업무가 시작되는 단계이며 설계착수 과정에서 외주용역에 의한 경우는 설계감독 지정과 설계자 명단제출 등의 절차가 이루어지며 설계추진과정에서는 예정공정표 작성 및 실적관리로 설계가 진행된다. 설계완성 단계에서는 설계진행과정에서 작성되는 설계도서 및 개략 공사비 산출서 등을 완료하고 설계보고서를 작성 완료한다. 용역설계의 경우에는 설계준공 절차를 거친다.

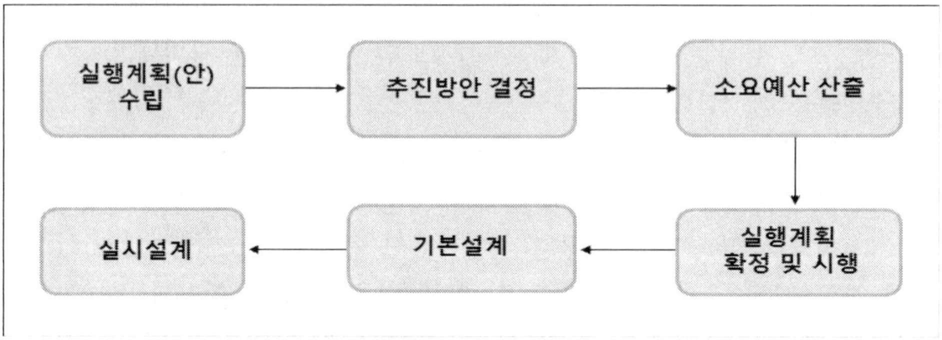

[그림 24-1] 설계업무 절차

제2절 실행계획 수립

시큐리티 시스템구축 설계를 위한 실행계획은 설계기본계획, 사업계획, 설계계획 등으로 불리고도 있으며 실행계획(안)작성에서 실행계획 확정까지의 각 단계별 세부사항은 다음과 같다. 실행계획에는 시큐리티시스템 설비의 규모, 형태, 기본계획서 내역 등에 대한 기본적인 타당성 조사, 분석, 기술적 대안과 각 설비의 비교검토, 구축비용의 경제성 등을 검토하여 최적의 방안을 선정하여 적용한다.

1. 실행계획서 작성

시큐리티시스템 설계 실행계획서에 포함될 사항은 시큐리티시스템 구축 개요, 설계에 필요한 가입자 및 서비스 규모, 서비스의 특성, 목표시스템의 규모 및 성능, 설계반영 및 요구사항, 설계 기간, 소요예산 등이다. 외주용역에 의한 경우에는 용역과업지시서(RFP), 입찰방법, 설계 업체 선정기준 등이 추가되어야 한다. 실행계획서는 효율적으로 서비스를 운영하고 서비스를 향상시킬 수 있도록 시큐리티시스템의 기본구성, 각 기능별 시스템 구축의 필요성, 시스템 구축시의 효과 등이 일목요연하게 표현됨이 바람직하다. 또한 실행계획서에 기획단계에서의 시스템 구축 구상이나 구축 방침, 구축 방향 및 방안, 적용 기술 및 표준 등이 좀 더 구체화 되면 효과적인 설계가 이루어 질 수 있다. 시큐리티시스템 구축을 위한 설계실행계획에 다음과 같은 중점고려사항을 포함하여 작성한다.

- 시큐리티사업에 대한 요구사항 수집 및 분석
- 네트워크 및 시스템의 현황자료 수집 및 정리
- 네트워크 구성(PSTN, 전용회선방식, 무선방식, IP 네트워크 등)에 따른 방식별 관련자료
- 서비스 대상 가입자들의 요구분석
- 인증관련 설비, 이벤트 분류 및 수집 방안 관련자료
- 기술현황 및 발전추세 분석 결과
- 시큐리티시스템과 관련된 각종 법령 및 법규
- 설계에 적용할 기술표준[6)] 및 기술기준[7)]

- 건축물의 규모, 각 기능실의 운영계획
- 전기시설, 냉난방시설, 정전대비 시설
- 공중통신망 사업자의 설비가 건물에 인입가능한지의 여부
- 기타 시큐리티시스템 구축관련 자료 등

또한 시큐리티시스템을 구축하기 위한 설계요구사항 및 설계에 반영할 사항 또는 준비되어야 할 사항 등은 다음과 같다.

- 경비대상 고객 처리 방안 수립
- 관제센터 및 운영센터 구성 및 운영을 위한 방안
- 시스템통합 방안
- 관제설비 및 정보통신 설비에 대한 운영유지보수 방안
- 소프트웨어 부문
  - ✓ 서버시스템에 대한 기능별/모듈별 소프트웨어 설계방안
  - ✓ OS, MiddleWare, Firewall, Web서버 등의 적용방안
  - ✓ 모듈방식 적용방안 및 Interface설계 방안
  - ✓ Oracle, Ingres, Informix등 DB설계
  - ✓ INTERFACE 설계

2. 추진방안 결정

기본설계 및 실시설계를 자체적으로 설계 할 것인지, 외부 전문업체에 의뢰하여 외주용역에 의한 설계를 할 것인지를 결정한다. 외주용역에 의한

---

6) 설계, 구축, 운용 등의 업무효율의 향상을 위해 지켜야할 기술적 요구사항 및 조건 등의 표준이다.

7) 표준 중에서 법령 등에 근거하여 엄격히 지켜야 할 표준, 즉 강제 표준으로 통신망을 외부의 전기적 또는 물리적 위해로부터 보호하고 통신망의 안전 운용을 확보하기 위해 강제적으로 규제하는 기술적 요구 조건이다.

설계에 있어서도 기본설계 및 실시설계 전체를 용역설계로 할 것인지 실시설계 부분만 용역설계로 할 것인지를 결정한다. 일반적으로는 기본설계는 자체적으로 설계하고 실시설계를 외주용역에 의한 경우가 많으나 그 규모가 크거나 특별한 전문기술이 필요한 경우 등에는 기본설계와 실시설계 모두를 외주용역으로 설계하기도 한다. 자체설계는 시스템 구축에 대한 노하우 등의 자체기술력 확보 및 구축시스템에 대한 보안성을 확보할 수 있는 장점이 있다. 외주용역에 의한 설계는 시스템구축에 대한 전문적인 기술력이나 설계인력이 부족한 경우 등에 활용되며 용역설계를 위한 발주, 관리 등의 업무처리가 필요하고 자체기술력 향상 및 구축시스템의 보안성 확보가 어려운 단점이 있다.

3. 소요예산 산출

설계업무를 진행하는데 소요되는 투입인력, 소요자재 및 경비 등의 설계 실행비용을 산출한다. 용역설계에 의한 경우는 소요기술인력, 소요자원 및 기간, 외주용역비용 등 시스템구축을 위한 설계용역에 필요한 소요예산을 산출한다.

4. 실행계획 확정 및 시행

실행계획(안)과 추진방안 및 소요예산 등에 대한 타당성을 검토하고 그에 대한 보완사항이 있는 경우에는 실행계획(안)을 보완 또는 수정하여 실행계획으로 확정한다.

제3절 기본설계

기본설계는 일반적으로 실시설계 이전에 시행하며, 기본계획이나 실행계획의 제반조건과 요구사항 등을 바탕으로 하여 시스템 구축 실현과 관련된 여러 가지 조건을 종합하여, 적정한 시스템설비를 설계도서 형식으로 표현하여 설계지침 및 개략공사비 등의 기본적인 내용을 표기하는 것을 말한다. 시큐리티시스템 구축 기본설계는 실행계획서의 추진방안 및 방침에 따라 설계에 필요한 관련법규, 기술기준, 기술조건 등에 대한 기술자료 및 설계도서를 작성하고 개략공사비 등 소요예산을 산정한다. 그리고 실시설계에 대한 설계지침 및 세부시행기준을 작성한다. 관련 부처나 타 부서와의 설계협의가 필요한 경우에는 기본설계과정에서 협의나 조정을 거쳐 예상되는 문제점을 해소한다. 기본설계의 수행에 있어 향후 시큐리티 및 통신기술의 발전방향을 잘 예측하여야 하며, 설계자의 기술력 및 역량에 따라 그 설계품질이 좌우되는 경우가 많다. 또한 설계수행 시에 예산을 고려하여 설계를 하게 되는데 예산이 너무 적게 책정이 되면 예산에 맞는 설계결과가 결과적으로 구축되는 시스템의 성능을 떨어뜨리게 되므로 준공 후 시스템 설비의 기능에 제약이 생길 수 있다. 일반적으로 기본설계에 적용되거나 기본설계 산출물에 포함되어야 할 내용은 다음과 같다.

- 공사의 목적
- 공사의 개요 및 효과
- 설계기준
- 개략공사비
- 주요설비 및 자재와 수량
- 주요공정
- 시공방법
- 공사기간

- 설계 설명서(주요설비의 필요성, 본 설계에 적용된 기술기준, 주요설비 설명 등)
- 설비계산서(소요용량 기준, 부하 산출서, 계측 및 측정기준치 산출서 등)
- 기타 필요한 사항

또한 기본설계에 대한 설계도면의 종류는 보편적으로 다음과 같은 것들을 들 수 있다.

- 부근안내도: 방위, 도로, 등고선, 건축물 및 목표되는 지물
- 범례: 사용된 기호 및 부호
- 배치도: 각 건축물과 시설물의 위치 및 위치평면도, 각 시스템설비 배치도
- 간선도: 관제설비, 통신설비 등 각 시스템설비, 관제통신망, 지령통신망 등
- 계통도: 간선도의 설비들 평면도 및 입상도면, System Block Diagram
- 시방서: 제품규격서, 일반시방서, 특별시방서, 자재시방서 등
- 기타

제4절 실시설계

실시설계는 기본설계를 구체화하여 실제시공에 필요한 내용을 설계자의 기술역량과 창의성을 발휘하여 설계도서에 나타내는 것으로 시큐리티시스템을 구성하는 설비 및 기기를 결정하고 각 설비의 가격경쟁력과 설치 후 유지보수 및 기술지원사항도 고려한다. 실시설계 시에는 다음과 같은 사항

들을 사전에 조사하여 현장사항을 설계에 반영하여야 시행착오 등의 문제 발생을 줄일 수 있다.

- 기본설계와 현장상황과 일치여부
- 시스템을 구축하고자 하는 건축물에 대한 설비 및 기기 반입로, 반입가능시기 등의 협의
- 시스템설치 장소에 인접한 통신망사업자의 접속점 및 루트 등 제 자료의 수집
- 시스템설비 및 기기의 현황조사, 공사에 관련된 현황조사
- 건물의 위치 및 자재보관 장소
- 당해공사의 시행에 따른 관계기관 등의 부서와의 협의사항
- 기타 설계에 필요한 자료의 조사

1. 중점고려사항

효과적인 시스템 구축을 위하여 실시설계 시에 반영하여야 할 주요 고려사항으로 다음과 같은 사항을 들 수 있다.

가. 설계 시공분야

시공분야의 설계 시에 적용한 시스템설비 및 장비, 트레이나 케이블, 배선 등에 대하여 효율적이고 원가를 절감할 수 있는 방안을 강구하여 설계에 반영하여야 한다. 따라서 각 자재의 특성이나 규격을 효과적으로 분석하여 채택하는 것이 필요하다.

- Tray : 트레이의 폭이나 깊이를 향후의 증설을 고려하여 용량을 적정하게 설계한다. 추후 증설 시에 트레이의 추가가 되지 않도록 반영한다.
- Cable : 과도하게 굵은 전선은 피하고 시공이 편리한 자재를 선택

하도록 설계한다. 설계 시부터 가입자규모 및 시스템설비의 트래픽에 따른 소요량을 정확히 분석하고, 향후 증설될 예측수량을 반영함으로서, 향후의 시스템이나 단말설비 등의 확장에 유연하게 대처할 수 있도록 한다.

- 배선 : 시스템 별 용도 및 특성을 분석하여 그에 맞는 배선방법(Ring, Bus, Mesh, Point-to-point 등)을 확정하여 표준공법에 의한 배선 공사를 할 수 있도록 설계한다.
- 시스템설비 : 정보통신시스템은 통신기술의 발전과 밀접한 연관성을 가지고 진화하고 있으므로 기술발전 동향과 공급사(Vender)의 기술지원 사항, 프로토콜의 획일성 및 호환성 등을 고려하여 시큐리티시스템의 구축용도에 적합한 장비를 선정한다. 전체적인 시스템설비는 신뢰성과 확장성이 보장되도록 설계에 반영한다.
- 배관배선 용량 : 초기의 배관배선 용량은 일반적으로 Y+5년 수요로 설정하고 환경여건을 고려하여 산정한 용량으로 계획한다. 보통 시큐리티시스템 구축 및 운용을 위한 배관배선 용량은 향후의 시큐리티서비스에 차질이 없도록 Y+10년 이상의 수요를 산정하여 여유로운 배관배선용량을 반영하는 것이 좋다.

나. 장비공급 분야

시큐리티시스템 구축 시에 공급되는 장비의 성능 등은 전체 시스템 기능을 만족할 수 있어야 하며, 설치 상면이나 장비의 크기, 소요전력 등을 분석 및 검토하여 향후의 운용이나 유지보수 절차, 비용 등을 고려하여 반영한다. 하드웨어시스템은 가급적 같은 벤더사의제품을 사용하면 시스템운용의 편의성이나 유지보수의 편리성을 도모할 수 있으며, 운영비용 및 유지보수 비용을 절감할 수 있다. 또한 운용요원의 교육이나 기량향상에도 큰 도움이 될 수 있다.

다. 호환성 확보

시큐리티시스템 설비나 관제통신망 및 지령통신망 구축 시에 국산설비와 외산설비가 혼재되는 경우에는 상호연동이 될 수 있도록 시스템설비의 기능과 특성 등을 충분히 고려하여야 한다.

2. 설계도서의 작성

가. 설계도서의 내용

일반적으로 실시설계 도서에는 다음과 같은 내용을 포함하여 작성한다.

- 표지 및 목차
  - ✓ 시행년도, 사업명(프로젝트명), 발주자, 설계서 작성자 등
- 설계설명서(또는 공사설명서)
  - ✓ 공사개요 : 위치, 설비규모, 공사기간, 공정별 공사기간
  - ✓ 주요설비사항 : 각종설비(통신, 예비 및 비상전원, 설비구성과 설비방식 설명)
  - ✓ 주요작업 사항, 소요인원 계획
  - ✓ 본 설계에 적용한 설비기술기준, 시설물에 대한 설명, 용어해설서 등
- 일반시방서
  - ✓ 목적, 적용법규, 공사공정표, 공사현장관리
  - ✓ 사고책임 및 보고, 공사보안대책 등

- **특별시방서**
  - ✓ 각 공사에 있어 기술적 공법, 작업방법 등 공사특별사항을 기술한다.
  - ✓ 여기에는 시공일반사항, 기기설치 및 선로시설에 대한 보관 및 설치기준, 시험준수 및 유의사항, 준공검사 시 준수사항이 포함될 수 있다.

- 예정공정표
- 동원인원 산출서/계획표
- 예산내역서, 인건비산출서, 단가조사표
- 일위대가표
- 자재표 명세
- 수량계산서
- 설계도면
- 설계지침서

- **산출기초**
  - ✓ 공정총괄, 공정산출 세부내역, 소요자재산출내역

- **조사서**
  - ✓ 설치수량조사서, 자재소요량조사서, 문제점조사서
  - ✓ 단가조사서, 단가비교표

- **내역서**
  - ✓ 자재비, 인건비, 산출서, 원가계산서 등

- **설비계산서**
  - ✓ 시큐리티 시스템설비의 각종계산에 적용한 계산 기준

- ✓ 부하계산서 : 이벤트 트래픽 산출, 데이터 트래픽 산출, 부하전력 산출 등
- ✓ 비상전원(밧데리, 발전기) 등 충전시설에 관한 용량 산출서
- ✓ 계측 및 측정에 관한 산출서
- ✓ 전송손실 및 선로 손실 등의 손실계산서

- 기타 필요한 사항

나. 설계도면의 작성

1) 일반시방서, 특별시방서, 양질의 기자재 및 신기술 도입을 적용한 설계도서를 작성한다.

2) 시스템설비의 평면도, 단면도, 구조물도, 입면도, 기타 상세도, 기기배치도, Dimension Drawing, Wiring Diagram 등 각종 결선도를 작성한다.

3) 통신설비 기술기준과 건축, 소방분야 법령에 포함된 통신부분의 설계기준에 적합하게 설계를 하여 설계도면을 작성한다. 해당 관련사항의 예는 다음과 같다.

- 구내통신설비의 설치: 전기통신기본법 관련규정의 기술기준
- 주거용 건물에 대한 구내통신 선로설비기술 표준 - 정보통신부 고시 1997-76호
- 전기통신설비의 기술기준에 관한 규칙
- 주택건설기준 등에 관한 규정 중 통신시설 관련 규정
- 전파법의 무선설비 규칙 등

4) 설계기준을 정한다.

- 시스템과 단말기의 접속용 케이블 여장을 결정
- 시스템설비 및 단말기의 설치 높이 등을 결정
- 배관과 배선의 할증률(%) 결정
- 매입, 노출의 배관결정(PVC관, 후강전선관 등 선정)
- 기기의 운용에 맞는 전기적 특성을 고려한 케이블 종류를 결정

5) 설계 검토 및 반영 사항

- 구축비용 절감, 에너지 절감, 운용 및 유지보수의 효율성을 검토하여 적정방안을 적용한다.
- 각 시스템설비 간 호환성 검토내용을 적용한다.
- 해당 건축물에의 각종 타 공사와의 연관성 및 시공여건을 검토하여 통신용 배관과 배선의 루트를 선정하여 도면을 작성한다.
- 각 기능실별 상세운영 계획에 따라 건축도면 위에 배관, 배선, 기기설치를 위한 도면을 작성한다.
- 배선의 경로와 통신회선수의 표기를 한다. 배관의 굵기와 규격 기록, 배관의 굵기결정은 배선의 수가 배관의 몇 %까지 삽입(통선)이 가능한지를 전기내선 규정에 따라 결정한다.
- 관제시스템설비, Helpdesk 시스템설비 등의 설치장소와 관제요원 및 상담요원 단말장치 등의 설치장소 결정 후 배관배선 작업 시 예비회선을 확보하기 위해 증설을 감안한 설계가 되도록 작성한다.
- 통신망과 시스템 운영의 원격감시 및 관리계획을 반영하여 설계한다.

6) 자재비, 인건비 산출을 위한 각종 산출서 작성

- 자재류의 시방서를 작성한다.
- 시방서는 각 자재의 전기적, 기계적 특성 및 호환성 등에 대하여

타제품과 비교하여 좋은 제품을 선정하여 시방서를 작성할 필요가 있다.

7) 도면 작성

- 축척의 크기를 결정하고 건축도면을 배경으로 한 시스템설비 도면을 작성한다.
- 관제상황실 등의 통신실 면적, 설비의 배열, 케이블포설위치, 케이블 랙 위치 등 기기배치도를 결정한다.
- 통신실 환경조사를 통하여 냉·난방시설, 조명시설, 전원공급, 접지시설, MDF시설 등의 시설시 문제점이나 해결방안을 검토하여 설계한다.
- 단면도, 측면도, 평면상세도를 통한 거리산출이 될 수 있도록 제도하여 층별 통과지점에 대한 상세도면을 작성한다.

3. 설계도면의 종류

가. 설계분야

- 기본계획도면: 시큐리티시스템 설계 실행계획 시에 나타낸 도면
- 기본설계도면: 기본계획을 기초로 계략적 공사비 산출과 설비의 용량 산출
- 실시설계도면: 현장에서 시공할 수 있도록 작성된 실시도면 및 내역서

나. 시공분야

- 공사시공 시에 적용할 실시설계도로 다음과 같은 도면들이 있다.

- 계획도: 시공도면의 작성 시 기본이 되며 설계 계획하는 데 쓰이는 도면
- 계통도: 시스템설비의 동작계통, 시스템의 연결, 단말기 접속에 관련된 도면
- 시공도면
- 배관도: 케이블 보호를 위한 배관의 경로를 표시한 도면
- 배선도: 배관에 따라 배선포설, 배선의 규격, 접속방법을 나타낸 도면
- 접속도: 시스템설비 내부, 설비 상호간, 단말기 등 전기적 접속 상태를 나타내는 도면
- 배치도: 건물구내의 각기능실에 주장치, 단말기 등 설치위치도
- 상세도: 시공 상의 특수공법, 주의사항, 전체도면에 나타내기 어려운 부분을 별도로 상세히 세부적으로 나타낸 도면
- 준공도면: 착공(착수)부터 준공까지 실제 시공하는 내용을 나타낸 도면

제5절 외주용역 설계

일반적으로 시큐리티시스템은 고객서비스에 지장을 주지 않도록 높은 수준의 품질이 요구되고 있다. 이를 위하여 안전성과 안정성을 확보할 수 있는 정보통신망을 활용하는 등 다양하고 복잡한 시스템설비의 구축이 필요하므로 정보통신 및 보안시스템 분야 설계전문 업체에 의뢰하는 경우가 많다. 정보통신 및 보안시스템 전문 업체에 용역설계를 의뢰하는 경우에는 시큐리티 마스터플랜 및 실행계획의 기본사항을 토대로 요구사항을 작성하고 그 요구사항의 실행에 적합한 업체(기관)을 선정하여 시행한다.

1. 용역설계 프로세스

시큐리티시스템 구축을 위한 설계를 외주용역으로 설계하는 업무절차는 [그림 24-2]와 같으며 용역설계 계획, 발주 및 계약, 과업관리, 완료 단계로 구분할 수 있다. 용역설계 계획단계는 기본계획수립 과정을 말하며 발주 및 계약단계는 제안요청, 업체선정, 계약 과정이다. 그리고 과업관리단계는 설계착수 및 프로젝트관리 과정이며, 완료단계는 검사 및 인수 와 설계준공 과정을 말한다. 용역설계업무 절차의 각 단계별 추진과정 및 내용은 제2항부터 제5항까지 구체적으로 설명한다.

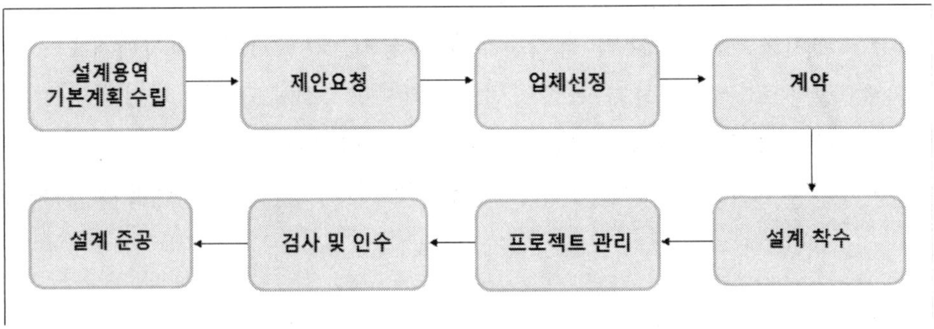

[그림 24-2] 용역설계 업무절차

2. 설계용역 계획

설계용역을 위한 기본계획을 수립하는 단계이며 기본설계 및 실시설계에 대한 각각의 용역설계 방안 또는 기본설계 및 실시설계를 통합한 용역설계 방안, 용역업체 선정을 위한 방안 및 절차, 소요예산 등을 포함한 사업계획을 수립한다. 설계용역기본계획 수립 및 실행에 있어, 시큐리티시스템 구축을 위한 설계 실행계획에 용역설계방안 등이 구체적으로 계획된 경우에는 설계용역기본계획 수립을 생략하고 그 실행계획에 의해 용역설계를 집행할 수 있다.

3. 발주 및 계약

가. 제안요청서(RFP: Request For Proposal) 작성

시큐리티시스템 구축에 대한 설계를 외주용역으로 시행하고자 하는 경우에 설계 품질확보가 가능한 전문설계업체를 선정하기 위하여, 제안요청서에 의해 해당 전문업체들에게 참여를 제안한다. 그리고 참여업체의 제안서를 평가하여 시큐리티시스템 설계업무를 수행할 적정한 업체를 선정하는 절차를 진행한다. 제안요청서(RFP)는 설계용역 과업지시서라고도 하는데, 목표시스템, 과업내용, 기술 현황 및 발전추세를 반영하여 설계에 포함할 기술적 사항, 요구사항 등을 작성한다.

나. 발주

시큐리티시스템 설계프로젝트 발주자(시큐리티사업자)는 설계용역 수주업체 선정에 있어 공개경쟁이나 지명경쟁 입찰 또는 수의계약 방식으로 추진할 것이지 등의 방침을 사전에 확정한다. 경쟁 입찰방식으로 추진하는 경우에 발주자는 제안요청서(또는 설계용역 과업지시서)와 함께 제안안내서를 작성하여 입찰공고를 실시하고 제안서제출 마감일에 입찰을 마감한다. 제안안내서는 프로젝트 개요, 수행기간, 예상 소요예산, 프로젝트 수행조건, 응찰업체 자격요건, 업체선정 방법, 평가방법, 제출서류, 추진 일정 등을 포함하여 작성한다.

다. 업체 평가 및 선정

발주자는 입찰 공지내용을 기준으로 유효한 입찰참가업체에 대한 서류 및 자격요건을 검토 및 확인하여 평가대상 업체를 확정한다. 입찰에 응찰한 업체를 평가하기 위한 평가기준, 평가항목, 세부평가 방법, 평가항목별 배점, 평가위원선정, 낙찰판정 방법 등에 대한 평가계획은 사전에 수립하여 확정하는 것이 좋다. 평가기준은 공지내용의 범위를 벗어나지 않도록 하고 기술력 등을 평가할 수 있도록 응찰업체의 프로젝트 수행계획 발표 또는 의견을 충분히 듣는 기회를 부여함이 바람직하다. 용역설계프로젝트 수행업체의 선정은 평가위원들의 평가결과와 기술력과 예산 등 사전에 확정한 용역업체 평가 및 선정 기준에 의해 가장 적합한 업체를 선정한다.

라. 계약

설계용역 수행업체로 선정된 업체는 용역수행 협의 시 또는 계약 추진 시에 보완하거나 수정할 제안사항 등에 대하여 발주자와 협의를 완료하고, 발주자의 회계 규정 등에 따라 계약을 한다. 계약이 이루어지면 발주자는 설계감독을 지정하여 용역설계가 성공적으로 완료될 수 있도록 용역업체의 설계진행사항 등 설계업무 전반에 대한 관리를 한다.

4. 프로젝트 관리(과업관리)

발주자는 프로젝트 시작부터 완료될 때까지 설계용역 수행업체에 대한 지원 및 관리감독을 한다. 설계용역 수행업체는 계약체결 후에 "제3절 기본설계" 및 "제4절 실시설계"의 설계관련 사항에 대한 내용들을 준수하여 프로젝트를 수행하며, 프로젝트수행 단계 및 절차에 따른 각각의 행정적인 처리를 매끄럽게 한다. 프로젝트 수행 착수단계에서는 착수계, 추진공정표 설계자 명단 등을 제출하여 발주자에게 프로젝트가 시작되었음을 알린다. 수행업체는 프로젝트 수행에 있어 추진공정표 등에 의한 일정계획에 따라 월간 및 중간보고 등 정기 보고서와 수시보고서를 제출하고, 발주자의 지시사항이나 프로젝트 진행상의 문제점 또는 건의사항에 대하여 협의 및 협력하여 프로젝트 수행을 성공적으로 완료할 수 있도록 한다. 설계감독은 추진공정표에 의한 일정을 확인 및 관리하는 등 프로젝트 수행을 감독한다.

5. 완료

설계용역 수행업체는 계약서상의 요구사항이 충족되었다고 판단되면 프로젝트 수행(과업이행) 완료를 발주자에게 통지한다. 발주자는 준공검사 및 인수인계 등의 검수를 실시하고 수행업체에게 그 결과를 통보한다. 프로젝트 수행 완료 보고(또는 설계업무 준공계 제출)에는 설계보고서 및 관련 설계도서의 완성 본을 첨부한다. 발주자는 설계용역 프로젝트가 완료되어 준공이 된 때에는 수행업체에게 계약서상의 대금을 지급한다. 프로젝트 완료시점에서 프로젝트 진행상의 문제발생이나 발주자 및 수행업체의 협의에 의해, 프로젝트 수행 진행내용 및 결과에 대한 전문가의 의견 및 검증이 필요하다고 판단되는 경우에는 관련절차를 거쳐, 진행결과에 대한 수정이나 보완 등의 조치를 할 수 있도록 한다.

제5장 시스템 구축

Security Master Plan의 서비스전략 및 시스템구축 사항을 반영하여 설계된 최적의 시스템을 구현할 수 있도록 목표시스템을 설정하여 시스템을 구축한다. 시스템구축 시에는 향후의 가입자 증가 등에 대한 확장성을 고려하고 추후에 추가되는 설비 및 시스템이 수용 가능하도록 반영한다.

제1절 시스템구축 절차

일반적으로 시큐리티시스템 구축 단계는 크게 계획수립, 시스템구축 공사, 시운전, 준공 및 개통 단계로 구분할 수 있으며 그 업무절차는 [그림 25-1]과 같다. 여기에서 시스템구축 공사는 구축공사, 장비설치, 시스템 Setup 과정을 포함한다. 시운전/시범운용 단계를 생략하고 인수시험 및 준공검사를 같이 진행하는 경우도 있으며, 준공검사이후에 시범운용이나 시운전을 진행하기도 한다. [그림 25-1]의 시큐리티시스템 구축절차에 대한 설명은 "제2절 실행계획수립"부터 "제5절 준공 및 개통"까지 각 단계별 추진과정 및 내용들에 대하여 구체적으로 살펴본다.

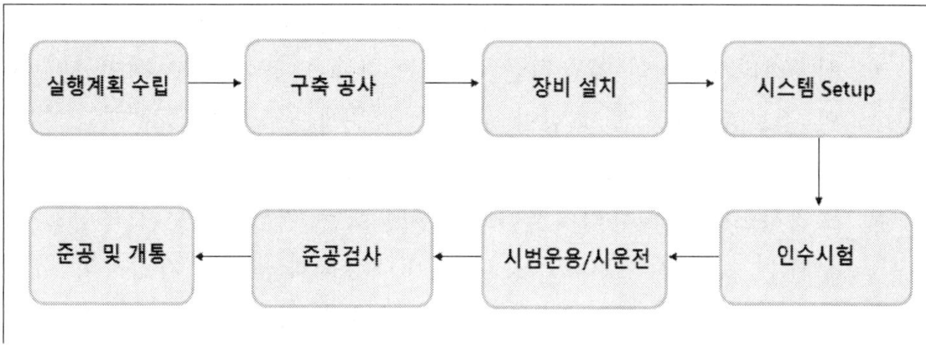

[그림 25-1] 시큐리티시스템 구축 절차

제2절 실행계획 수립

1. 시스템 구축 시 고려사항

시큐리티시스템은 경비대상 가입자 등의 시큐리티서비스 고객에 대하여 효과적인 경비업무서비스를 제공하고, 이용의 편의성과 시스템운영의 효율성 및 안전성을 확보할 수 있어야 한다. 시큐리티시스템은 서비스 및 가입자의 규모에 따라 그 시스템의 구성이나 규모가 달라질 수 있으므로 Master Plan의 시스템구축단계, 대상서비스, 대상지역, 가입자 규모 등에 따른 시스템 구축모델을 설정한다. 설정한 구축모델에 대한 구현을 위하여 그에 관련된 자료조사 및 기술발전 추이, 설치장소에 대한 주변 환경요건 등을 고려하여 시스템 구축 실행계획에 반영한다. 전국을 서비스지역으로 하고 대규모 가입자를 대상으로 하는 시큐리티서비스의 경우는, 시스템설비 운영의 효율성, 유지보수의 용이성, 서비스 확장성 등을 확보하기 위하여 시스템설비나 업무의 통합이 필요하게 되므로 통합데이터베이스 및 통합시스템으로 구축하는 것이 일반적이다. 시큐리티시스템 구축을 위한 실행계획 수립에 있어 중점적으로 고려할 사항은 다음과 같다.

- 시큐리티서비스의 효율적인 운영을 위하여 통신설비, 서버설비 등의 정보통신시스템 도입이 필요한 경우에는 도입하고자 하는 대상 업무기능 및 특성에 적합한 시스템설비를 선정한다.
- 도입시스템은 시큐리티서비스를 이용하는 가입자 수, 경보신호 발생건수, 최번시 트래픽 등과 경비대상물의 특성, 가입자의 유형 등 시스템 운용 및 서비스운영에 관련된 제반 사항들을 고려하여야 한다.
- 도입되는 시스템들은 안전성이 검증된 시스템을 도입하여 시스템 구축 및 운영의 효율성을 확보할 수 있도록 한다.
- 시큐리티시스템 구축은 운영 및 유지보수비용이 절감될 수 있도록 최적의 시스템을 구현하고 시스템설비 및 네트워크는 내·외부 통신망의 장애나 시스템의 고장 시에도 안정적인 서비스가 제공될 수 있도록 이중화 등의 대책을 강구한다.
- 상용소프트웨어 도입 시에는 운영유지보수를 위한 제작사의 기술지원 정책 등을 고려하여 원격지원 방안이나 기술지원체제 운영방안 등이 수립되어야 한다. 패키지소프트웨어는 타 패키지소프트웨어 또는 타 정보시스템과의 연계를 위해 데이터베이스 연동이 가능하도록 해야 하며 다양한 유형의 인터페이스를 지원하여야야 한다.
- 시스템의 운영이나 유지보수 형태에 있어서도 각 시스템의 중요도에 따라 실시간으로 정보를 수집하고 실시간으로 서비스를 제공하는 시스템설비는 무 중단 서비스를 위한 이중화 시스템을 구성한다. 반면에 단순통계 업무나 일반 사무업무 등에 대하여는 일과시간 중에만 서비스를 제공하여도 무방하므로 비용을 절감할 수 있는 방안을 모색한다. 이 경우에는 이중화 시스템구축이 필요한 주요설비 이외의 설비는 문제발생 시 백업 및 복구 대책에 의하는 시스템

을 구축할 수 있다.

- 경보신호, 이벤트 등의 데이터를 전송하는 관제통신망은 보안성, 안전성 및 확장성이 보장되도록 구축하여야 한다.
- 데이터는 데이터 공유 및 재사용, 데이터 교환, 데이터 품질 향상, 데이터베이스 통합 등을 위하여 표준화가 필요하다.
- 가입고객으로부터 수신된 신호 및 이벤트 정보 등의 데이터는 신뢰성 확보를 위한 무결성, 일치성 및 보안을 위한 기밀성, 가용성이 확보될 수 있도록 시스템설비가 구축되어야 한다.
- 보안성 확보를 위하여 서비스 운영 및 데이터의 접근에 관련된 사용자 인증방안을 강구하여 적용한다.
- 시큐리티시스템 운용에 사용되는 통신장비는 IPv4와 IPv6가 동시에 지원되는 장비를 채택한다.
- 시큐리티시스템설비의 하드웨어는 이기종간 연계가 가능하여야 하며, 각 설비들 간에 호환성 및 확장성이 보장되어야 한다.

2. 실행계획서 작성

시큐리티시스템 구축 실행계획서에 포함될 사항은 시큐리티시스템 구축 개요, 목표시스템의 규모 및 성능, 구축 기간, 소요예산 등이다. 실행계획서는 효율적인 서비스운영과 서비스를 향상시킬 수 있도록 시스템 구축 방침, 구축 방향 및 방안, 적용 기술 및 표준, 시스템설비의 구성 및 각 설비의 세부규격과 기능 등을 구체화하여 실행계획을 작성한다.

3. 소요예산 산출

시큐리티시스템 구축에 필요한 소요예산을 산출하며, 시스템설비 구매비용, 구축공사비용, 서비스제공과 시스템운용을 위한 솔루션 및 소프트웨어 패키지 구입비용, 예비설비 및 예비부품, 시스템설비 유지보수 비용, 기술지원 비용 등 서비스 및 시스템 운영에 필요한 제반비용을 포함하여 산출한다.

제3절 시스템 구축 공사

1. 장비 조달

시큐리티시스템 구축에 필요한 설비, 각 장비 및 장치, 자재 등은 전체 공사일정에 지장을 주지 않도록 계획일정일 이전에 현장에 공급 및 납품이 될 수 있도록 조달하여야 한다. 장비 등을 차질 없이 조달하기 위해서는 공급업체와의 긴밀한 협력을 통하여 공사일정, 기상요건이나 물류 수송여건, 환경요소 등을 감안하여 조달계획을 세운다. 또한 네트워크 자재, 유무선 전송장비, 관제용 서버설비, 보안장비, 통신망 관리시스템 등의 외산장비로서 수입에 의한 조달인 경우에는 운송기간 및 통관 소요기간, 통관절차 등을 고려하여야 한다. 특히 별도의 수송절차 및 통관절차가 필요한 품목들을 파악하여 장비 및 부대장치 등의 수송에 차질 없도록 조치하여, 필요한 장비가 적기에 현장에 공급될 수 있도록 한다.

2. 공사

시큐리티시스템을 구축하고 운용하기 위하여 필요한 기반통신시설은 광선로인 Optical Fiber와 광전송장비 등으로 구성되는 광통신망으로 구축함이 일반적이다. 광통신망을 구축하기 위해서는 건축물간에 통신관로, 통신선로 및 전송시스템을 구축하여야 한다. 따라서 해당건축물에 대하여 시큐리티시스템 구축공사에 지장이 없는지 등을 사전에 조사하고 분석하여야 한다. 그리고 통신의 두절을 방지하기 위한 이중화 및 루트 이원화를 고려하고 필요시에는 시큐리티 시스템설비 설치공사 이전에 관로 및 선로공사를 한다. 시스템설비의 각 장비를 설치하기 전에 관제상황실이나 정보통신실에 대한 기반시설공사를 선행하여 선로 구성 및 시험 등을 완료한다.

가. 관제센터 등의 통신실 기반시설 설치

- 관제센터 설비(이중마루, 인테리어, 접지설비, 항온항습기, UPS전원, 소화설비, 비상발전기 등) 설치
- 시스템설비 설치를 위한 시스템 Rack, 시스템 및 Rack 별 전원선, 네트워크 접속케이블 포설 등 장비설치 및 케이블 포설
- 케이블 배선 등 배관배선 및 접지시설 설치
- 관제센터 출입통제 설비(Card Key, 혈관인식, 지문인식, 안면인식 등) 설치 등

나. 장비 설치

관제업무용 서버시스템이나 보안장비 등은 관제센터나 운영센터 또는 정보통신실에 설치하며, 필요시에는 서버시스템과 관련 장비 등이 각기 다른 장소에 설치될 수도 있다.

- 설계도에 의해 각 시스템설비들을 해당 위치에 설치한다. 해당 시스템설비 별로 시스템 단독으로 설치하거나 캐비닛이나 Rack에 관련 장비들과 함께 장착하여 설치 할 수 있다.
- 유무선 전송장비 및 네트워크 장비(LAN, WAN) 등의 통신설비를 설치한다.
- 서버 시스템의 각 장비와 전원공급 장치 등을 해당위치 캐비닛이나

Rack에 장착하여 설치한다.

- 장비 설치 후에 해당설비에 대한 케이블을 배선하고 접속한다.
- 각 장치의 케이블배선은 통신설비와 연결하여 각 설비의 운용 시에 네트워크 접속이 가능하도록 한다.

다. 내부 및 외부 통신망

관제시스템설비, 가입자관리시스템설비, 데이터베이스시스템설비 상호간 및 운용요원과 관제요원 등 각 요원 간의 통신을 위한 내부망(LAN) 설비들을 설치하고 각 설비 상호간에 통신네트워크를 사용할 수 있도록 통신포트간의 커넥터를 연결한다. 또한 각 가입자들과 관제센터의 관제설비와의 접속을 위한 관제통신설비를 설치하고 외부통신망과 연결하여 관제통신망을 구축한다. 각 시스템 설비 및 통신망과의 접속 이전에 해당 인입 선로 및 전송로에 대한 상태확인과 시험이 선행되어야 한다.

라. 시스템 Setup

각 시스템 설비의 설치와 각 설비 간 또는 통신설비와의 케이블 접속 및 각 포트 연결이 완료되면 해당시스템 별 매뉴얼 또는 설치지침서 등의 절차에 따라 시스템설비가 정상적으로 작동될 수 있도록 각종 데이터 및 변수 등을 입력하고 동작모드 등을 설정한다. 이러한 시스템 설정의 적정여부, 시스템설비의 기능 및 성능은 인수시험이나 준공검사 또는 종합시험 등을 통해 확인할 수 있다.

3. 시스템 구축 사업관리

시큐리티시스템의 구축에 있어 구축단계에서의 사업관리가 제대로 진행되느냐의 여부에 따라 적정한 시스템구축 여부가 달라질 수 있다. 따라서 사업관리는 시스템구축 후 운영단계에서의 운용품질과 서비스품질을 결정하는데 매우 중요한 과정으로 작용한다. 또한 사업관리는 시스템구축에 있어 설계대로 구축되는지 등의 관리와, 설계단계에 누락되거나 설계에서 고려하지 못한 사항, 또는 구축환경에 따른 설계변경 등의 사항을 적정하게 이루어지도록 하는 프로세스이다. 이는 사업기획 및 발주자의 의도와 시스템구축의 목표를 일치시켜가는 과정으로 향후의 시스템 품질과 운용비용의 절감 및 서비스품질의 향상으로 이어질 수 있도록 요구사항관리, 진도관리, 변경관리 등이 이루어져야 한다. 일반적으로 사업관리총괄책임자인 PM(Project Manager)를 두어 체계적인 사업관리를 수행하며, PM의 대표적인 역할은 다음과 같다.

- 시큐리티시스템 구축 프로젝트 전반에 대한 관리
- 구축공사 전반적인 업무에 대한 사업관리
- 시큐리티 네트워크 및 시스템 구축 공정관리
- 구축공사 문제에 대한 예방 및 조치

가. 사업착수

사업착수는 시스템구축공사를 시작하는 단계이다. 보통은 시스템구축의 전부 또는 일부를 외주용역에 의해 수행하는 경우가 많다. 외주용역에 의해 시스템을 구축하는 경우에 계약문서에 따라 사업을 수행하기 위하여 용역수주업체가 발주자에게 착수신고서를 제출하는 단계이다. 용역수주업체는 착수신고서 제출 이후 선금지급을 요청할 수 있으며, 대부분 착수보고회를 개최한다. 용역수주업체는 공사착공계 또는 사업착수계를 작성하여 발주자에게 제출하고 발주자는 착수계 등의 접수 후에 필요시는 선금을 지불한다. 보통은 착수보고회에 발주자와 유관기관의 관계자 등이 참석하며, 발주자의 시스템구축 주관부서 및 용역수주업체는 시스템구축에 대한 진행방향과 구체적인 추진방안 일정 등에 대한 발표를 한다. 착수보고회에서 시스템구축에 대한 수정이나 보완할 사항에 대한 의견을 수렴하여 진행계획을 수정하거나 보완한다.

나. 요구사항 관리

시스템구축 과업내용을 기반으로 요구사항을 도출, 분석, 세분화하는 과정으로써 발주자가 주도적으로 참여하여 용역수주업체와 발주자 간에 공통의 이해관계를 수립하고 요구사항의 검토 및 승인, 추적관리를 통하여 요구사항을 일관성 있게 유지 및 관리한다. 발주자의 시스템구축사업 주관부서는 착수계 및 착수보고회에서 나타난 사항과 보완 및 수정요구사항에 대한 분석 결과를 토대로 시스템 구축사업진행에 반영하고 발주자의 책임자 승인을 득하여 추진한다.

다. 진도관리

시큐리티시스템 구축 사업추진 일정계획 대비 진척사항을 주기적으로 관리 및 점검하고, 공정별 과업 산출물에 대해서 단계별 품질검토를 실시한다. 구축 용역 사업자는 발주자에게 주간 및 월간 보고를 통하여 구축일정계획에 따른 진도보고를 한다. 발주자는 진도일정에 따른 단계별 품질검토를 하며 필요시에는 외부전문가가 참여하는 품질검토회를 가질 수 있다. 주요 공정에 대하여는 사업 유관기관 및 해당부서들이 참여하는 중간보고회를 개최한다. 필요한 경우에는 과업 산출물에 대하여 기성부분을 검사하고 대가를 지급할 수 있으며, 진도일정에 따른 기성대가를 용역수주업체의 청구에 의해 지불한다.

라. 위험관리

발주자와 용역수주업체는 성공적 사업 수행을 위해 체계적인 기준 및 계획에 의거하여 사전에 위험을 식별하고, 식별된 위험에 대한 사전분석을 통해 완화계획을 수립하고 지속적으로 모니터링 한다. 위험발생 가능성이 높을 경우 대응계획을 수립하며, 발주자와 시공자는 시스템구축에 따른 공사의 시공 등에 위험요소들을 식별하고 조치를 취하는 등의 위험추적관리를 수행한다,

마. 변경관리

발주자 또는 용역수주업체는 사업의 효율적 수행을 위하여 과업변경을 요청할 수 있으며, 과업내용 변경의 적절성과 과업변경에 따른 계약금액의 조정에 관한 사항을 검토하여 승인한다. 과업변경이 필요한 경우는 발주자와 용역수주업체 간의 협의에 의해 변경사항을 반영하거나 조정할 수 있다. 과업 변경사항이 발생하여 승인된 경우 과업변경에 따른 계약금액을 조정할 수 있다.

바. 보안관리

발주자는 시큐리티시스템 구축사업의 안전성 및 신뢰성 확보를 위하여 보안대상을 식별하고, 등급을 분류하여 체계적으로 관리한다. 특히, 시큐리티시스템 구축사업에 도입되는 정보보호시스템(상용제품 또는 개발제품)은 자체점검 및 기능시험 확인 등을 통하여 적정시스템임을 검증하는 것이 좋다. 보안관련 업무를 주관하는 기관이나 보안전문 업체 등에 요청하여 보안적합성 검증을 확인할 수도 있다.

사. 하도급관리

시큐리티시스템 구축 용역수주업체가 사업의 일부를 다른 사업자에게 하도급 하고자 할 경우에는 발주자의 승인을 받아야 한다. 용역수주업체는 하도급계약과 관련하여 "하도급거래 공정화에 관한 법률"을 준수하여야 하며, 발주자는 용역수주업체에게 하도급계약의 준수실태 등을 보고토록 요청할 수 있다.

아. 감리

발주자는 감리전문업체 등으로 하여금 객관적이고 공정한 관점에서 사업목적의 달성여부를 판단하기 위해서 감리를 수행하게 할 수 있다. 발주자는 용역수주업체와 함께 감리업무 수행 중에 나타난 감리지적 사항에 대하여 조치한다. 발주자는 변경관리, 과업관리 등의 감리 사업을 관리한다. 감리가 종료되면 감리 검사 등의 절차를 통하여 감리전문업체 등에게 대가를 지급한다.

제4절 인수시험 및 시운전

시큐리티시스템의 설치공사가 완료된 경우에는 먼저 시스템구축 용역수주업체 자체적으로 각 시스템설비의 개별 기능 및 성능시험, 스트레스테스트 등을 시행하여 시스템이 정상적인 기능으로 동작됨을 확인한다. 개별시스템설비들의 기능 및 성능 등의 시험결과 양호하면 전체적인 시스템에 대한 종합적인 시험을 통하여 문제점을 도출하고 개선 및 보완한다. 자체시험결과 이상이 없고 계약서상의 시스템구축공사 완료를 위한 요구사항이 충족되었다고 판단되면, 용역수주업체는 과업이행완료를 발주자에게 통지한다. 발주자는 과업이행완료 보고에 따른 검사를 시행한다. 검사는 인수시험 및 준공검사를 시행하며, 필요시 시운전을 통하여 서비스개통 이전에 서비스제공 시 발생할 수 있는 문제점을 미리 확인하고 그 문제점을 개선하여 서비스제공에 만전을 기하도록 할 수 있다.

인수시험 및 시운전은 시스템 구축 공사의 규모나 공사의 목적, 시스템설비의 형태 등에 따라 생략할 수 있으며, 시운전을 생략하고 인수시험과 준공검사를 같이 하는 경우도 있다. 인수시험은 시스템설비의 기능 및 성능을 확인할 수 있으며, 시운전은 서비스개통 이전에 구축된 시스템의 모든 기능과 성능을 확인하게 된다. 대부분의 경우 시운전은 실제서비스를 제공하는 환경과 유사한 형태로 일정기간 동안 시스템설비 등을 운용해 본다. 시운전을 통하여 문제점을 도출하고 그 문제점을 개선하여도 실제의 서비스 환경에서는 예상치 못한 문제가 발생할 수 있다. 따라서 시운전의 한계성을 보완하고 실제 서비스 환경에서의 문제점 등을 확인하기 위하여 시범가입자를 선정하여 시범운영 또는 시범서비스 과정을 거치기도 한다. 이는 시범가입자들을 대상으로 일정기간 동안 시범서비스를 제공하고 Live Traffic 및 경보신호처리, 상황대응 및 조치 등에 대한 사항을 분석하여 서비스 개통 시 문제점을 최소화 할 수 있도록, 문제점에 대한 개선사항을 보완할 수 있다. 시범운영 또는 시범서비스는 시운전과정에서 확인하기 어려운 문제점을 도출하거나 서비스 개선에 대하여 더욱 정밀하고 실질적인 접근이 가능하다. 반면에 시운전보다는 더 많은 인력과 소요비용 등이 투입되어야 하는 단점이 있다.

1. 인수시험

인수시험은, 설계도서에 의해 설비들을 설치하고 각 시스템들과 네트워크를 접속하여 전체적인 시스템 구성 및 설치공사를 완료한 경우에, 구축된 시스템의 기능과 성능을 시험하여 목표 시스템 및 구축계획의 내용에 적합한지 등을 확인한다. 인수시험을 시행하기 위하여 사전에 인수시험 절차서를 작성하여 인수시험에 적용하며, 인수시험절차서는 각 시스템설비의 성능 및 해당기능과 시스템전체적인 성능 및 기능을 확인할 수 있는 방법 및 절차를 작성하며, 발주자와 용역수주업체가 협의하여 최종확정한다.

인수시험 절차서는 설치공사 완료 이전에 미리 준비하여 확정되어야 하며 인수시험에 참여하는 시험요원과 입회요원 등은 인수시험이전에 선정되어야 한다. 인수시험 결과 미흡한 부분이나 불합격된 항목에 대하여는 개선조치를 취해야하며 필요시에는 재시공이나 해당설비의 교체가 수반되기도 한다. 인수시험결과 합격 판정이 내려지면, 시운전과정을 거치거나 준공검사를 시행한다. 인수시험은 주로 시스템의 기능 및 성능적인 사항들을 확인하고 준공검사는 주로 설치공사의 품질이나 표준공법 적용 여부, 소요자재의 적정여부, 적정 예비품의 확보 등을 검사한다. 발주자는 인수시험결과를 용역수주업체에 통보하고 인수계획에 따라 과업 산출물을 인수하는 등 후속조치를 취한다.

2. 시운전

설치공사가 완료된 시큐리티시스템의 시스템설비에 대하여 기능시험, 성능시험, 스트레스 테스트, 안정성 확인 등 시공자의 자체적인 종합시험 및 신뢰도 시험결과 이상이 없는 경우에는 발주처와 협의하여 시운전계획을 수립하여 시운전을 시행한다. 인수시험 과정을 거치는 경우에는 인수시험 완료 후에 시운전절차를 진행한다. 시운전 계획에 포함될 사항들은 다음과 같다.

- 시운전을 위한 시스템 구성 방안
- 시큐리티 시스템설비 신뢰도 시험 계획
- 시큐리티시스템에 대한 전반적인 성능 및 안정성 확인을 위한 종합시험 계획
- 가입자 수용계획 또는 가입자트래픽 발생 및 인가 계획
- 시큐리티시스템 시운전 시나리오
- 시운전 기간, 문제점에 대한 보완 및 재시험 계획 등

시운전은 시큐리티서비스 운영에 관련된 모든 사항을 대상으로 하며, 시큐리티시스템 담당분야의 업무처리를 포함하여 각 시스템의 성능, 안정성,

안전성 등을 확인하고, 실제 운용 상태에서 발생할 수 있는 상황에 대하여 사전에 점검 및 검증하여 향후의 업무수행에 만전을 기하기 위한 목적이 크다. 따라서 시운전 중에는 정상적인 운영여건은 물론이고 비정상적이거나 시큐리티서비스 운영상에 발생할 수 있는 사항들을 모두 확인할 수 있도록 한다. 예를 들면 시스템의 성능을 초과하는 트랜젝션이나 트래픽 등의 과부하 상태, 설계용량을 초과하는 동시접속, 비정상절차에 의한 시스템 접속 시도 등에 대한 각 시스템설비의 성능, 전체시스템의 반응 및 동작 상태들을 체크하고 분석하여 문제점을 도출하고 개선 및 대응대책을 강구하도록 한다. 시운전 시행결과를 종합적으로 분석하여 시운전 계획에 의한 점검 및 확인결과 적합한 경우에는 준공절차를 밟는다.

제5절 준공 및 개통

1. 준공검사

용역수주업체가 준공도면 및 내역서 등을 갖추어 준공계(준공검사원)를 제출하면, 발주자는 준공검사자를 지정하여 준공검사를 실시한다. 준공검사는 준공도면과 내역서 검토, 설치된 시스템설비 등의 내역, 예비품 확인 등의 검사를 한다. 준공검사 결과 합격되어 계약이행이 최종 완료되면 시설물 인수인계를 하며 필요시에는 완료보고회를 개최할 수 있다. 용역수주업체는 발주자에게 잔금지급요청을 하고 발주자는 대가지급을 완료한다. 구축사업에 있어 구축공사 등에 지체가 발생한 경우에는 지체상금을 산정하고 정산하여 대가를 지급한다.

2. 개통

시큐리티시스템 구축사업이 완료되면 시큐리티 가입자를 수용하여 서비스를 개통하고 서비스운영에 들어간다. 시큐리티서비스 운영에 앞서 관제센터 및 운영센터, 시스템운용 방안, 서비스 및 네트워크 보안대책, 서비스 운영 관련 조직구성 및 인력배치, 출동체계 확보 등 서비스 및 시스템 운영에 필요한 제반사항들이 준비되어야 한다. 이러한 시큐리티시스템이나 시큐리티서비스의 개통에 있어, 가입자 확보 및 서비스 홍보 효과 향상을 위하여 개통행사를 갖기도 한다.

Part 3

시큐리티서비스 운영체제 확보

Part

03 시큐리티서비스 운영체제 확보

본 Part에서는 고객에 대한 시큐리티시스템을 구축하여 서비스를 제공함에 있어, 서비스 운영에 대한 전반적인 사항과 서비스운영을 위한 운영계획, 확보하여야 할 서비스운영체계, 서비스 운영에 대한 운영지침, 고객서비스를 위한 고객센터 등의 헬프데스크 운영에 관한 사항과 시스템을 운용하고 관리하는 전반적인 사항을 설명한다. 시큐리티서비스를 효과적이고 효율적으로 운영하기 위해서는 서비스운영에 필요한 체제를 확보할 필요가 있다. 서비스운영 체제는 서비스 업무 체계, 상황관제 체계, 상황대응 및 출동체계, 시스템 운용 및 관리 체계 등을 들 수 있으며 이에 대한 운용조직이나 지침 등이 포함된다.

제1장에서는 서비스운영계획 수립에 대한 기본원칙, 중점적으로 고려할 사항, 그리고 운영계획 수립을 위한 운영업무 및 절차 분석 등의 사항들을 다루고 있다. 제2장에서는 서비스 운용사항과 운용조직, 상황발생시의 상황대응 체계 그리고 서비스를 운영하기 위한 관제센터, 시스템 운영센터, 고객상담센터 등의 서비스 운영체계에 대하여 살펴본다. 제3장에서는 서비스 운영을 위한 서비스 지침, 상황관제지침, 상황대응 지침, 시스템운용지침, 보안관리지침 등을 알아본다. 제4장에서는 고객센터 등의 헬프데스크 운영에 대한 기본방침과, 수행업무, 고객관리 등에 대하여 설명한다.

제5장에서는 시스템운영 및 관리를 위한 운영관리 요소, 운영업무 수행에 대한 사항, 시스템 운영중에 발생하는 고장이나 서비스중단 등의 상황에 대비하기 위한 긴급복구 대책 그리고 시스템을 최적의 성능으로 유지할 수 있는 도록 해주는 기술지원체제에 대하여 살펴본다. 특히 본장에서는

구축된 시스템의 성능을 최적의 상태로 유지하고 고장이나 장애를 최소화 할 수 있도록 세부적인 사항과 고려할 사항 등을 제시한다. 본 책자에서 사용하는 용어는 운용(運用)과 운영(運營)을 혼용하고 쓰고 있는데 그 의미는 거의 같으나, 주로 장치나 시스템설비 등 비교적 협소한 의미에는 운용으로, 서비스 및 경영요소적인 사항 등에 대하여는 운영으로 표현했다.

제1장 서비스 운영 계획 수립

운영계획 수립은 본격적인 서비스 및 시스템 운영에 들어가기에 앞서 사전 계획을 수립하는 단계이며, 시큐리티 서비스 및 시스템 운영을 위한 예산, 자원, 조직, 교육 등에 대한 체계적인 방향을 설정하여 제시한다. 시큐리티시스템 운영계획은 최소 연단위로 운영계획서를 작성하고, 지속적으로 운영계획을 검토하고 보완해가는 것이 바람직하다.

제1절 기본원칙

시큐리티 시스템은 각 단위업무설비들의 기능을 최대한으로 발휘하도록 운용하여 고객들에게 효과적이고 안정적인 시큐리티서비스를 제공할 수 있어야 한다. 따라서 시큐리티시스템 운용 및 서비스 운영은 다음과 같은 기본원칙에 따라 운영계획을 수립한다.

- 안정적인 서비스 제공 및 서비스 중단의 최소화
- 안전한 정보유통 및 유통정보 보호
- 서비스운영의 효율성 및 서비스품질 확보
- 각 시스템과 유관되는 설비들의 정상적 상태 유지
- 고장이나 이상발생시 신속한 조치
- 해킹 등의 전자적 침해사고 대응체계 확립
- 시큐리티시스템의 생존성 확보 등

제2절 중점 고려 사항

시큐리티서비스 운영계획 수립에 있어 중점적으로 고려할 사항은 다음과 같으며, 서비스 운영에 필요한 각 항목별 고려사항을 살펴본다.

- 서비스의 안정성 확보와 안전한 정보유통이 보장되고
- 고장을 예방하거나 고장발생 시에도 신속한 복구가 가능하도록 고려
- 또한 전체운영비용을 절감하고 적정한 인력으로 효과적인 운영이 될 수 있도록 효율성을 도모한다.

1. 서비스 운영

가. 시큐리티서비스 운영

시큐리티서비스의 안정적 제공 및 효율적 운영을 위한 서비스운영 요소들과 서비스 확대 및 확장 요인을 발굴하고 분석하여 서비스 품질향상과 매출 확대방안 등을 고려한다. 이와 관련하여 서비스 청약, 계약, 해지, 문의 및 상담 등에 대한 고객 서비스는 어떻게 할 것인지, 고객응대 조직 또는 부서, 인력 구성 및 배치, 고객서비스 기능 및 역할 등에 대한 사항을 고려한다. 고객서비스 방안의 하나로, 시큐리티서비스 전반에 대한 고객의 궁금 사항이나 불편사항에 대한 응대 및 조치를 할 수 있는 서비스데스크를 운영함이 바람직하며, 서비스데스크 운영 시 그 기능과 역할 등에 대한 설계사항들을 고려하고 운영계획에 반영한다.

나. 시스템설비 운용

시큐리티시스템의 하드웨어 설비들은 온도 및 습도, 먼지관리에 있어 최적의 환경조건을 갖춘 운용센터의 전산실이나 통신실에 배치한다. 시스템

설비는 운용상태 및 시스템 상태 등을 종합적으로 운용 관리하는 등 최상의 조건으로 운용·유지하여 최적의 성능을 발휘하고 고장발생을 최소화할 수 있도록 한다. 관제센터나 통합운영센터는 정전 시에도 전력공급이 중단되지 않도록 대비할 수 있는 UPS 및 비상발전시스템을 갖추는 것이 좋다. 시큐리티시스템을 구성하는 네트워크도 물리적인 루트의 다원화와 논리적인 루트의 다원화가 필요하다. 또한 관제센터 및 운영센터는 시큐리티시스템이 집중되어 있는 곳이므로 운용요원 등 관계자 외에는 출입을 제한하거나 통제할 수 있는 체제를 갖추는 것이 바람직하다.

시스템설비의 운용 및 유지보수 업무의 실행에 있어서도 각 설비의 일일점검이나 주간점검 등의 정기점검을 통해 고장을 미리 예방하거나 최소화할 수 있도록 하고 이상고장에 의한 부정기 점검횟수를 줄일 수 있는 방안이 모색되어야 한다. 또한 시스템설비의 운용 중에 발생한 문제점들에 대하여는 상세한 분석을 통해 문제점을 개선토록 하고, 개선활동 결과는 시스템의 개량개선이나 운용업무 처리절차 등에 반영되도록 feedback하는 방안을 고려한다.

그리고 시스템의 이상발생 시에 긴급 복구반이나 기술지원 인력의 불필요한 출동을 억제하고 원격작업이나 현장근무자가 응급조치 및 복구할 수 있는 체제를 구축한다. 시스템설비의 정비나 Setting 변경 등의 작업 시에도 주요작업은 최번시를 피하여 최한시에 작업하도록 한다. 그리고 가능하면 시스템설비들의 하드웨어는 같은 기종으로 채택하여 통합운용 함이 바람직하다.

2. 시스템 운영 방안

가. 통합운영

시큐리티시스템의 각 설비들이 단위업무별로 산재되어 운용되는 경우는 시스템설비 상면이나 시스템운용환경, 네트워크 구축, 운용인력 등에 있어 비효율적인 낭비요소로 인하여 시스템의 운용효율을 향상시키는데 한계가 있는 문제점이 있다. 따라서 시스템운용환경을 최적화한 운영센터에 통합하여 시스템을 구축하면, 성능을 최대로 발휘할 수 있도록 시스템설비를 배치하거나 시스템설비 설치에 소요되는 상면을 효율적으로 활용할 수 있고 설비의 중복을 피할 수 있는 등 운용효율을 향상시킬 수 있다. 또한 통합운영은 적정한 운용요원을 투입할 수 있어 시스템설비 운용에 들어가는 비용을 줄일 수 있으며 업무의 효율성을 기할 수 있다. 시큐리티서비스는 24시간 서비스를 제공하는 경우가 대부분인데 지역관제나 로컬관제를 적용하거나, 업무지원설비, 관제설비, 통신설비 등의 각 단위시스템 설비들이 여러 곳으로 흩어져있으면 각 사이트 별로 야간 및 휴일근무자의 필요로 인하여 인력의 낭비요소가 발생할 수 있다. 따라서 시스템설비의 통합운영방안을 고려한다.

나. 운영센터

시큐리티시스템의 통합운영 방침이 결정되면 시스템설비의 고장이나 비상복구 등을 대비한 최적의 장소를 선정하여 운영센터를 구축한다. 보통은 관제센터에 시스템설비 통합운용실을 마련하거나 관제센터에는 관제업무 관련 설비를 두고 각 업무별 시스템설비들은 IDC(Internet Data Center or Integrated Data Center)를 활용하기도 한다. 통합운용센터는 전체 네트워크의 중심이 되고 유관부서와의 협력 및 비상시 출동이나 신속한 접근이 가능한 곳에 구축하고, 정전 등에 대비할 수 있도록 한다. 운영센터에는 유지보수자재 및 긴급복구자재를 비치하고 유지보수요원이 함께 근무하는 것이 바람직하다.

3. 운영조직 및 요원교육

가. 조직구성

원활한 서비스 운영을 위해서 관련 조직을 구성하고, 조직의 업무 수행을 위한 역할을 정의해야 한다. 시큐리티시스템 운영조직 구성 및 인력배치를 위해서 다음과 같은 요소들을 고려한다.

- 운영관리 업무 역할별 필요 인원
- 각 직무역할에서 필요로 하는 능력 및 해당 요원들의 보유 능력
- 근무시간 및 근무수칙 등

시큐리티서비스 제공을 위한 시스템설비의 운용에 있어 대부분의 경우, 인원과 비용의 제한으로 한 사람이 여러 가지 업무역할을 맡게 되는 것이 보통이다. 이때에는 직무분리와 통제가 필요한 업무에 대하여 동일인이 함께 맡아서는 안 되는 역할을 정의하고, 이에 대한 정책을 사전에 명확하게 수립하여 개인에게 적절한 역할과 책임을 할당하도록 한다. 서비스운영에 관련된 시스템설비는 대부분이 24시간 서비스를 제공하게 됨으로 운영조직도 24시간 근무체제의 조직구성으로 근무인력을 편성하여 운용한다. 일반적으로 이벤트발생이 많은 시간대에 많은 인력이 근무하도록 근무시간을 배정하고 근무형태는 8시간씩 근무하는 3교대 근무조, 또는 주간 및 야간 전담 근무조 등으로 편성하여 운영한다.

나. 교육 계획

시큐리티서비스의 서비스품질을 향상시키고 운영인력의 역량을 높일 수 있도록 시스템 및 서비스 운영 인원들에 대한 교육훈련 계획을 수립한다. 시큐리티시스템 운영관리를 위한 교육 계획에는 다음과 같은 사항들을 포함한다.

- 시큐리티서비스 운영방침 및 지침
- 신규서비스 및 신기술동향 등의 교육내용
- 각 직무 역할에서 필요로 하는 기술요건과 교육요건
- 교육 수요 파악, 교육 시기와 빈도에 대한 사항
- 교육 실적 및 성과관리 방안 등

4. 비상복구방안

시큐리티시스템은 서비스를 이용하는 고객의 안전과 재산보호에 직결되는 시스템이므로 시스템설비의 고장이나 불안정성을 최소화하여야 한다. 따라서 비상시를 대비한 네트워크 구성이나 예비시스템 또는 연동시스템들을 보유하여 비상시에 복구시간을 최대한 빠르게 함이 필요하다. 시큐리티 사업자는 각 단위 시스템설비의 중요도나 우선 복구 순위 등에 대한 업무절차를 미리 마련하여 비상시에 그 업무절차에 따라 복구를 수행할 수 있도록 한다. 또한 주요 시스템설비는 핫 스텐바이 형태의 시스템으로 구축하고 후 순위 주요시스템은 적정한 예비품을 확보하여 해당 장치나 보드 교체 등에 의해 복구할 수 있도록 한다.

그리고 시스템설비의 고장이나 이상 현상 등이 발생하여 서비스제공에 지장을 주는 비상상황인 경우에는 관련 업무 및 시스템을 신속하게 복구할 수 있도록 복구와 관련된 전화번호 및 담당자를 미리 지정하고 담당 및 관련부서 등에 대한 비상연락체제(비상연락망)를 구축한다. 비상연락망은 수시로 점검하여 현행화 하고 필요한 사항을 보완해 간다.

제3절 운영업무 분석

시큐리티서비스 운영에 필요한 시스템설비에 대한 기능분석, 각 분야별 업무분석, 처리절차 및 각 분야의 업무시스템에 대한 분석을 통하여 서비스 운영계획의 효용성을 높일 수 있다. 즉 시큐리티서비스 운영에 필요한 각 분야별 업무처리 사항이나 각 시스템설비에 대한 운용분석 결과를 고려하여 반영한다. 이러한 서비스운영에 대한 분석사항을 반영하여 고객의 서비스 만족도를 향상시키고 서비스운영의 효율성을 확보할 수 있도록 운영계획을 수립한다. 운영업무분석에 포함되어야 할 주요사항의 예는 다음과 같다.

1. 운영업무 및 절차 분석

시큐리티서비스 제공에 필요한 각 분야별 업무의 특성 및 기능들을 파악하고 분석한다. 또한 단위업무 시스템에서 처리하는 업무 및 그 수행절차와 업무흐름을 상세하게 분석하고 유관시스템과의 네트워크 구성 및 데이터 흐름도 등을 작성한다. 각 단위시스템 별 자료들을 종합하여 단위시스템 및 유관시스템에 대한 전체적인 시스템 구성과 데이터 및 정보의 흐름을 파악한다. 또한 시큐리티서비스에 대한 관제통신망, 지령통신망, 서비스 운영체계, 내부망 구성 및 상호 연동 업무절차, 업무처리 흐름 및 절차 등을 분석한다. 이와 같은 분석결과를 서비스 운영계획에 반영한다. 서비스 운영 분석에 따라 조치가 필요한 사항에 대하여는 유관부서들과 해당정보를 공유한다. 시큐리티서비스의 원활한 업무처리 및 효율적인 운영을 위한 서비스 운영체계를 확립하고 각 단위 시스템설비에 대한 운용 및 유지보수를 위하여 장비공급 업체 및 유지보수 관련 부서와 긴밀한 협력체계를 유지하여, 이상고장 및 대형고장 등에 신속히 대응할 수 있도록 계획한다.

2. 예산 및 자원 분석

시큐리티서비스 운영에 필요한 자원 및 해당자원의 효용성 등을 분석한다. 신규서비스나 부가서비스 등 새로운 자원이 필요한 경우 소요 예측되는 운영인력의 기술수준, 직급, 담당 분야별 내역과 이때에 고려되는 장비, 설비 등의 자원 할당사항 등도 함께 분석한다. 또한 현행 서비스 운영에 필요한 시스템설비 자원과 시스템 운용 및 유지보수 요원, 관제요원, 출동요원 등의 투입인력에 대해서도 세부적으로 분석한다. 예산분석에 있어서는 시큐리티시스템 운영에 실제 소요되는 비용을 계산하여 소요예산을 산정하고 월별, 조직별로 세분화하여 검토하고 계획과 실적이 항목별로 비교될 수 있도록 한다. 그리고 산정된 예산을 기반으로 하여, 장기적으로 시스템설비 운영관리를 위해 필요한 예산 투자계획에 대하여도 함께 분석하여 예산계획 및 운영계획에 반영한다.

제4절 세부계획 작성

시큐리티서비스 운영계획수립을 위한 세부계획은 “제1절 기본원칙”의 기본원칙에 따라 “제2절 중점고려사항”의 중점적으로 고려할 사항 그리고 “제3절 운영업무 분석”의 서비스운영 분석사항을 반영하고 다음과 같은 사항들을 함께 고려하여 세부적으로 작성한다.

1. 고객관리 사항

가. 가입자관리

신규 가입자의 증가 추세 및 해지가입자의 내역 등에 대한 통계자료를 토대로 년간 신규가입자 규모를 산정하여, 해당년도의 가입자장치 공급방안, 시스템설비의 적정성 분석, 시스템설비 증설 및 확장방안, 해지 예상 가입자에 대한 대책 등을 마련하여 반영한다.

나. 시스템 구성관리

고객관리시스템의 신규가입자 등록, 기존가입자 해지, 가입자장치의 설치장소 변경 등의 구성변경에 의해 구성관리사항들이 발생하게 된다. 시스템의 구성관리 시에 구성관리 대상을 정확히 식별할 수 있어야 하고, 시스템운용요원, 관제요원 등의 사용자 요구를 충족시켜야 한다. 따라서 구성관리는 표준화된 방법과 절차를 수립하여 수행할 수 있도록 계획한다. 구성관리 계획에는 구성관리를 위한 목적 및 목표, 범위, 우선순위, 투입인력 등을 고려하여 다음과 같은 내용이 포함되도록 그 계획을 수립 한다.

- 구성관리 프로세스
- 구성관리의 정책 및 절차에 대한 사항
- 가입자 등록 등에 관련된 구성내역
- 문서, 하드웨어 및 시스템소프트웨어 등에 관련된 구성내역
- 구성관리 범위 및 구성 요소 등

다. 시스템 변경관리

시큐리티서비스 제공 및 시스템설비의 운용에 있어 다양한 원인에 의해 변경 요청사항들이 발생하게 된다. 변경 시에는 변경 대상을 정확히 식별할 수 있어야 하고, 이때 수행되는 변경의 결과는 운용요원 등의 사용자 요구를 충족시켜야 한다. 변경관리 절차는 변경과 관련된 장애의 영향을 최소화하기 위함이며, 모든 변경을 효율적이고 신속하게 처리할 수 있도록 표준화된 방법과 절차를 수립한다. 변경관리 계획에는 변경을 위한 목적, 목표, 범위, 우선순위, 구현 및 업무의 접근 방법에 대하여 다음과 같은 내용을 포함하여 계획을 수립한다.

- 변경관리를 수행할 주관부서 및 해당부서의 임무
- 변경관리 절차 및 수행할 활동
- 변경관리를 위한 도구, 기술, 방법 및 통제하는 요소
- 변경관리의 대상이 되는 전반적인 하드웨어 및 소프트웨어 등

2. 시스템설비 운용 사항

가. 운용상태 관리

시스템설비의 운용상태를 효과적으로 관리하고 설비운용의 효율성을 확보하기 위하여 운용상태 관리 대상별로 관리항목에 대하여 세부적으로 정의를 하여 적용한다. 운용상태 관리 계획은 다음과 같은 내용을 포함하여 작성한다.

- 운용상태 관리업무 및 절차
- 운용상태 관리항목 및 임계치
- 운영상태 관리항목에 대한 자료 수집 주기
- 임계치 초과 시 초과 항목에 대한 정보전달 방식
- 관리 항목에 대한 운용상태 관리 적용 기간 등

나. 성능관리

시스템설비의 성능을 유지하고 필요시 최대의 성능으로 효과적인 서비스를 제공할 수 있도록 성능관리계획을 수립한다. 성능관리 계획 수립을 위한 성능관리 요구 사항 및 성능 측정에 필요한 사항을 정의하기 위하여, 서비스 요구 성능, 시스템설비의 성능 수준 내용, 과거 성능시험 자료, 과거 성능분석을 수행한 경우 성능분석 결과 및 성능 분석 대상의 변경 요구사항 등을 검토한다. 성능관리 계획의 수립은 성능 측정 및 분석을 통한

성능관리 방안을 마련하고 다음과 같은 사항 등을 정의하여 세부계획을 작성한다.

- 성능관리 대상 및 측정 항목의 선정
- 측정 항목별 임계 값
- 성능 측정 항목에 대한 측정 방법 및 측정 주기
- 성능 측정 결과를 이용한 성능 분석 주기

성능을 측정하는 동안 성능 임계값을 초과하는 성능관리 항목에 대하여, 운용상태 관리에 포함하여 관리할 필요가 있는 경우에는 운용상태관리 계획에 반영한다.

다. 백업관리

백업관리는 우선 백업의 대상이 될 데이터의 종류와 용량을 식별하고 분석한다. 그리고 업무 영향을 최소화하기 위한 백업 목표시간과 업무 연속성을 보장하기 위한 복구 목표시간, 복구 목표시점 등을 설정하고 백업주기 및 보관기간을 결정한다. 백업시스템의 체계적인 운영을 위해서는 복구 요건에 맞도록 백업 스케줄에 대한 고유한 표준 정책을 수립한다. 표준 정책에는 백업주기 및 보관기간 결정, 백업방식 결정(전체 백업/변경사항 백업, 온라인 백업/오프라인 백업), 매체관리 방법 등의 내용을 포함한다.

3. 소요예산 산정

시큐리티서비스 제공을 위한 소요예산 산정은 서비스운영에 소요되는 비용과 년간 유지보수 계획, 시스템설비의 운용 및 유지보수 비용, 예비품확보비용, 기술지원 비용 등을 산출하여 적용한다. 산출된 소요예산은 예산편성 방침, 예산집계 및 조정, 예산안의 확정 등의 절차를 거쳐 소요예산을 확정하여 운영계획에 반영한다.

제2장 서비스 운영 체계

제1절 서비스 운영

1. 시큐리티 서비스 체계

시큐리티서비스 체계는 Part 1의 제4장 "제1절 서비스 운영체계"에서 살펴본 바와 같으며, [그림 32-1]과 같이 서비스 운용 체계를 설명할 수 있겠다. 시큐리티서비스 운용에 대한 구성요소로서 서비스 대상 고객, 시큐리티 시스템설비, 관제통신망 및 지령통신망, 관제 및 출동 요원, 대응체계를 들 수 있다. 시큐리티서비스에 필요한 통신 Network는 관제통신망과 지령통신망을 들 수 있으며 서비스용도에 맞는 적정한 방식의 통신체계를 갖추어 운용한다. 그리고 서비스운용 중에 발생하는 긴급 상황 등에 대응하기 위한 출동체계 및 대응체계를 갖추고 대응프로세스에 의해 상황별로 대응조치를 취한다. 대응프로세스는 각 상황별 조치방법, 대응지침, 행동요령 등의 표준적인 절차 및 처리사항 등을 구체적으로 제시하는 지침으로 사전에 마련하여 적용한다. 관련지침에 대하여는 "제3장 서비스 운영지침"에서 자세하게 살펴본다.

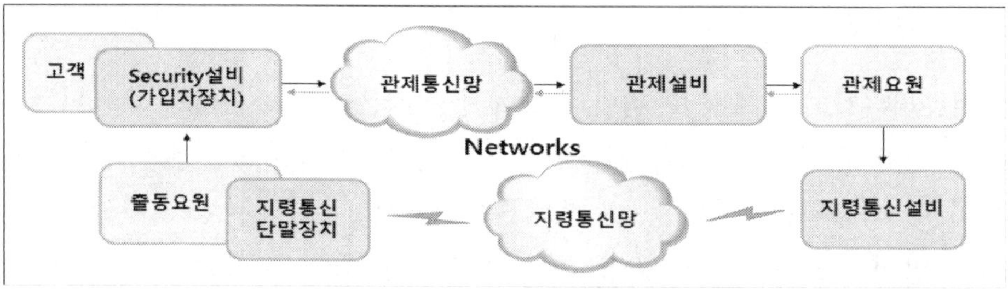

[그림 32-1] 서비스 운용 체계도

2. 고객 설비 구축

기계경비 등의 시큐리티서비스를 이용하고자 하는 고객은 시큐리티사업자의 고객센터나 서비스데스크 등의 청약업무 부서에 접촉하여 서비스 이용 청약을 한다. 서비스청약에 의해 시큐리티서비스 이용계약이 이루어지면, 시큐리티사업자는 서비스를 제공하기 위하여 가입고객 측에 주장치, 감지장치 등의 시큐리티설비(가입자장치)를 구축한다. 고객 측에 설치하는 시큐리티설비 즉 가입자장치는 [그림 32-2]와 같은 절차를 통하여 구축된다. 가입자장치의 설치는 해당 고객별 서비스제공을 위한 준비단계에서 이루어지며 각 절차별 세부사항은 Part 1의 제1장 "제2절 서비스 준비단계"에서 설명한 바와 같으므로 참조 바란다. 가입고객에 대한 시큐리티설비 구축에 있어 각 가입자(고객)의 유형이나 특성, 서비스 대상 현장의 특성 등을 세부적으로 조사하고 분석하여 그 결과를 적용하여 가입자장치 등을 설치하면 실제의 서비스제공에 있어 서비스품질 수준을 높일 수 있으며, 상황발생에 적정하고 신속한 대처가 가능해 진다.

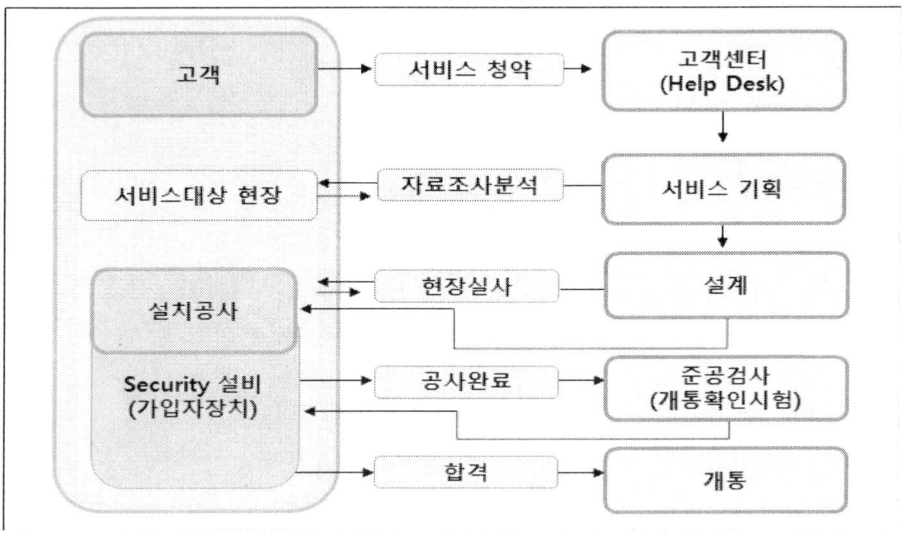

[그림 32-2] 고객 측 시큐리티설비 구축 과정도

3. 서비스 운용

고객 측의 시큐리티설비 구축이 완료되고 해당 고객의 서비스가 개통되면 [그림 32-1]의 서비스 운용체계에 따라 해당고객에 대한 서비스가 제공된다. 서비스운용체계는 크게 나누면 고객 측의 시큐리티설비(가입자장치) 운용과 서비스제공사업자 측의 운영사항을 들 수 있다. 고객 측은 주로 [그림 32-1]에서 보는 바와 같이 가입자장치의 경계설정, 경계해지 등에 대한 운용을 하며 그 외의 서비스관련 모든 설비운영 및 서비스 업무는 사업자측이 운영하여 서비스를 제공한다. 즉 사업자 측은 관제설비 등의 시스템설비, 관제통신망 및 지령통신망과 관련설비를 운용하고, 관제 및 출동체계 등에 의한 서비스제공업무를 운영한다. 서비스가입 고객들에 대한 시큐리티서비스 제공을 위한 서비스 운용은, 평상시 또는 침입상황 등에 대응하기 위하여 시큐리티사업자가 미리 제정하거나 준비한 대응프로세스 및 상황관제 지침 등을 적용한다.

제2절 운영조직

시큐리티서비스 업무를 효과적이고 효율적으로 수행하기 위하여 필요한 최소한의 조직으로는 고객관리, 관제, 출동, 시스템운용, 설비유지보수 업무를 관장하는 부서들로 조직을 구성할 수 있다. [그림 32-3]은 시큐리티서비스운영 및 시스템운용을 위한 조직구성의 예를 보이고 있다.

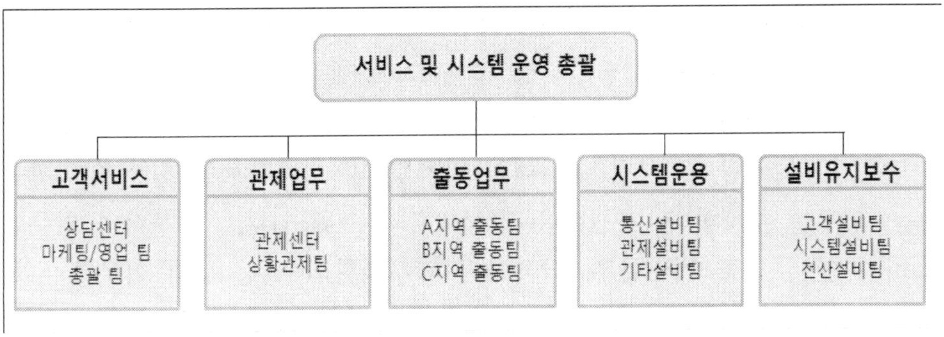

[그림 32-3] 시큐리티 서비스 및 시스템 운영조직의 예

각 조직의 구성이나 그 조직의 업무는 서비스 규모나 특성 등에 따라 여러 형태의 조직 구성이나 그에 대한 업무를 부여할 수 있다. 여기에서는 일반적인 조직구성 및 담당업무의 예를 들어 설명한다.

1. 고객서비스 부서

고객서비스부서는 여러 가지 방안으로 그 형태가 존재할 수 있고 담당업무 또한 다양하게 주어질 수 있으나 주로 시큐리티서비스 고객을 확보하고 유지하는 임무를 부여한다. 일반적으로 고객서비스업무 부서는 신규고객을 확보하고 시장 확대를 위한 마케팅 및 영업활동, 신규고객의 서비스청약, 기존가입자의 서비스해지, 서비스변경이나 설치장소 변경, 서비스이용요금의 수납 등의 임무를 수행한다. 또한 기존고객의 유지 및 경쟁사로의 이탈방지 대책, 고객서비스 품질향상에 대한 전략이나 계획을 수립하여 시행한다. 이러한 업무들을 수행하기 위하여 고객센터 또는 상담센터, 마케팅/영업 팀, 총괄 팀 등으로 그 조직을 구성할 수 있다.

고객센터 또는 상담센터는 서비스안내 및 상담, 고객의 문의나 요청사항에 대한 안내 및 조치, 고객이 제기한 문제점에 대한 해결 등을 위한 고객과의 컨텍포인트로서, 고객의 불편사항을 해소시켜주는 역할을 한다. 고객센터 또는 상담센터는 상담업무량 및 규모 등에 따라 운영의 효율성을 위하여 외부의 전문업체에 의한 외주용역으로 운영하기도 한다. 마케팅/ 영업팀은 주로 시큐리티서비스에 대한 마케팅 및 고객확보를 위한 영업활동 등의 업무를 수행한다. 총괄팀은 전체조직의 사무 업무, 각 부서의 임무에 속하지 않는 공통적인 업무, 각부서의 업무역할의 조정 등의 업무를 수행하는 것이 일반적이다. 신규고객에 대한 서비스개통, 기존 고객에 대한 변경 등을 위한 공사명령서 발행 등의 업무는 고객센터나 상담센터 또는 영업팀에서 담당하거나 관제센터에 그 임무를 부여하기도 한다.

2. 관제 및 대응 부서

가. 관제업무 부서

관제센터는 시큐리티서비스의 핵심이 되는 업무를 수행하는 부서로서 주로 상황관제팀 등을 구성하여 관제센터를 운영한다. 관제센터는 주로 서비스가입고객 현장에 무단침입하는 침입자 감지와 위급상황 등에 대한 판단 및 대응을 한다. 또한 다음과 같은 업무를 수행하기도 한다.

1) 가입자 서비스 개통 업무

서비스대상 고객에 대한 설치공사 및 개통 공사명령서를 접수하고 그 명령서에 의해 해당가입자에 대한 서비스 제공을 위한 가입자정보, 과금 정보를 입력한다. 그리고 고객서비스를 위하여 시스템설비 및 해당 장비에 대한 데이터 입력 및 설정 등의 작업을 수행한다.

2) 서비스 해지 및 변경 등

서비스 해지 및 설치장소 변경에 대한 공사명령서에 의해 해당가입자에 대한 가입자정보, 과금정보, 장비설정 등을 변경하거나 삭제 또는 접속을 차단하는 등의 조치를 취한다.

3) 고장신고 접수 및 처리

고객센터나 상담센터 등으로 부터 전달된 고장신고에 대하여 고객의 고장 또는 장애 상황 및 상태를 확인하여 복구 등의 조치를 취한다. 고장신고에 대하여는 신속하게 조치 및 처리하고, 고객에게 통보하여 서비스 이용의 불편사항을 최소화한다.

관제센터에는 관제업무를 효과적으로 수행하기 위한 상황관제팀과 고객서비스를 지원하기 위한 고객지원팀을 운용할 수 있다. 상황관제팀은 24시간 고객의 상황을 모니터링하고 이벤트 발생 등의 상황에 대응한다. 고객지원팀은 상황관제업무 이외의 고객에 대한 서비스지원업무를 담당한다. 보통은 상황관제팀에 고객지원업무를 부여하여 운용하기도 한다.

나. 출동 부서

시큐리티서비스 대상 도시별, 지역별, 또는 구역별로 각각의 출동팀을 운용할 수 있다. 각 출동팀의 출동요원은 관제센터의 지령에 의해 서비스 가입 고객의 현장에 출동하여, 현장상황에 대응하고 조치를 취하는 임무를 수행한다. 각 출동팀은 고객분포, 서비스고객 수, 출동여건 등을 고려하여 현장출동이 쉽고 빠른 곳에 거점을 마련한다. 또한 출동요원은 가입고객 현장에 설치된 고객설비들에 대한 점검 및 유지보수 업무를 겸임토록 임무를 부여하여 출동 시나 순찰 시에 고객설비를 점검 및 정비함으로서 업무의 효율성을 확보하고 탄력적인 인력운용을 할 수 있다.

3. 운용 및 유지보수 부서

가. 시스템 운용 부서

시스템 운용부서는 통신설비팀, 관제설비팀, 기타설비팀으로 구성할 수 있으며 시큐리티서비스를 위한 시스템설비를 운용한다. 시스템운용부서의 주 업무로는 관제설비, 네트워크설비, 관제통신망, 지령통신망 등에 대한 시설을 운용하고 주기적인 점검 및 1,2단계 정비활동으로 시스템설비의 정상적인 기능과 성능을 유지한다. 시스템설비의 성능을 유지하기 위하여 다음과 같은 활동을 한다.

- 시스템의 장애발생시 신속한 복구 조치
- 정기적인 점검 및 정비
- 서비스의 정상적 기능 및 성능을 유지할 수 있도록 일일 점검 및 수시점검을 수행한다.
- 점검결과 결함이 예상되거나 튜닝이 필요한 경우에는 신속한 조치를 취한다.
- 주간근무 시간 이후의 야간 시간대 및 공휴일에 서비스 중단 등의 긴급상황이 발생한 경우에는 비상연락망의 긴급복구반을 출동시켜 긴급복구 등의 조치를 취한다.

시스템운용부서 각 팀의 업무분장은 서비스제공사업자의 규모나 특성 등에 따라 달라질 수 있으나 일반적으로 다음과 같은 업무를 담당하도록 임무를 부여한다.

- 통신설비팀은 주로 시큐리티서비스를 위한 관제통신망, 지령통신망에 대한 망관리설비, 통신설비, 관련 부대설비 등을 운용한다.
- 관제설비팀은 경보신호처리설비, 관제통합설비, 관제단말설비 등의 관제설비와 그 부대설비를 운용한다.

- 기타설비팀은 고객관리설비, 고객상담설비, 경영지원설비 등의 설비를 운용한다.

나. 설비유지보수 부서

가입자장치 등의 고객설비나 관제설비, 네트워크설비 등의 시스템설비에 고장이 발생한 경우 해당설비의 수리 업무를 담당하며, 시스템설비 등의 3,4단계 정비를 수행한다. 설비유지보수 부서는 고객설비팀, 시스템설비팀, 전산설비팀으로 구성할 수 있으며 주요업무는 다음과 같다.

- 고객설비 구축 및 유지보수
- 설비에 대한 고장 모듈 및 장치의 수리
- 월간, 분기, 년간 계획정비
- 소프트웨어 업그레이드 지원
- 시스템 튜닝, 업그레이드 등에 대한 원천공급사의 지원을 받기 위한 Contact Point 확보 및 온라인접속 지원체제 운용 유지
- 비상 연락망 편성 및 운용 등

설비유지보수 부서의 각 팀의 업무분장은 서비스제공사업자의 규모나 특성 등에 따라 달라질 수 있으며 보통은 다음과 같은 업무를 담당하도록 임무를 부여한다.

- 고객설비팀은 주로 서비스가입고객에 대한 가입자장치 등의 고객설비 설치 및 설치장소 변경 등에 의한 기존장소 케이블 및 장비 접속 철거, 신규설치장소의 설치공사, 고객설비 점검 정비 및 유지보수 업무를 수행하며 고객설비 점검업무는 출동팀에게 부여할 수 도 있다.
- 시스템설비팀은 주로 시스템설비에 대한 계획정비 및 유지보수, 성능개선, 고장수리 등의 업무를 수행한다.

- 전산설비팀은 업무지원설비, 고객관리설비, 고객상담설비, 경영지원설비 등의 설비에 대한 계획정비 및 유지보수업무를 담당한다.

제3절 상황대응 체계

1. 상황관제

상황관제업무는 서비스 가입고객의 현장에 설치된 가입자장치 등의 고객설비로부터 전송되어온 경보신호 및 이벤트신호 등의 상황정보를 모니터링하고 분석하여 고객의 현장상황을 종합적으로 판단하여 적정한 대응 및 조치를 취하는 활동을 말한다. 상황관제 업무 및 절차의 예는 [그림 32-4]와 같으며 상황정보수집, 수집된 정보에 의한 고객의 상황 모니터링, 상황인식, 고객의 상황등급 등에 대한 대응 및 조치, 조치결과 정리 절차로 진행된다. 상황관제를 위한 상황관제업무지침, 모니터링 및 대응지침 등은 시큐리티서비스 제공 이전에 미리 제정하여 적용할 수 있도록 한다.

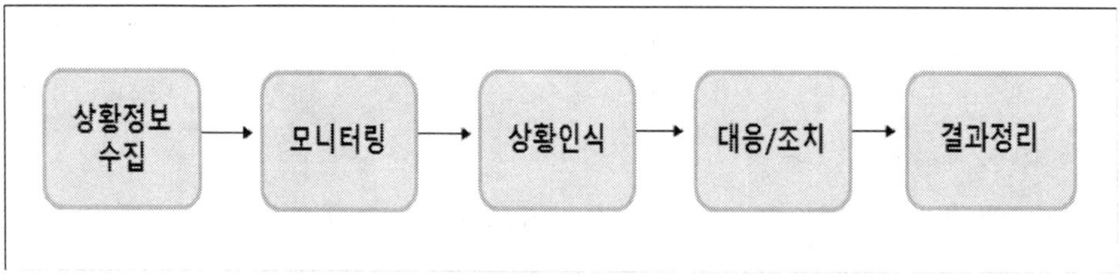

[그림 32-4] 상황관제 업무 및 절차의 예

가. 모니터링

상황관제에 있어 가장 중요한 업무는 모니터링으로써 가입고객의 현장상황을 항시 감시하고 특이사항을 확인하는 것이다. 따라서 고객의 가입자장치 등의 고객설비로부터 전송된 경보신호 및 이벤트신호 등에 의해 고객설비의 운용상태 및 현장상황을 예의주시하여 상황발생 시에 즉각적인 조치를 할 수 있도록 모니터링활동을 수행한다. 모니터링의 가장 큰 목적은 고객의 현장에 새로운 상황이 발생하였는지, 새로운 상황이 침입상황인지를 가려내는 것이므로 모니터링 및 대응지침에 따라 업무를 수행한다.

나. 상황통제

시큐리티서비스의 주업무중의 하나인 안전성을 확보하기 위해서는, 서비스고객의 현장에 침입상황이 발생한 경우 신속하게 대응할 수 있어야 한다. 상황통제는 실시간 모니터링으로 정확한 현장상황을 인식하고 침입 등의 상황 해소를 위한 즉각적인 대응조치가 이루어질 수 있도록 실시간으로 상황을 통제하며 대응한다.

1) 상황인식

관제센터의 관제요원은 수집된 이벤트 및 상황정보와 해당고객의 상세정보 및 과거의 이벤트 발생내역 등의 정보를 활용하여 특이사항을 찾아내고, 해당고객의 이벤트에 대하여 실시간 모니터링하면서 현장상황을 인식한다. 상황을 보다 정확하게 파악하기 위하여 관제요원은 해당 고객에 대한 경보신호 및 이벤트 이력, 이벤트 종류, 등급, 동급의 이벤트 발생 이력, 이벤트 발생 구역 및 존 등에 대한 정보를 종합적으로 분석하여 현장상황을 인식하고, 필요시는 고객에게 상황을 확인하거나 긴급대응이 필요한지 등을 판단한다.

2) 상황대응

발생 이벤트의 분석에 의한 상황인식 결과 현장상황이 일상적이거나 원격으로 조치가 가능한 상황일 경우에는 원격제어 명령 등에 의한 조치를 취한다. 통상적으로 이벤트 상황에 대한 대응은 관제업무 지침이나 상황대응 프로세스의 절차에 따라 관제요원의 통제 하에 조치를 취한다. 현장상황에 대해 긴급한 대응조치가 필요하거나 침입으로 판단되는 경우에, 관제요원은 출동지령을 내려 해당상황에 대응할 수 있는 요원을 현장에 출동시켜 대응토록 조치하고 상황을 통제한다.

3) 대응조치

출동지령을 받은 출동요원은 현장에 출동하여 현장상황을 정확하게 파악하고 관제센터와 지속적인 연락을 취하며 관제요원의 통제 및 상황대응 프로세스에 의해 대응 및 조치를 취한다.

4) 결과 정리

출동요원은 현장상황에 대한 조치사항 및 대응결과를 관제센터에 보고하고, 관제요원은 발생이벤트에 대한 조치 내용과 해당이벤트에 의한 상황관제 및 출동상황, 대응조치 내용 등을 해당 전산시스템의 양식에 기록하고 저장하여 추후에 해당정보를 활용할 수 있도록 관리한다.

2. 출동체제

출동체제는 불법침입, 긴급상황, 위험상황 발생 등의 상황에 대하여 관제센터의 출동지령에 의해 현장에 신속하게 출동하여 현장상황에 대한 대응조치를 취할 수 있도록 준비된 체제를 말한다. 출동체제는 출동지령에 의해 신속한 현장출동을 위한 출동인력 편성, 출동대기 거점, 기동장비 등에 대하여 효과적으로 운용하는 체제를 구축하는 것이 중요하다. 따라서 서비스 가입고객의 규모 및 분포지역, 출동팀의 관할 구역 및 경비구역 범위, 최대 및 최소 출동소요시간, 출동인원 수, 이동수단 등에 대한 분석을 통하여 적정 출동팀 구성 및 출동요원 수 등을 산정한다. 그리고 출동대기 거점을 어디에 둘 것인지, 출동팀의 규모와 몇 개의 팀을 운영할 것인지,

각 팀별로 담당하는 관할 구역은 어떻게 나눌 것인지 등에 대하여 지형특성 등을 고려하여 결정한다. 일반적으로 출동팀은 항시 출동 가능하도록 대기하며 평상시에는 관할구역의 고객현장들을 순찰하도록 임무를 부여하고 있다.

보통은 서비스가입고객들의 특성 및 지역을 고려하여 그룹화하고 해당지역의 지형과 도로사정을 감안하여 출동시간을 최소화할 수 있도록, 출동대기 거점, 출동팀 및 출동인력 구성, 기동장비 등을 적정하게 설정하여 운영한다. 그리고 순찰 및 출동의 효율성을 확보하기 위하여 가입고객에 대한 순찰동선을 분석하여 신속한 출동이 가능한 출동동선을 찾아내어 적용하는 등 효과적인 출동체제를 확립한다. 기동장비는 출동거리 및 도로여건에 따라 자동차 또는 이륜차를 배치하고 상황대응에 필요한 장비와 관제센터와의 연락을 위한 지령통신체계를 갖춘다. 출동팀의 요원들에게는 지령통신망에 항시 접속하여 통신할 수 있는 무전기 또는 휴대통신 기기를 지급하여 운용하도록 한다.

3. 상황대응프로세스

시큐리티서비스에서 상황대응은 수집된 고객들의 이벤트정보로부터 얼마만큼 신속하고 정확하게 침입에 대한 신호를 가려내고, 어떻게 대응하느냐에 따라 고객의 위험을 해소하거나 고객의 재산을 보호할 수 있는가의 여부가 결정된다고 볼 수 있다. 따라서 수집되는 모든 이벤트정보에 대하여 원천정보의 분류기준, 유사형태별 그룹핑, 침입상황의 판단 기준, 각각의 상황에 대한 대응방안, 대응절차 및 지침 등을 제정하여 관제요원, 운용요원, 츨동요원 등이 활용할 수 있도록 제시할 필요가 있다. 상황대응프로세스에는 다음과 같은 사항들을 포함하여 세부 대응방법 및 조치사항에 대한 시나리오와 처리지침을 마련하여 시행한다.

- 관제업무 절차 및 지침
- 오경보 판단 기준 및 절차
- 침입 확인요령 및 대응방법
- 출동지령 및 각 상황별 대응 방법
- 침입자 등에 대한 대응 및 제압 시나리오
- 순찰 시나리오 및 활동 지침
- 고객방문 시의 행동지침 등

제4절 서비스 운영 센터

고객들에게 시큐리티서비스를 제공하기 위한 서비스운영센터는 시스템설비운용센터, 고객서비스센터 등으로 나눌 수 있으며, 각 센터의 규모나 구성은 가입고객의 규모, 서비스특성, 서비스지역 등에 따라 달라진다. 보통은 관제업무를 수행하는 관제센터, 시스템설비 및 고객설비 등을 운용하는 시스템설비운용센터, 그리고 고객관리 및 상담업무를 수행하는 고객상담센타를 적정한 위치에 배치하여 운용한다. 또는 관제센터, 시스템설비운용센터, 고객상담센터 등의 각 센터의 기능을 통합한 통합운영센터를 구축하여 서비스 및 인력 운용의 효율성을 향상시키기도 한다. 통합운영센터는 관제상황실, 시스템운영실, HelpDesk실 등을 갖추고, 관제요원, 출동요원, 시스템운용요원, HelpDesk 요원 등을 확보하여 운영한다. 각 센터나 통합센터에는 시스템설비의 이중화, 비상시의 고객정보 및 관제정보 등 주요자료 복구대책, 중요자료 및 DB의 주기적인 백업, 주요 정보를 처리하거나 보관하는 기능이 있는 설비에 대하여는 이중화 및 백업 등의 대책을 강구하고 업무효율 증대도 고려하여 센터를 구축함이 바람직하다.

1. 관제센터

관제센터는 관제상황실 및 관제설비 등을 갖추어 시큐리티서비스의 핵심 기능인 관제업무를 수행하는 센터이다. 보통 관제요원들은 2교대 또는 3교대 근무를 통하여 24시간 관제업무를 수행한다. 관제업무범위가 전국적이거나 그 규모가 매우 큰 경우에는 관제센터를 지역별로 두거나 비교적 규모가 큰 지역의 중심구역에 위치하여 운영할 수 있다. 일반적으로 관제센터는 규모에 따라 소규모인 경우에는 한곳, 규모가 큰 경우에는 두 곳이나 그 이상으로 분산하여 구축하고 있다. 보통은 관제센터를 두 곳 정도에 두고, 각 센터별로 관제시스템을 집중화하여 효율성을 높이고 있으며 안전성을 향상시키기 위하여 백업용 시스템을 두기도 한다. 관제센터는 그 기능을 이원화하여 관련시스템의 고장이나 기능정지사고 등 만약의 사태에 대비할 필요가 있다. 대부분의 경우 관제센터는 운영센터와 물리적으로 같은 장소에 구축하거나 통합운영센터 형태로 구축하여 운영하기도 한다.

2. 시스템 운용센터

운용센터는 중단 없는 시큐리티서비스를 제공하기 위하여 시스템설비 및 관련 부대설비, 관제통신망설비, 지령통신망설비, 단말설비 등이 항시 최적의 성능을 발휘하도록 운용·유지하는 기능을 수행하는 센터이다. 여기에서는 관제설비, 통신설비, 관제통신망 및 지령통신망, UPS 및 전원설비, 기타 부대설비 등을 운용하고 관리한다. 통신망설비나 관제설비 등의 중요한 시스템설비는 이중화 및 이원화 구성으로 운용함이 바람직하며, 통신사업자 등의 IDC를 활용하는 것도 고려할만 하다.

3. 고객상담센터

제공서비스에 대한 고객의 문의사항, 요구사항 등 시큐리티서비스 전반에 대한 상담과 해당사항에 대하여 필요한 조치를 취해줄 수 있는 고객과의 컨택포인트로 보통은 Helpdesk를 운영한다. Helpdesk는 고객센터, 상담센터, 컨택센터, 고객지원센터 등으로 불리는 고객 상담 및 지원센터의 형태를 통칭하여 말하는 것이 일반적이다.

제3장 서비스 운영 지침

제1절 서비스 지침

1. 고객 만족 활동지침

시큐리티서비스 제공에 있어 가입고객의 만족도 향상은 시큐리티 사업의 성장 및 시장 확대의 중요한 요소 중의 하나로 작용한다. 따라서 무한경쟁 시대에서는 고객의 기대치와 욕구를 예측하고 고객만족을 실천할 때만이 사업이득을 창출할 수 있으므로 고객만족의 중요성을 인식해야한다. 고객만족을 이끌어내고 그 수준을 높이기 위해서는 다음과 같은 활동을 지속적으로 시행하는 것이 중요하다.

- 고객의 소리를 반영하고 고객에게 가까이 다가감으로서 고객만족을 이끌어내는 동기를 부여할 수 있다.
- 고객불만 사항을 주간, 월간 등 주기적으로 관리하고 신속한 조치를 취한다.
- 고객상담센터의 고객 불만사항 접수내용을 분석하여 정보를 공유하고 조치내용 등을 Feed-Back 한다.
- 고객만족 활동사항을 관리한다.

가. 고객응대 요령

고객의 가입자장치 조작방법이나 서비스이용 등에 대한 문의사항이나 요청사항 등에 대하여, 고객응대 시 항상 경어를 사용하여 예의를 지킨다.

문의사항 설명은 간단명료하게 고객이 두 번 이상 질문하지 않도록 정확히 설명한다. 그리고 즉시 조치가 불가능한 사항은 사유를 설명하고 언제까지 조치가 가능한지를 약속하고 신속히 조치될 수 있도록 한다.

나. 불만사항관리

고객의 불만사항을 해소하기 위해서는 고객 불만사항을 정확히 파악하여 대응하는 것이 중요하다. 고객불만은 서비스제공에 따른 문제점을 신속히 파악하여 해결한다. 고객불만의 신속한 해소는 부정적인 구전효과를 최소화하고 소송 등에 의한 법적 비용을 줄일 수 있으므로 고객불만 해소의 중요성을 인식하고 적정하게 대응할 필요가 있다. 불만이 해소되면 고객만족과 함께 충성고객을 확보할 수 있다. 따라서 불만사항 및 불편사항에 대한 처리과정, 처리경위, 처리결과, 조치사항 등을 고객에게 피드백하고, 업무처리과정에서 나타난 업무개선에 반영할 사항이나 시사점을 분석하여 업무개선이나 고객만족활동에 반영한다.

다. 고객불만 응대 요령

고객응대에 있어 고객과의 갈등이 있을 때 고객의 입장을 배려하고 고객이 자신의 입장을 충분히 이야기하도록 말을 중간에 자르지 말고 적정한 반응을 통하여 언어적으로나 비언어적으로 공감을 표현하도록 한다. 또한 따뜻하고 부드러운 시선으로 고객의 불만을 인정하며 진지한 태도로 경청하고 메모한다. 고객불만에 대한 응대과정에서 상호간의 이견이 좁혀지지 않으면 사태가 호전 될 때까지 기다리는 것도 좋은 응대방법의 하나이다.

1) 고객불만 해소방안

- 고객입장에서 생각하기
- 관심을 표현하며 고객마음부터 달래주기

- 상담자 개인의 감정을 드러내지 않기
- 고객의 가치관을 바꾸려 하지 않기

2) 고객불만 응대 예

고객의 불만제기에 대하여 “이렇게 말씀해 주셔서 감사합니다.” 등 구체적인 이유를 들어 감사하고 고객의 말씀을 경청하여 불만사항을 명확하게 파악한다. 그리고 다음과 같이 조치를 취하는 것이 필요하다.

- 잘못된 부분에 대해 사과한다.
- 문제의 빠른 해결을 약속한다.
- 고객이 이성적 판단할 수 있게 되었을 때 고객에게 어떻게 해주면 만족스러울지 등에 대하여 의견을 교환하고 필요한 정보를 얻는다.
- 잘못된 부분을 신속하게 시정한다.
- 문제를 해결한 후 고객이 만족했는지 확인한다.
- 향후 재발 방지 대책을 강구하여 시행한다.

고객불만을 제기하는 고객에 대한 응대에 있어 피해야 할 사항으로는 고객의 이야기를 끝까지 듣지 않고 자른다거나 불만사항에 대한 사실이나 절차를 자세히 확인하지 않고 조급히 결정하여 처리하는 것 등이다.

2. 고객설비 설계지침

서비스 가입고객에 대하여 시큐리티서비스를 제공하기 위한 설계는, 먼저 현장을 방문하여 건물의 구조 및 취약요소, 외적인 환경과 내부 환경요인, 위협 또는 위험요소 등을 확인하며, 침입이 예상되는 취약점을 분석한다. 서비스 가입고객에 대한 현장실사를 통하여 경비대상 구역 등을 구상하고 가입자장치 및 관련기기를 설치할 위치를 선정한다. 일반적으로 경비대상 고객이나 건축물의 특성에 따라 경비지역, 경비구역, Area, Zone, Sector 등으로 경비영역을 세분화할 수 있다. 시큐리티 효과를 높이고 신뢰성을 향상시키기 위하여 센서의 종류 및 수량, 내부 및 외부 센서의 구성, 예상침입로 예측, 침입감지 개소 및 위치 등에 대한 사항을 조사하고 분석하여 적정하게 설계한다. 그리고 실제 설계에 있어, 오 경보를 알 수 있도록 외부센서와 내부센서를 복합적으로 구성한다거나, 침입감지 개소를 늘리거나, 감시 및 감지장치를 2중3중으로 구성하는 등의 방법으로 경비효과를 높일 수 있으나 효율성 및 적정성을 고려하여 최상의 효과를 얻을 수 있도록 설계함이 바람직하다.

가. 경비범위 설정

현장실사 및 환경요인 분석결과에 따라 예상 침입경로 및 취약지점을 고려하여 경비구역 등을 설정한다. 경비구역은 외곽경비 또는 내부경비 형태로 설정하거나 외곽 및 내부에 적용하는 이중경비 방법으로 구역을 설정할 수 있으며, 경비존, 경비섹터 등으로 경비구역 내에서 경비지점들을 세분화하여 설정할 수 있다.

나. 출입시간 설정

출입문 위치, 입실 및 퇴실시의 지연시간은 통상적인 활동 데이터에 의한 시뮬레이션이나 실측한 값을 적용하여 산출하고, 적정한 시간을 설정하여 경계 및 해제 시에 적용한다. 출입에 관련된 데이터 값들은 고객의 활동패턴과 행동반경을 분석하여 적용함으로서 고객의 활동에 불편함이 없이 경계 설정 및 해제를 할 수 있도록 설계한다. 즉, 출입문의 위치, 입실 및 퇴실 시의 경계 설정이나 해제될 때까지 지연되어야 할 시간, 카드리더기 또는 키패드의 설치 위치 등을 고려하여 경계 및 해제 시의 지연시간을 설정하고 그 설정방법을 결정한다.

다. 설계도서

설계도서는 최대한의 경비효과를 얻을 수 있도록 가입자장치 및 감지장치의 구성, 설치 위치, 설치 방법 등을 명시한다. 즉 Area 및 Zone을 설정하여 적절한 감지기들을 배치하고, 감지기와 주장치, 경보장치, 전원공급 등에 대한 구성방법과 어떠한 통신네트워크를 사용할 것인지 등에 대해서도 구체화 한다. 또한 어떤 센서를 사용할 것인가와 어떻게 구성할 것인지 등에 대하여 면밀히 분석하고 검토하여, 적정한 기기를 선정하고 구성방법 등을 설계도서에 반영한다.

제2절 상황관제 및 대응지침

가입고객의 이벤트에 대한 상황 모니터링, 침입감지 상황판단 등의 상황관제와 각 상황에 대한 각각의 대응조치 방안 및 지침이 세분화되고 구체화될수록 효과적인 대응프로세스가 된다. 따라서 상황관제 및 대응조치에 있어 신속하게 상황정보를 분석하고, 판단하고, 대응 및 조치를 할 수 있도록 경보신호의 분류 및 오경보 기준을 정립하여 해당지침을 제정한다.

1. 상황판단 및 대응

가. 상황관제 및 대응 지침

상황관제 및 대응조치에 있어 신속한 상황정보 분석, 판단, 대응 및 조치에 적용할 수 있도록 상황코드를 제정하고 분류 및 입력방법, 이력분석 지침 등을 마련한다. 또한 경보신호의 분류 및 오경보 기준 등에 의한 무단침입 등을 판단할 수 있는 기준과 함께 다음과 같은 지침을 제정하여 운영한다.

- 관제업무 절차 및 지침
- 관제요원의 상황판단 가이드라인
- 가입자장치 경계, 해제, 시험 등의 조작 및 설정 방법 등의 지침
- 가입고객 가입자장치의 원격조작 및 원격제어 지침
- 중복 오경보에 대한 관리지침
- 현장상황에 따라 경찰관서나 소방관서 등의 도움이 필요한 경우에는 유관기관에 지원요청 하는 기준 및 지침
- 고객에게 상황을 알리거나 확인하는 상황 기준 및 지침 등

관제업무 절차 및 지침에는 다음과 같은 사항을 포함하여 적용한다.

- 침입 판단 및 오경보 판단 기준과 그 절차
- 침입 확인요령 및 대응방법
- 출동지령 및 각 상황별 대응 방법
- 긴급상황이나 침입상황에 대한 대응 시나리오 등

나. 대응프로세스 고려사항

상황대응프로세스 제정에 있어 다음과 같은 사항들을 고려하여 반영한다.

- 시큐리티시스템의 경비기능 점검 및 확인 절차, 가입자장치 경계, 해제, 시험 등의 조작 및 설정 방법 등
- 원격제어에 의한 가입자장치의 경비 기능 및 성능 확인, 경계설정, 경계해제 등의 설정 방법
- 원격제어로 경고등을 작동하거나 경고방송이나 경고음을 발생시키는 등으로 침입자의 침입행위를 중단 시키거나 도주토록 하는 방안
- 단계별 침입신호 감지에 따른 오경보 및 침입경보 판단기준 및 예시(Part I, 제4장 제4절 “제3항 상황관제”를 참조하여 적용)

- 중복 오경보에 대한 관리 및 대응 방안
- 이벤트 유형별, 고객 유형별, 고객별 이벤트나 경보신호 이력, 사고 발생 이력 등의 정보와 관련통계정보를 활용하여 분석하는 절차 및 방법
- 경비구역의 감지기 동작 상태 및 동작순서에 의한 침입여부 판단 방법 및 절차

상황대응프로세스에 포함될 기준이나 지침 등의 사항의 예는 다음과 같다.

- 정보보호 관련 법령 등의 규정이나 지침을 준수한, 고객정보 활용 기준 및 관리 지침
- 침입 판단 기준에 대한 세부사항
- 오경보 판단기준 및 지침에 대한 세부사항
- 상황판단 및 대응지침, 이상상황 판단 절차 및 지침
- 이벤트정보에 의한 상황판단, 각 상황별 대응조치 방법 절차 지침
- 이벤트정보 분리 분류, Rule, 경보등급 기준 경보발령지침
- 유관기관(경찰, 소방, 의료, 설비회사 등) 협력 및 지원요청 기준 및 방안
- 출동지령코드, 상황코드, 상황처리코드, 명령체계 지침.
- 서비스가입고객으로부터 전송된 상황정보에 대하여 관련정보 조회 및 비교분석에 의한 현장상황 판단기준 및 지침
- 이벤트정보 처리 및 분류기준,
- 이벤트 상황판단 기준 및 절차
- 고객관리카드 관리기준 등

다. 신호의 분류 및 오경보 기준

신호의 분류 및 오경보 기준의 예는 다음과 같다.

- 일반신호: 경계, 해제, 재중 경계, 원격경계, 원격해제, 기타 복구 신호 등
- 점검신호: 이벤트신호의 성격 및 특성에 따라 현장조치를 위한 명령신호
- 시험신호: 개통시험, 점검요원의 시험, 가입자장치 접속선로 및 전송시험, 관제시험, 고객시험 등 기기의 동작상태 시험을 위한 신호
- 고객설비 장애신호: 고객의 회선변경, 내부공사, 정전 등에 의한 고객설비의 고장 및 장애신호, 시설물 장애에 의한 신호
- 미지령 오경보: 고객실수로 발생한 경보신호로 출동하지 않고 오경보 처리된 신호
- 지령 오경보: 경비현장에 출동하여 확인한 결과 침입에 의해 발생된 것이 아닌 신호
- 중복 오경보: 출동지령에 의해 현장상황을 확인한 결과 일정 횟수 이상(예를 들면 월 3회 이상 등) 오경보로 확인된 경보신호
- 불필요신호: 최초경보 발생 후 같은 신호가 연속적으로 발생하거나 중복발생 하는 신호로 유효 이벤트가 아닌 신호
- 진경보: 도난이나 침입 목적에 의해 발생하거나 화재, 파손 등에 의해 발생한 침입감지신호

2. 출동 및 순찰

가. 지침 제정 및 운영

출동 및 순찰업무에 대하여 다음과 같은 사항의 절차 및 기준 등의 지침을 제정하여 운영한다.

- 출동요원과 관제요원간의 지령통신망 운용지침
- 순찰점검 및 순찰주기 설정 지침
- 순찰점검 절차 및 활동 지침
- 고객방문 시의 행동지침 등

나. 대응프로세스에 반영할 사항

고객의 위급상황 등에 신속하고 효과적으로 대응하기 위하여 상황대응프로세스에 다음과 같은 사항들도 포함되도록 하여 순찰 및 출동의 효율성을 확보할 수 있도록 한다.

- 순찰 시나리오 및 행동요령
- 침입자 등에 대한 대응 및 제압 시나리오
- 출동팀별 관할구역과 출동 구역 및 범위 등을 지정하고 출동팀들간의 협력체계
- 동시에 2곳 이상에서 상황이 발생하는 경우에 대한 대응방안
- 출동우선순위 설정 및 인접구역의 출동팀에 의한 백업체계 확보
- 순찰점검 및 순찰주기, 출동요원 별 순찰 및 점검해야 하는 일일 가입자 수에 대한 기준 등

순찰점검은 주로 취약시간대(예: 밤12시~새벽6시)에 집중적으로 시행하며 특정시간대에 편중되지 않도록 균등하게 순찰회수를 지정하여 운용할 필요가 있다.

제3절 시스템운용 지침

1. 운용관리 지침

시스템설비들과 유관되는 설비들의 정상적 상태를 유지하고 안정적인 서비스 제공 및 서비스 중단의 최소화를 위하여 운용관리사항에 대한 지침을 제정한다. 그리고 고장이나 이상발생시의 조치방법, 서비스의 생존성 확보, 안전한 정보유통 및 유통정보 보호, 해킹 등의 전자적 침해사고 대응 등에 대한 지침을 제정하여 적용한다. 운용관리지침은 시큐리티시스템의 운용 및 관리를 위한 최상위 지침으로 적용할 수 있으므로 표준지침으로 제공하는 것이 좋다. 운용관리 지침은 운용관리계획의 수립, 수행, 평가 단계에 적용할 수 있으며 시스템설비의 확장이나 변경 등 필요시 수정 보완해 나간다.

2. 관리요소별 세부지침

구성관리, 변경관리, 운영상태관리, 성능관리, 장애관리, 보안관리, 백업관리 등 운영관리 요소별로 세부지침을 마련한다. 세부지침은 세부 관리요소들의 운영을 위한 절차나 방법 등을 기술하고, 각 지침에 대한 관리요소별 양식예제 등을 제공함이 바람직하다. 이 또한 표준지침화가 필요하다.

3. 시스템운용 평가

시스템설비의 운용에 있어 운용상태관리, 성능관리, 장애관리, 구성관리, 변경관리 등의 업무수행에 효율성, 효과성, 안정성, 신뢰성, 보안성, 경제성 등의 기본 충족기준 측면에서 정확히 평가할 수 있는 기준을 설정하고 평가 절차를 작성한다. 즉 시스템운용 평가를 위하여 다음과 같은 운영평가 사항을 참고하여 평가 항목을 정의하고 평가주관부서, 평가주기, 세부 평가방법 등을 작성하여 시스템 및 업무 운영 평가에 활용한다.

- 효율성 : 비용효과 측면과 성능 측면에서 현재의 운영 체계가 최적의 상태인가?
- 효과성 : 시스템 구축의 목적에 맞게 운용되고 있는가?
- 안정성 : 가용성이 확보될 수 있도록 운용되고 있는가?
- 신뢰성 : 정보의 유효성, 정확성, 품질보증 등을 만족시키고 있는가?
- 보안성 : 비인가자에게 시스템과 정보의 유출을 충분히 방지할 수 있는가?
- 경제성 : 현재의 운영 체계가 비용 측면에서 적절한가? 등

4. 지침서 및 절차서

각 시스템설비의 특성에 맞도록, 시스템설비 운영에 필요한 절차, 책임 및 권한사항, 산출물, 양식 등을 정의한다. 지침서 및 절차서는 관리요소별 세부지침을 참고하여 운영관리 요소별로 각각 작성한다. 즉 운영관리에 필요한 지침서 및 절차서는 구성 및 변경관리, 운영상태관리, 성능관리, 장애관리 등의 시스템 운영관리에 필요한 요소별로 작성하여 관리한다. 또한 상황실이나 통신실 등의 운영과 운영데이터 수집, 문제에 대한 식별, 기록 및 해결에 대한 업무처리 절차와 관련 규정에 대한 내용들을 포함하여 작성한다. 그리고 운영 과정 중에 생성되는 각종 산출물과 문서 양식들이 포함되어야 하며, 하드웨어와 소프트웨어의 추가, 변경시는 시험절차를 포함하여 시험의 종료 후 실제 운영환경에서 배포 및 설치를 위한 절차 역시 제공되어야 한다. 지침서 및 절차서는 시큐리티서비스 및 시스템의 규모와 관리의 중요도에 따라, 지침서와 절차서를 묶어 하나의 문서로써 작성할 수도 있고, 분리하여 두개의 문서로 작성하여 관리할 수도 있다. 지침서

및 절차서는 관제요원, 운용요원 등의 현업요원이 알 수 있도록 상세히 작성한다.

제4절 보안관리 지침

1. 보안담당 지정 운영

시큐리티서비스 및 시스템설비에 대한 보안성확보, 관련정보에 대한 정보보호, 해킹에 대한 보호 등을 위하여 보안책임자 및 보안담당자를 지정하여 운영한다. 보안책임자는 정보보호정책 수립에 대한 의사결정권자로서, 정보보호 규정 및 지침을 관리하고, 효율적인 보안정책을 수립, 심의 및 관리하는 책임을 맡는다. 보안담당자는 시큐리티서비스 운영에 필요한 정보보안 및 보안에 관련된 제반사항을 담당하며, 어떤 상황에서도 보안문제로 인하여 서비스제공에 지장이 발생되지 않도록 시스템설비를 유지하고 관리하는 책임을 갖는다. 일반적으로 보안담당의 업무 내역은 다음과 같다.

- 보안정책 수립 및 보안계획
- 정보자산에 대한 정보보호 활동 수행
- 기본보안수칙 작성 및 준수여부 확인
- 보안등급 기준 및 분류기준 정의
- 정기 또는 비정기적 보안점검
- 보안사고 발생 시 적절한 절차에 따라 즉시 처리
- 보안사고 원인분석 및 대응방안 수립
- 보안감사 및 보안 교육 실시

2. 주요 보안관리 업무

가. 시스템설비 관리

보안담당은 시스템설비를 운용하거나 이용할 운용요원이나 관제요원 등에 대하여 각 시스템설비의 관리자 및 이용자를 정의하고 시스템설비 이용자에 대하여 적정한 접근권한을 부여한다. 이용자들의 시스템 접근내역에 대한 적절성 및 시스템설비의 부적절한 이용사례 등을 분석하고 관리한다. 시스템설비 이용 및 접근 등에 대한 분석결과 부적절한 이용에 대하여는 적절한 제재조치를 취한다. 또한 보안담당은 시스템설비에 적용되거나 적용할 보안 솔루션에 대한 내부 적합성 평가업무를 수행한다.

나. 네트워크관리

시큐리티서비스에 적용되는 네트워크는 우선적으로 신뢰성이 확보되어야 한다. 통상적으로 네트워크는 물리적으로도 광범위하고 경로가 다양하며, 많은 사람이 이용하기 때문에 여러 가지 보안문제를 야기하고 있다. 따라서 관제통신망 및 지령통신망에 대한 네트워크는 통신사업자망을 이용하더라도 신뢰성 및 안전성을 확보할 수 있도록 보안성을 고려하여 구축한다. 그리고 불법적인 접근이나 해킹 시도를 사전에 감지하고 자산을 보호하기 위한 다음과 같은 보안관리 활동이 요구된다.

1) 통신망관리

- 일관성과 기밀성을 위해 통합적인 네트워크관리
- 네트워크 주소(IP 주소)에 대한 변경 통제
- 방화벽 등을 통한 내부시스템 접근을 통제하고, 관련정보 로깅(Logging) 관리
- 특수계정(슈퍼유저 및 root) 로그인 통제

2) 방화벽 등의 관리

- 방화벽, IDS, IPS 등의 보안시스템에 대한 계정통제
- 차단 및 허용에 대한 보안정책 준수
- 방화벽 등의 보안시스템에는 운영체제, 방화벽 소프트웨어 이외는 설치하지 않음
- 외부로부터 접근 시도는 반드시 로그(LOG)관리

다. 서버관리

시큐리티서비스를 위한 관제설비, 고객관리설비 등에 대부분 시중에 유통되는 상용제품의 일반적인 서버를 활용하고 있으며, 대부분의 서버는 유닉스계열의 운영체제를 적용하고 있다. 유닉스계열의 운영체제는 인터넷의 발달과 개방화에 따라 많은 부분에서 보안의 취약성을 가지고 있다. 이러한 보안 취약성으로부터 시큐리티서비스의 운영시스템에 대한 보호를 위해 다음과 같은 보안관리 활동을 한다.

1) 운영 및 관리

- 신규 임용된 임직원, 퇴직자 및 휴직자에 대한 계정관리
- 정기적으로 사용자 비밀번호 점검 및 변경관리
- 특수계정 권한에 대한 관리
- 백업관리지침에 따른 주기적인 백업관리

2) 보안점검

전체시스템에 대한 보안관리와 방향설정 및 주기적인 보안점검 실시

3) 계정관리

계정관리는 사용목적에 따라 사용자 계정을 분류하고 접근권한을 부여한다. 그리고 이용자에 대한 계정을 관리하고 미사용 계정에 대한 말소관리

를 하며 이용자 계정의 등록, 변경 및 폐기에 대한 업무절차를 명시한다.

라. 이벤트정보 등의 전산자료 및 데이터베이스 관리

이벤트에 대한 침입확인, 관제 및 대응, 고객관리 등을 위한 정보자산에 대한 위험요소를 식별하고 적절한 통제를 구현하기 위하여 다음과 같은 보안활동을 한다.

1) 자료관리

데이터베이스 로그인 계정관리 기준을 정의하고, 비밀번호는 암호화된 형태로 관리한다. 데이터베이스의 수정은 인가자에 의해서만 이루어지도록 하며, 주기적으로 백업을 실시하고 데이터베이스에 대한 접근통제 정책을 적용하여 통제한다. DBMS는 시스템과는 별도의 사용자 인증기능을 수행하여 접근을 통제할 수 있도록 한다.

2) 자료보관

중요자료로 분류된 자료에 대한 자료보관과 재해 및 비상시를 대비한 소산(疏散) 계획을 수립하여 운영한다.

3) 자료의 파기

중요자료로 분류된 자료 등의 자료파기 대상과 그 자료들의 파기절차를 정의하고 관련기록을 유지한다.

마. 응용 소프트웨어 관리

조직의 중요한 업무를 지원하는 기능을 하는 응용 소프트웨어에 대하여 그 유용성과 함께 존재하는 위험성을 식별하고 적절한 통제를 구현하기 위하여 다음과 같은 보안활동을 한다.

1) 응용 소프트웨어 개발

- 모든 응용 소프트웨어에 대한 보안등급을 설정
- 응용 소프트웨어 산출물은 보안관리규정에 근거하여 보안정책에 따라 개발 및 관리
- 중요자료로 분류된 응용 소프트웨어는 사용자 계정 및 비밀번호를 설정

2) 응용 소프트웨어 운영

- 사용자 계정에 대한 주기적인 비밀번호 변경을 실시
- 로그 정보를 주기적으로 분석하여 불법접근 및 변조 등에 대한 예방활동 수행
- 중요자료로 분류된 응용프로그램에 대한 보안검증 수행

바. 컴퓨터단말장치 관리

관제요원단말장치, 상담요원 단말장치, 각 담당의 PC 등의 단말장치에 대한 보안 관리를 위하여 비밀번호 설정, 보관 자료에 대한 정기적인 바이러스 검사를 실시한다. 그리고 윈도우 부팅 시 바이러스 체크기능을 설정하여 바이러스 진단을 실시하고, 데이터 손상에 대비해 정기적으로 데이터 백업을 실시하도록 한다. 모든 단말장치에는 바이러스진단 프로그램을 설치하고, 백신프로그램은 매일 실시간으로 업데이트 및 진단을 시행하여 단말장치가 최상의 성능을 발휘할 수 있도록 관리한다.

3. 인원보안 업무

시큐리티시스템의 관제설비 등 고객정보와 관련된 설비를 이용하는 모든

직원, 특히 고도의 기밀 정보 및 고객정보와 같이 민감한 정보를 처리하는 요원은 반드시 개인 신용점검을 하여 해당직무에 배치할 필요가 있다. 관제요원, 운용요원 등의 직원채용 시 입사조건으로 직원에 대한 기밀준수 협약을 하고, 업무수행 시 사전에 시스템사용권한을 승인받은 후에 해당시스템에의 접근을 허용토록 한다. 통상적으로 사용자 계정 및 비밀번호를 부여하여 사용토록하고 통제될 수 있도록 한다. 퇴직자는 근무기간 동안 사용하였던 모든 자산, 시스템 사용권한, 산출물을 회사에 반납한다.

가. 교육훈련

정보보안의 위협과 불안을 인식하고 일상 업무 중에 조직의 보안 정책을 지원할 해당인력이 적절한 교육을 받을 수 있도록, 보안교육 계획을 수립하고 보안교육 대상자에게 교육을 실시한다.

나. 보안사고 처리

보안사고 발생 시의 사고대응절차와 공식적인 보고절차(사고보고 → 사고조치 → 피드백 → 전파)를 정의하여 운용한다. 시스템설비 이용자는 시스템이나 관련 장비에 취약점을 인식했거나 의심스런 요소를 발견한 경우 반드시 보안담당에게 알린다. 보안담당은 보안사고 조치 후에 유사사고가 반복적으로 발생하지 않도록 그 내용을 전파함으로써, 사고를 미연에 방지할 수 있도록 한다.

제4장 서비스데스크 운영

일반적으로 Helpdesk는 고객센터, 상담센터, 고객지원센터 등으로 불리는 고객 상담 및 지원센터의 형태를 통칭하며, 서비스에 대한 고객의 궁금사항, 문의사항, 요구사항 등에 대한 상담과 필요한 조치를 취하는 업무를 수행한다.

제1절 기본방침

서비스 브랜드의 이미지를 향상시키고 고객만족을 이끌어 내기 위하여 다음과 같은 활동을 한다.

- 고객의 상담 및 요구사항을 접수
- 고객의 요청사항, 불만사항에 대한 신속한 조치
- 고객의 가입, 변경, 해지에 대한 접수 수행
- 고객만족활동, 신규고객 및 가입변경 고객 등에 대한 Happy Call 시행 등

제2절 수행 업무

서비스데스크는 시큐리티서비스에 대한 고객과의 컨텍포인트로서, 고객

의 불편사항을 해소시켜주며 서비스의 만족도를 향상시킬 수 있도록, 고객의 요구사항이나 문의사항에 대하여 친절하게 성심성의껏 응대 및 신속한 처리가 중요하다.

1. 기능 및 역할

서비스데스크의 주요기능 및 역할은 다음과 같다.

- 시큐리티서비스 가입 및 서비스해지 등의 청약관련 업무, 필요시 가입고객에 대한 설비의 설치를 위한 공사명령에 관한 업무를 수행할 수 있다.
- 서비스 관련 사항 상담
- 기타 고객만족도 향상을 위한 활동 등

2. 세부업무 수행

서비스데스크에서 수행하는 세부적인 주요업무는 다음과 같다.

- 기존 서비스대상 고객의 불만사항, 문의사항의 접수 및 처리한다.
- 기존 서비스의 변경이나, 새로운 서비스 추가, 부가서비스 등의 서비스 계약관련 사항을 처리한다.
- 고객의 상담 발생 시부터 종료 시까지 진행사항 및 처리 결과를 관리한다.
- 가입자에 대한 상담, 등록, 해지, 변경 및 제반사항에 대한 고객과의 대화창구로 성실하고 친절하게 응대한다.
- 상담 고객에 대한 분석과 각 고객의 관심사항이나 불만사항 등을 관리한다.
- 서비스데스크 임무나 업무 분장 등에 의해 필요시 가입고객에 대한

과금업무나 월별 정산업무 등을 수행한다.

▪ 업무분장이 된 경우나 필요시에는 기술지원, 상황관제 관련사항, 고객의 서비스운용에 대한 원격처리 요청사항 등을 처리한다.

가. 청약 업무

시큐리티서비스를 제공받기 원하는 고객에 대한 서비스청약을 접수하고 청약에 관련된 해당업무를 수행한다. 전화로 청약을 문의하는 경우에는 친절하게 응대하고 해당사항을 안내한다. 청약방법 및 절차는 미리 정하여 업무지침으로 제정하여 시행한다.

나. 서비스 해지

가입고객이 더 이상 시큐리티서비스 이용을 원하지 않는 경우, 서비스해지에 대한 상담을 하며 필요시 서비스해지에 대한 접수 및 해당업무를 처리를 한다. 업무처리는 미리 마련된 서비스 해지업무 처리 지침 및 절차를 따른다.

다. 서비스 변경

사용 중인 서비스에 대한 변경이나 서비스기간 연장 등의 변경조치를 한다. 서비스변경 및 설치장소 변경에 대한 처리절차는 서비스 등의 변경처리 지침을 따른다. 경비구역 변경이나 경비구역 확장 등에 따른 가입자장치의 설치장소 변경이 필요한 경우에는, 서비스 등의 변경처리지침에 따라 해당업무를 처리한다. 예를들면 공사명령서를 발행하여, 변경되는 장소에 해당 장치들을 설치하고 해당가입자에 대한 설치장소 변경 등에 대한 구성관리 및 변경관리 관련 데이터를 수정할 수 있도록 관련 업무를 진행한다.

라. 고객 상담 및 지원

고객의 문의사항에 친절하게 응대하고 고객의 궁금 사항에 대한 상담업무를 수행한다. 기술상담이나 기술지원 요청사항 등 직접적인 응대가 곤란한 경우에는 대하여는 기술부서나 해당부서로 친절하게 안내한다. 필요시에는 고객을 방문하여 기술적인 상담이나 현장지원이 이루어질 수 있도록 기술부서나 해당부서에 요청한다.

제3절 고객 관리

서비스 개통 후에는 해당가입자에 대한 Happy Call을 실시하여 고객의 불편사항이나 만족사항 등을 확인한다. 또한 제3장 제1절 "제1항 고객만족 활동지침"에 따른 고객 불만사항을 해소하고 고객관리를 통하여 서비스 브랜드 이미지를 높이는 활동을 한다. 고객만족을 충족시키기 위한 활동으로, 정기적으로 또는 필요한 경우에, 고객의 불편사항 접수현황, 고장 접수 현황 및 처리상항 등에 대한 자료를 분석하고 관리한다. 고객만족활동과 관련하여 분석한 자료 및 분석결과는 관련부서와 정보를 공유한다.

제4절 위탁운영

1. 위탁운영의 필요성

고객상담센터, 컨택센터와 같은 서비스데스크에 대한 아웃소싱은, 자체적으로 서비스데스크를 직접 구축하여 운영하는 것보다, 다음과 같은 어려움이나 한계성 및 리스크 극복 면에서 강점이 있을 때 채택하는 경우가 많다.

- 초기 투자비용의 투입부담 과중
- 센터운영의 노하우 부재
- 전문인력 확보 및 전문능력 미흡
- 비즈니스 상황변수에 따른 센터운영에 대한 효율성 및 탄력성 약화 등

2. 위탁운영 검토 사항

서비스데스크 업무의 아웃소싱을 검토할 때의 전략적 유의점은 다음과 같다.[8]

■ 인바운드/아웃바운드 성향

해당 서비스데스크 운영 목적이 인바운드 성향인가, 아웃바운드 성향인가를 검토하여 아웃소싱 시에 적용한다. 시큐리티서비스에 대한 서비스데스크는 주로 인바운드 성향이므로 서비스데스크에 대한 시스템의 자동화가 전제되어야 하며, 콜량을 동시에 처리할 수 있는 능력, 인바운드 컨택센터 운영경험, 고객정보관리 등을 중점적으로 평가한다.

■ 전문성

통상적으로 아웃소싱을 맡길 경우 대부분의 경우 규모가 큰 업체를 선정하려는 경향이 있으나 전문성 및 능력평가에 비교우위를 두는 것이 좋다. 대형업체의 경우에는 서비스데스크 운영을 위한 초기투자가 가능하고 비교적 시스템적 접근이 안정화되어 있는 장점은 있다.

8) "콜센터 아웃소싱 어떻게 활용할 것인가?", 포시엠컨설팅그룹 자료(송현수 대표 글), 일부내용을 인용하여 편집함.

■ **Data Base 운영의 신뢰성**

서비스데스크 아웃소싱의 최대 걸림돌이 바로 고객 데이터베이스의 대한 보안성이나 신뢰성 문제이므로 Data Base 운영의 신뢰성이 높아야한다. 따라서 고객 개개인의 프라이버시 침해나 제 3자의 부정도용 등의 사항을 중요한 평가요소로 고려한다.

■ **서비스데스크 매니지먼트 전문능력**

서비스데스크 매니지먼트(Help Desk Management or Contact Center Management)는 매니저, 슈퍼바이저 중심의 관리능력의 비중과 이들을 지원하는 지원시스템에 대한 프로세스와 서비스데스크에 대한 분석관리 능력을 고려한다.

■ **상담원의 평균 수준과 훈련능력**

안정적인 상담인력의 공급 및 관리체계, 인력채용 이후 교육훈련 시스템, 상담원에 대한 복리후생, 동기부여에 대한 구체적인 방안 등을 세밀하게 검증해 볼 필요가 있다.

■ **생산성 및 효율성**

서비스데스크 운영 목적과 일치하는 서비스데스크 센터의 운영과 센터경영의 질적인 가치를 향상시키는 요소들을 평가한다.

3. 위탁운영 관리

서비스데스크의 아웃소싱은 장기적으로 봤을 때 직접적인 운영체제에 비해 효율성이나 생산성에서 비교우위가 전제되어야 한다. 따라서 서비스데스크의 생산성 관리의 수준향상을 위하여 다음과 같은 세부적인 경영관리

가 가능하도록 운영하면 효율성을 확보할 수 있다.[9)]

- 생산성 관리방법과 범위의 결정
- 생산성관리 지표에 따른 관리기준 설정
- 생산성 측정 및 분석방법
- 상담원 이직률, 서비스데스크 공실률 정도, 서비스 우위성, 인력의 전문성, 콜처리 자동화, 상담센터 서비스 품질 평가 등 생산성에 영향을 미치는 요인 등을 고려

서비스데스크를 아웃소싱으로 운영하기 위하여 위탁운영업체를 선정한 경우에는 정기적으로 운영결과에 대한 보고서를 분석하여 생산성, 업무처리의 효율성 등을 검토하고 확인한다. 위탁운영 분석에 의해 개선이 필요한 사항은 개선대책을 마련하여 적용하고 필요시 연단위로 계약을 갱신하거나 용역업무를 보강 또는 수정하여 적용한다.

9) "콜센터 아웃소싱 어떻게 활용할 것인가?", 포시엠컨설팅그룹 자료(송현수 대표 글), 일부내용을 인용하여 편집함.

제5장 시스템 운용 및 관리

시큐리티시스템 및 서비스에 영향을 미치는 시스템설비는 일일점검 및 정비 등을 통하여 항시 최적의 상태로 유지하여 운용하며, 관제통신망 및 지령통신망에 대해서는 통신사업자 등과 긴밀한 협력관계를 유지하여 트래픽의 폭주나 장애 등을 예방할 수 있도록 한다. 외부네트워크의 구성은 통신사업자 구간의 물리적인 루트를 가급적 이원화하고 각 루트별 전송시스템들은 이중화하여 네트워크 고장발생으로 인한 시스템 및 서비스 운영의 영향을 최소화할 수 있도록 요청한다. 또한 시스템설비 및 네트워크의 고장 등에 대비하여 문제발생 시에 신속한 복구가 가능하도록 긴급복구방안을 마련하여 적용한다.

일반적으로 시큐리티시스템의 운용 및 관리에 대한 주요업무는 다음과 같이 정의할 수 있다.

- 시큐리티 시스템 설비 운영
- 시스템의 장애발생시 신속한 복구 조치.
- 고장 난 모듈 및 장치의 수리.
- 월간, 분기, 년간 계획정비.
- 소프트웨어 업그레이드 지원.
- 비상 연락망 편성 및 운용.

또한 시큐리티시스템 설비의 운용에 있어 기본적인 운용방침은 다음과 같은 사항을 들 수 있다.

- 시큐리티서비스의 정상적 기능 및 성능을 유지할 수 있도록 시스템 설비에 대한 일일 점검 및 수시점검을 수행한다.
- 점검결과 결함이 예상되거나 튜닝이 필요한 경우에는 신속한 조치를 취한다.
- 시스템 및 서비스 운용에 지장을 주는 작업이나 정비, 데이터베이스 튜닝 작업 등은 인터넷 사용량이 적은 최한시에 시행한다.
- 시스템의 튜닝, 업그레이드 등에 대한 원천공급사의 지원을 위하여 Contact Point 확보 및 온라인접속 지원체제를 운용 유지한다.
- 주요장비에 대한 운용매뉴얼 과 긴급복구매뉴얼의 절차를 준수하여 업무를 수행한다.
- 시스템설비의 고장이나 서비스 중단 등의 긴급상황이 발생한 경우에는 비상연락망의 긴급복구반을 출동시켜 긴급복구 등의 조치를 취한다.

제1절 운영관리 요소

통상적으로 서비스운영 및 시스템설비에 대한 운용관리요소는 크게 가입자관리, 시스템설비 운용관리, 고장관리를 들 수 있다.

1. 가입자관리

가입고객에 대한 서비스가 가능하도록 신규가입자 등록, 가입자 변경, 시스템 설비의 구성 및 변경관리 등의 업무를 수행한다. 고객에 대한 구성관리는 구성관리의 계획 및 식별제어, 구성관리 항목의 보관 및 유지를 위한 활동을 한다. 변경관리는 변경계획 수립 및 변경요청 접수, 변경검토 및 우선순위 할당, 변경 승인 및 통보 등의 업무를 수행한다.

2. 시스템설비 운용관리

시스템설비의 운용관리는 다음과 같은 업무활동을 한다.

가. 운용상태관리

- 시스템설비 운용상태관리
- 운용상태관리 요구사항의 수집 및 관리항목의 정의
- 운용상태관리 환경 구현에 대한 테스트 및 운영상태관리 수행
- 운용상태관리 적용 현황 작성 및 개선

나. 성능관리

- 성능관리 요구 사항의 검토 및 성능관리 계획서 작성
- 성능측정환경 구현, 성능 측정 및 분석
- 성능 개선방안 수립 및 실행

다. 보안관리

- 보안수칙, 보안등급 기준, 보안점검 및 보안사고 처리
- 정보시스템 관리, 네트워크관리, 서버관리, 응용소프트웨어관리, 전산자료 및 데이터에 대한 데이터베이스관리
- PC관리 및 인원보안

라. 백업관리

- 백업시스템 구축 및 백업시스템 운영
- 백업 표준정책 수립 및 백업점검 수행
- 백업시스템에 의한 복구훈련

마. 관제상황실 및 설비운용실 관리

- 장비 및 인원의 출입통제,
- 상황실과 설비운용실 내부 및 관련설비에 대한 위험 식별 및 점검 활동

3. 고장관리

시스템설비의 고장이나 장애는 서비스에 지장을 주지 않도록 고장 및 장애 처리 지침 및 기준을 마련하여 운영한다. 또한 예방점검 계획을 수립하여 적용하고, 주기적인 예방점검활동으로 시스템설비 성능을 최적의 상태로 유지토록 한다. 필요시 장애 모의훈련 및 비상계획을 수립하여 시행하고 그 결과를 분석하여 개선방안 등을 시스템설비 운용에 적용한다.

제2절 운영관리 지침

1. 가입자관리

가입자관리는 시큐리티시스템을 구성하는 하드웨어 및 소프트웨어의 구성현황, 이력, 구성파일, 파라미터, 구성도 등을 관리하고, 신규가입자 등록, 가입자변경, 서비스자원 등에 대한 구성요소의 각종 변경사항에 대하여 효율적 관리를 위한 절차를 규정한다. 그 적용범위로는 관제시스템, 가입자관리시스템 등의 정보시스템 자원을 구성하는 요소, 환경요소 및 인적자원 등을 포함하여 하드웨어, 시스템 소프트웨어, 네트워크, 응용 소프트웨어, 데이터베이스, 시스템 보안, 데이터, 시스템설비 등이 구성 및 변경관리의 대상이 된다.

가. 구성관리

시큐리티시스템에 대한 구성관리는 가입자와 관련된 정보시스템을 구성하는 대상의 상태를 기록하는 것이며, 이는 그 대상들과 연관된 모든 기록을 포함한다. 시큐리티시스템의 구성요소는 각각 개별적으로 통제 및 관리하며, 명확하게 식별할 수 있는 단위로 구축 및 운용되도록 한다. 또한 그 이름은 명확하고 유일한 식별이 가능해야 한다. 그리고 해당시스템설비의 구성요소는 시스템별 구성관리 담당자에 의해 체계적으로 관리되어야 하며 구성관리요소가 추가되거나 변경될 때마다 관리한다.

구성관리를 효율적으로 유지하기 위해서는 변화되는 구성요소들을 조직 내부에서 정기적 또는 비정기적으로 검증하고 점검하는 활동이 필요하다. 정기 점검은 전체 구성요소에 대해 해당 조직의 판단 하에 선별적으로 검증을 수행한다. 비정기 점검은, 업무 수행 도중에 발생하는 구성 요소의 불일치가 발견된 경우에 수행하며 불일치 요소에 대해 내역을 기록한 후 구성관리에 반영 한다.

나. 변경관리

변경관리는 시큐리티서비스 제공을 위한 시스템설비의 구성으로부터 서비스운영에 이르기까지 모든 변경에 대한 요청을 관리한다. 변경사항이 발생하는 경우 운용요원 등의 해당 담당자는 변경요청 내용을 작성하여 변경관리 담당에게 변경을 요청한다. 변경요청은 시스템설비 이용자, 운영자, 또는 공급자에 의해 발생될 수 있다.

1) 변경검토 및 우선순위 할당

변경관리담당은 변경 요청된 내용이 운용 중인 시큐리티시스템에 미치는 영향에 대해 다음과 같은 사항들을 검토하여 우선순위를 할당한다.

- 요청된 변경 사항이 서비스에 미치는 영향
- 변경요청사항의 기술적 타당성 검토
- 상호운용성, 접속 등에 대한 영향
- 시험 및 검사 방법에 대한 영향
- 응용 소프트웨어 및 인프라 아키텍처에 미치는 영향
- 운용 절차에 미치는 영향
- 사전 정의된 기준에 따른 우선순위 할당에 미치는 영향 등

2) 변경 승인 및 통보

변경이 검토된 후에 변경관리 책임자는 문서화된 결과를 검토하고 변경을 승인할 것인지 기각할 것인지를 결정한다. 승인이나 기각에 대한 권한은 변경의 중요도에 따라 변할 수 있으며, 변경 내용 검토를 통해 변경 사항을 승인하면, 변경 요청자에게 이를 통보한다. 변경 승인 여부의 기록에는 다음과 같은 내용이 포함되도록 한다.

- 현재 구성요소 및 오류 내용
- 변경요구 사항과 처리 진행 상태
- 승인되어 변경 진행 중인 내용
- 해당 시스템설비를 운용하는 운용자 및 관리자
- 소프트웨어를 지원할 하드웨어의 구성 등

3) 변경 작업 계획 및 작업 등록

변경 작업이 승인된 경우에 한하여, 해당 담당자는 작업 대상에 따른 변경작업 계획을 마련하고, 변경 작업 내역을 기록하고 관리한다.

- 변경 작업에 대한 상세 내역 및 작업일시에 대한 계획 수립
- 작업 실패에 대비한 원상 복구 계획
- 협력업체 등에 의한 변경 작업 시 변경 작업 요청 및 관리의 절차
- 변경 이력관리를 위한 기록

4) 변경 테스트 및 적용 승인

실제 시스템운용 환경에서 변경된 사항을 적용하기 이전에 테스트 환경에서 변경 작업을 수행하고, 그 결과에 대한 적용 여부에 대해 최종 승인을 한다. 변경 적용 시 문제가 발생할 경우 원상 복구계획에 따라 변경대상 시스템설비를 원상태로 복원한다.

5) 변경 평가 및 변경사항 기록

변경 작업에 대한 평가를 수행하고 변경 요청자에게 결과를 통보한다. 또한, 변경사항에 대해 구성 담당에게 통보하며, 구성 및 변경관리 담당자는 해당 시스템설비 내 구성에 대한 변경사항을 기록하고 관리할 수 있도록 한다.

2. 시스템설비 운영관리

가. 운영상태관리

운영상태관리는 시스템 구성요소에 대한 운영상태의 모니터링(Monitoring)을 통하여 이상 징후를 발견하고, 기록, 분류, 조치가 가능토록 함으로써, 시스템의 가용성을 향상시킬 수 있다. 운영상태 관리는 서비스 유지기준 및 수준에 따라 지속적인 운영 시스템 감시활동을 수행하게 되며, 감시활동에는 서비스에 영향을 줄 수 있는 징후들의 포착을 위한 일반적인 모니터링 업무 외에도 장애 감시와 보안 감시활동이 포함될 수 있다. 운영상태관리 수행 동안 이상 징후 발견 또는 보안 침해사고 발생 시에는 관련 프로세스 또는 해당 업무 담당자에게 통지하는 활동도 병행한다. 운영상태관리는 정보의 수집 및 상태 점검이 가능한 하드웨어 및 주변 장치, 데이터베이스 및 미들웨어, 응용 소프트웨어, 통신실 및 상황실의 관련 설비

(UPS, 항온항습기) 등 Computing자원의 구성 요소에 대한 모니터링 업무 및 가용성 유지를 위한 상태관리 업무에 적용한다.

1) 운영상태 관리항목 정의

운영상태를 효과적으로 관리하기 위해 운영상태관리 대상별 관리 항목에 대하여 다음과 같은 내용을 포함하여 세부사항을 정의한다.

- 운영상태관리 항목 및 임계치
- 운영상태관리 항목에 대한 자료 수집 주기
- 임계치 초과 시 초과 항목에 대한 전달 방식
- 관리 항목에 대한 운영상태관리 적용 기간 등

2) 운영상태관리 수행

운영상태관리는 주기적으로 운영상태관리 대상별 관리 항목에 대한 현황을 작성하고 관리 및 유지하여야 하며, 효과적인 운영상태관리를 위한 업무의 개선을 지속적으로 실시한다.

- 사전에 정의된 운영상태관리 항목에 대한 세부 항목별로 수집된 데이터를 실시간 또는 일정 주기로 분류한다.
  - ✓ 분류된 데이터를 분석한 후, 다음과 같이 사전 정의된 세부 항목별 임계치에 도달 되거나 초과된 항목이 발견 될 때와 기타 운영간 비정상 상태 발견 시에는 관련 프로세스 또는 해당업무 담당자에게 해당 내용을 통지한다.
  - ✓ 성능 및 용량 관련 임계치 초과 여부
  - ✓ 배치 작업의 시간 초과 및 성공 여부
  - ✓ 데이터 백업 및 복구 작업의 작업 시간 초과 및 성공 여부
  - ✓ 컴퓨터 바이러스 감염 여부
  - ✓ 보안 관련 로그 분석을 통한 침해 사고 발견 내용
  - ✓ 하드웨어 및 소프트웨어 사용 중 발생되는 오류 내용

✓ 육안 점검을 통한 하드웨어 상태표시등 및 각종 경고 램프의 비정상 상태
✓ 기타 운영상태관리 요청자에 의해 요청된 항목의 비정상 상태 등

- 운영상태관리 수행 동안에 얻어진 운영 상태 데이터와 비정상 상태 데이터가 포함된 운영상태관리 기록을 작성하고 관리한다.

나. 성능관리

성능관리는 시스템의 효율 및 응답속도 등을 최적의 상태로 유지하고 제공하기 위하여, 낮은 성능을 보이는 요소를 찾아 성능 개선을 수행하거나 성능 분석을 통해 성능 문제점을 발견하여 개선하는 업무를 말한다. 이 같은 성능관리 업무는 최적의 용량을 적시에 확보하기 위한 용량확보 계획을 수립하고 성능 관련 문제를 사전에 예방함으로써, 이용자의 시스템 활용도 및 만족도를 향상시킬 수 있다.

성능관리의 적용 범위는 운영관리 대상 시스템의 응용 소프트웨어, 서버, 네트워크 자원 등 낮은 성능을 보이거나, 주기적인 성능 관련 분석이 필요한 시스템 및 해당 시스템의 구성요소를 대상으로 한다. 성능 분석 대상으로 선정된 응용 소프트웨어, 서버, 데이터베이스, 네트워크 등의 구성요소에 대해서는 업무의 중요도 및 운영 환경을 고려하여 적용 범위를 조정할 수 있다. 성능관리의 업무내역 및 절차는 다음과 같다.

1) 성능관리 요구 사항의 검토

성능관리 계획 수립을 위한 성능관리 요구 사항 및 성능측정에 필요한 사항을 정의하기 위하여 다음과 같은 자료를 검토한다.

- 서비스 성능 수준 내용
- 과거 성능 테스트 자료
- 고객만족도 조사 및 관제요원 등의 성능 분석 요청 내용

2) 성능관리 계획서 작성

성능 측정 및 분석을 통한 성능관리 방안을 수립하는 작업으로, 성능관리 계획의 수립은 성능관리 대상 및 측정 항목의 선정, 측정 항목별 임계값, 성능 측정 항목에 대한 측정 방법 및 측정 주기, 성능 측정 결과를 이용한 성능 분석 주기 등을 포함하여 계획에 반영한다.

3) 성능 정보의 측정 및 분석

성능정보의 측정 및 분석을 위하여 미리 정의된 성능관리 대상 별 성능관리 항목을 측정하기 위한 환경을 구현 한다. 성능 측정 환경 구현을 위하여, 사용자에 의한 성능 프로그램의 작성, 성능관리 도구의 활용 등 다양한 방법이 활용되어 질 수 있으나, 성능관리 계획 시 반영된 성능 측정 항목을 효과적으로 측정할 수 있도록 구현한다. 성능 측정 및 성능 정보 수집 환경이 타 시스템 및 데이터베이스, 네트워크, 응용 소프트웨어 등의 성능에 영향을 최소화 하도록 구현하며, 이에 대한 영향도를 점검 한다. 그리고 구현된 성능 측정 환경 하에서의 성능 정보가 계획된 주기로 수집되는지 여부를 확인 한다. 또한 수집된 정보를 이용하여 다음과 같은 항목 등을 분석한다. 분석 항목 등은 운영 환경 및 성능 측정 환경의 특성에 따라 조정 될 수 있다.

- 서버 관련 : CPU 사용율, 메모리 및 가상 메모리 사용율, 디스크 사용율, 디스크 I·O 횟수 및 소요 시간 등
- 데이터베이스 관련 : 데이터베이스 처리 시간, 데이터베이스 구성요소의 단편화(Fragmentation) 비율, 디스크 I·O 분산 비율, 데이터베이스가 사용하는 CPU 및 메모리 사용율 등
- 응용 소프트웨어 관련 : 해당 응용 소프트웨어 로그인, 정보 조회, 정보 등록 및 저장 등 응용 소프트웨어 사용 중 실제 응답시간
- 네트워크 관련 : 네트워크 주요 장비의 CPU, 메모리 등의 사용율, 회선 사용율 등

4) 성능 개선 방안 수립 및 실행

성능 분석 결과, 개선이 필요한 경우에는 성능관리 책임자 및 관련 담당자(시스템 관리자, 데이터베이스 관리자, 응용 소프트웨어 관리자, 네트워크 관리자 등)와 협의하여 개선방안을 작성한다. 시스템설비의 용량증설을 통해 성능 향상이 필요한 경우에는 용량증설이 선 수행되어 질 수 있도록, 개선 방안을 수립한다. 성능 개선 방안에 의거하여 성능 개선을 실행하고, 성능 최적화 여부에 대한 측정 및 분석을 통하여 성능 개선사항을 확인 및 점검 한다.

다. 보안관리

보안관리의 목적은 시큐리티서비스 제공사업자의 정보자산(정보시스템, 네트워크, 응용시스템, 데이터베이스 등)에 대한 정보보호활동 및 절차를 체계적으로 관리하여 기밀성, 무결성, 가용성을 확보함으로써 내·외부의 무단사용자에 의해 불법 유출·파괴·변경되는 것으로부터 안전하게 보호하기 위함이다. 따라서 네트워크, 정보시스템 및 데이터베이스를 포함한 정보운영환경과 응용프로그램을 안전하고 신뢰성 있게 운영하여 시큐리티서비스와 관련된 정보시스템 이용자에게 정보를 안전하게 제공할 수 있도록 관리한다. 보안관리를 효과적으로 수행하기 위해서는 그 관리대상이 적절히 분류되어야 하고 여러 가지 보안관리 기능과 각각의 대상들에 알맞은 기능이 설정되어야 한다. 보안관리 적용대상은 주로 서비스 관련 정보시스템, 네트워크, 응용시스템, 데이터베이스 등의 정보자산이 되며, 적용범위는 서비스시스템의 환경에 따라 조정될 수 있다.

라. 백업관리

백업관리는 컴퓨터시스템의 장애나 화재와 같은 재해로 인해 저장해 둔 정보가 소실되거나 손상될 경우에 대비하여 일정한 시간 차이를 두고 데이터를 복사하여 별도의 매체(디스크 혹은 테이프 등)에 예비로 저장해 둠으로써, 불의의 사고로 시스템이나 파일이 피해를 입더라도 최근에 백업한 시점의 내용으로 복구할 수 있도록 하여, 시큐리티서비스 시스템의 영속성을 보장하는데 그 목적이 있다.

1) 적용범위

백업관리는 시큐리티시스템의 영속성을 보장하기 위해서 관리되는 업무로써, 시큐리티서비스를 제공함에 있어 필수적으로 관리되어야 하는 백업시스템 구축절차 및 백업시스템 운영절차를 적용범위로 하며, 시스템운용환경에 따라 조정될 수 있다. 적용대상은 시스템OS, 사용자 데이터베이스, 서비스제공 관련파일(파일 시스템 포함) 등으로 정의할 수 있다.

2) 업무 내역 및 절차

백업시스템은 다음과 같은 절차로 구축되는 것이 일반적이다.

① 요구사항 분석

백업의 대상이 될 데이터의 종류와 용량을 식별하고 분석한다. 백업 대상 데이터가 분석되면, 업무 영향을 최소화하기 위한 백업 목표시간과 업무 연속성을 보장하기 위한 복구 목표시간, 복구 목표시점 등을 설정하여야 하고 백업주기 및 보관기간을 결정해야 한다.

② 백업자원현황 파악

현행 백업시스템의 구성방식, 기존 백업시스템의 사양 및 운영현황 조사를 통해 백업 여유율 등을 확인함으로써 현행시스템이 백업 요구사항을 만족시킬 수 있는지 파악한다.

③ 백업시스템 설계

현행 운용시스템과 목표시스템 간의 차이점을 분석하고, 그 결과를 참고하여 구축해야 할 백업시스템의 구성, 백업장비 및 매체 등을 설계한다.

④ **백업시스템 구축**

기존시스템과 연계할 경우에는 상호 연관성을 고려하고, 효율적이고 효과적인 백업시스템이 구축될 수 있도록 다양한 검토를 해야 한다. 또한, 신규 백업시스템의 데이터 저장방식이 기존시스템과 다른 경우에 데이터를 신규시스템으로 이관할 수 있도록 한다.

⑤ **테스트**

구축된 시스템이 백업 요구사항을 올바르게 수용하고 있는지 확인하는 단계로써, 백업과 복구에 대한 테스트로 나누어 수행한다.

⑥ **운용자 교육 및 운용 매뉴얼 작성**

백업시스템의 효율적 운용을 위해서 운용자 교육을 실시하며 운용 매뉴얼을 작성하여 제공한다. 운용 매뉴얼에는 백업시스템 구성현황, 백업스케줄 현황 등이 명시되어야 하며, 백업정책 등 운용에 필요한 기본 지침이 마련되어야 한다.

3) 백업시스템 운용

백업시스템 도입 후 최초 적용 시 정기적인 항목들(보관기간, 방식, 데이터베이스 백업모드 등)을 결정하여야 하며, 운용도중 변경사항이 발생하면 충분한 검토 및 승인을 통해 이를 반영하여야 한다. 그리고 백업데이터의 중요도에 따라 백업주기를 결정한다.

① **백업 표준정책 수립**

백업시스템의 체계적인 운영을 위하여 각 조직은 복구요건에 맞도록 백업 스케줄에 대한 고유한 표준 정책을 수립하여야 한다. 표준

정책에 포함되어야 하는 내용은 다음과 같다.
백업주기 및 보관기간 결정
백업방식 결정(전체 백업/변경분 백업, 온라인 백업/오프라인 백업 등)
매체관리 방법 등

② 백업수행

백업수행에는 백업자원할당과 백업모니터링 활동을 들 수 있다. 백업자원할당은 백업대상 서버의 백업장비와의 연결종류에 따라 적절한 백업속도를 산정하여 적용한다. 백업모니터링은 네트워크, 백업드라이브, SAN(Storage Area Network) 스위치 등의 백업 표준속도를 확인하고, 비교하여 병목 구간을 찾아 이를 보정해 주어야 한다. 또한, 백업수행 중 발생하는 에러코드번호를 확인하여 원인을 찾고 문제를 해결하여야 한다.

③ 백업점검 수행 및 복구 훈련

백업점검을 위하여 백업대상을 확인한다. 백업대상 확인은 백업대상 시스템에 대해 적절한 소프트웨어 모듈이 설치되었는지 확인하고 백업대상 파일들이 모두 포함되어 있는지 확인한다. 복구 훈련은 백업된 데이터에 대한 무결성 확인을 위해 응용 소프트웨어와 관련된 데이터를 복구하여 백업 전 데이터와 동일한지 확인한다. 또한 데이터베이스는 데이터 복구 후 데이터 용량을 확인하여 동일성 유무를 점검한다.

마. 상황실 및 운용실 관리

관제상황실 및 설비운용실 관리는 상황실/운용실의 접근 통제 업무와 상황실/운용실과 관련된 건물 및 관련 설비의 관리 업무를 말하며, 상황실/

운용실내에 설치되어 운영 중인 컴퓨터시스템인 시스템설비의 운용에 대한 안전성 및 신뢰성을 보장하는데 그 목적이 있다. 그 적용범위로는 상황실/운용실 접근 통제 업무, 상황실/운용실 내부관리 업무 및 상황실/운용실을 위해 설치 및 운영 중인 설비 유지보수 업무, 재난 재해 시 비상 계획을 지원하기 위한 사전 준비 활동에 적용한다.

1) 해당 실 관리담당 지정 운영

해당 실의 관리책임자는 상황실/운용실 내부 및 상황실/운용실 관련 설비의 관리를 책임지며 다음과 같은 역할을 수행한다.

- 장비 및 인원의 출입 통제를 포함한 상황실/운용실 관리 및 통제 업무
- 상황실/운용실 관리 상태 점검 및 관련 설비의 유지 보수 업무관리 감독
- 재난, 재해에 대비한 비상 계획 수립 및 사전 준비 활동 수행

해당 실 설비담당자는 상황실/운용실 관련 설비의 유지보수를 담당하고 있는 담당자를 말하며, 상황실/운용실 관련 설비의 점검 및 유지 보수 업무를 수행한다.

2) 장비 및 인원의 출입 통제

상황실/운용실 관리책임자를 지정하고, 상황실/운용실 관리책임자는 상황실/운용실 입실 자격의 적정성을 평가하고 출입 권한을 부여한다. 상황실/운용실 출입 가능 인원에 대해 정기적으로 입실 자격을 확인하고 갱신한다. 그리고 상황실/운용실 출입 통제 환경이 효과적으로 구현되어 있는지 확인하고, 상황실/운용실 출입 인원의 출입내역이 포함된 상황실/운용실 출입 기록과 상황실/운용실에 반입 및 반출된 장비의 내역이 포함된 장비 반출입 기록을 작성 및 유지한다.

3) 상황실/운용실 내부 및 관련 설비에 대한 위험 식별 및 점검 활동

- 상황실/운용실, 전원설비, 항온항습설비, 소방 및 보안설비 등에 대한 위험을 파악하여 그에 대한 예방 대책을 수립하고 위험 예방 활동을 수행한다.
- 전원 설비에 대하여 상황실/운용실의 구축 환경을 고려하여 다음 사항을 확인하고 점검한다.
  - ✓ 시스템에 대한 전원은 다른 부하와 독립적으로 설치되고 운영되는지 점검
  - ✓ 적절한 계측 장비를 통해 전원의 상태를 지속적으로 감시하고, 전원 상태를 주기적으로 측정 및 점검
  - ✓ 각 시스템 별로 기준치 이상의 전압 변동이 발생하지 않도록 적절한 용량의 자동 전압 조정 장치(AVR : Automatic Voltage Regulator)가 정상적으로 작동되어 지고 있는지 점검
  - ✓ 시스템의 특성에 맞는 용량의 무정전 전원공급 장치(UPS : Uninterrupted Power Supply)가 설치되어 정상적으로 작동되고 있는지 여부를 점검
  - ✓ 장시간 정전 시에 대비하여 자가 발전기가 설치된 경우, 발전기에 대한 가동성 테스트 수행 및 자가 발전 설비에 대한 주기적 점검
  - ✓ 과전류 및 누전 방지, 피뢰설비 및 접지 상태에 대한 점검
  - ✓ 제반 부하에 대한 전력 분배 및 배치 상태를 각 차단기 수준까지 상세히 도식화하여 관리되어 지고 있는지 등을 점검
- 공조 및 항온항습설비에 대하여 상황실/운용실의 구축 환경을 고려하여 다음 사항을 확인 및 점검한다.
  - ✓ 상황실/운용실 내 설치된 전산시스템의 항온항습의 적정성을 위한 주기적 온도 및 습도 점검

✓ 상황실/운용실 전용으로 사용되어지는지 여부와 예비 장비의 설치 및 가동성 점검
✓ 항온항습 배관의 누수 등의 이상 징후를 감지하기 위한 이상 경보 장치의 설치 및 자동제어 장치의 운용 여부 점검

▪ 상황실/운용실 내부와 관련하여 다음과 같은 사항을 확인 및 점검한다.
✓ 화재에 취약한 가연성 물질이 보관되고 있는지 여부를 점검
✓ 화재 자동 감지기 및 경보 장치 상태 점검
✓ 휴대용 소화기의 비치 및 자동 소화 설비 상태 점검
✓ 전산기기, 집기, 비품에 대한 정전기 유발 요소 점검

▪ 상황실/운용실 관련 설비에 대한 정기적인 점검 및 유지 보수 활동을 수행하고 그 결과를 설비 점검 및 유지 보수 기록에 명시하고 유지하여야 한다.

3. 고장관리

시스템설비의 고장이나 장애에 대한 관리는 소프트웨어, 하드웨어, 데이터베이스, 네트워크 등의 운용관리 대상에서 고장, 장애, 서비스 불능 상태 등이 발생한 경우에, 시스템의 장애 여부를 관찰, 진단, 보고, 제어, 처리하는 일련의 과정을 말한다. 장애관리의 목적은 장애발생 시 신속하고 정확한 장애원인을 분석하여 조치함으로서 장애시간을 단축하는데 있다. 또한 장애의 근본원인을 사전에 차단하기 위해 장애의 발생 통계 및 관리를 통하여 장애의 발생을 예측하고 분석하여 중단 없는 서비스를 제공하는데 그 목적이 있다. 장애관리를 효과적으로 수행하기 위해서는 그 관리대상이 적절히 분류되어야 하고 여러 가지 장애관리 기능이 설정되어야 한다. 장애관리의 적용대상은 시큐리티시스템의 운영관리대상 시스템에 포함된 소

프트웨어, 하드웨어, 데이터베이스, 네트워크 등이며, 적용범위는 시스템설비 구성 환경에 따라 조정될 수 있다.

1) 고장 및 장애의 분류

시큐리티시스템 설비의 고장 및 장애의 분류는 [표 35-1] "정보시스템 재해 및 장애의 분류"의 내용에 준하여 적용할 수 있으며, 주로 통제가능 요인에 대한 사전 예방활동으로 시스템설비의 고장이나 장애발생을 최소화 할 수 있도록 한다.

[표 35-1] 정보시스템 재해 및 장애의 분류

<table>
<tr><th>통제</th><th colspan="3">재해 및 장애</th><th>재해 및 장애의 요인</th></tr>
<tr><td rowspan="2">통제
불가능
요인</td><td colspan="3">자연재해</td><td>화재(상황실/운용실, 사무실), 지진 및 지반침하, 장마 및 폭우 등의 수재, 태풍 등</td></tr>
<tr><td colspan="3">인적재해</td><td>노조파업, 시민폭동, 폭탄테러, 등</td></tr>
<tr><td rowspan="3">통제
가능
요인</td><td colspan="2">인적장애</td><td rowspan="2">운영
장애</td><td>시스템운영실수, 단말기 및 디스켓 등의 파괴 및 절취, 해커의 침입, 컴퓨터 바이러스의 피해, 자료 누출 등</td></tr>
<tr><td rowspan="2">기
술
적
장
애</td><td>시스템
장애</td><td>운영체제 결함, 응용프로그램의 결함, 통신프로토콜의 결함, 통신소프트웨어의 결함, 하드웨어의 손상 등</td></tr>
<tr><td colspan="2">기반구조
장애</td><td>정전사고, 단수, 설비 장애(항온항습, 공기 정화시설, 통신시설, 발전기, 공조기등), 건물의 손상 등</td></tr>
</table>

출처: 정보시스템 운영관리지침, 2005.12, 국무조정실 · 정보통신부

2) 장애처리 업무 절차

① **장애식별 및 접수**

시스템설비의 운용상태 모니터링에 의해 장애를 인지하거나 장애발견자로부터 장애사항을 접수받는 단계이다. 장애를 접수하면 접수된 장애내용을 기록 관리할 수 있도록 한다. 이때 관리되어야 할 항목들은 장애에 대한 처리 요청자 이름 및 전화번호, 장애설비 및 서비스, 장애내용, 긴급도, 장애가 서비스에 미치는 영향 등이다.

② **장애등록 및 등급지정**

접수된 장애내용 등 장애기록 관리항목에 포함된 모든 정보를 장애등록 절차를 통해 장애조치보고서 또는 장애관리 데이터베이스에 기록 관리한다. 이때 장애등급이 지정되어야 하며 장애등급은 장애의 영향도(Impact)와 긴급도(Urgency)에 따라서 적절하게 판단할 수 있도록 사전에 정의해야 한다.

③ **복구대책 수립**

장애내용을 분석하여 사안의 경중에 따라 긴급 장애에 대해서는 먼저 응급조치를 취하고 복구준비 및 복구를 실행한다. 일반 장애에 대해서는 시스템의 상황을 파악하고 시스템 장애원인을 분석해야 한다. 또한, 기존에 발생하였던 유사 장애발생 및 조치사례를 수집하고, 장애복구대책을 수립한다. 이때 수립된 복구대책을 기초로, 장애관리대장에 기재하며 장애관리 담당자는 필요 시 장애사항과 그 내용을 공지하고, 시스템설비의 장애원인을 분석한다.

④ **조치**

복구대책에 따라 장애복구조치를 수행하고 조치결과를 기록하여 관리될 수 있도록 한다. 조치수행 중에 수시로 장애관리책임자에게 보고하고 필요시 관련 부서 및 담당자 등에게 진행사항을 통보한다.

⑤ **결과관리**

장애복구내용 및 향후대책을 장애관리대장에 작성하고 장애관리 책임자에게 보고하여 승인을 받는다. 또한 장애 발견자에게 정상 가동 및 그 조치결과를 통보하고, 관련자에게 정상 가동되었음을 공지한다. 그밖에 동일유형의 장애가 반복되지 않도록 향후대책을 마련하고, 필요시 예방점검 항목에 반영하며, 장애 발생 및 조치과정의 중요내용에 대해서는 정기적으로 장애복구 지침의 내용에 반영이 되도록 한다.

3) 예방점검 업무절차

① **예방점검 계획 수립**

매년 1회 연간예방점검 계획서를 작성하여 관련부서와 협의 후 시스템설비 운용관리책임자에게 보고하여 승인을 받고 예방점검 계획을 확정한다. 예방점검계획 내용 중에 시스템의 가동을 중단하는 등 중요한 사항이 있는 경우에는 장애관리 책임자와 사전협의를 한다.

② **예방점검 실시 및 보고**

정기 예방점검은 가동중단이 필요한 경우 사용부서가 충분히 대응할 시간적 여유를 고려하여 공지함으로써 업무수행에 지장이 없도록 한다. 예방점검 실시 이전에 예방정비계획서에 의해 장애관리 책임자에게 보고하고, 예방점검을 규정 시간 내에 수행 할 수 있도록 한다. 단, 긴급점검 시는 예외로 하며 예방점검 실시 중 발견된 문제점은 장애복구 절차에 따라 조치를 수행한다.

③ 점검결과 보고 및 분석

예방점검 결과를 분석하여 예방점검 시 점검항목과 함께 장애관리 책임자에게 보고한다. 그리고 예방점검 결과의 분석된 자료를 기초로 하여, 차후 예방점검 또는 차기 년도 정기 예방점검계획 수립 시 반영한다.

4) 장애모의훈련

장애모의훈련은 장애 발생 시 신속한 조치와 보고절차를 확립하고, 장애 발견자로부터 장애접수 및 시스템 모니터링을 통해 사전감지 능력을 배양하여, 시스템을 안정화할 수 있도록 현실감 있는 모의훈련을 시행한다. 또한 장애 유형별 기록관리를 통한 문제의 재발 방지 및 운영경험을 축적하여 효과적인 운영능력을 갖추게 하는데 그 목적이 있다.

■ 장애모의훈련 대상 및 내용

시큐리티시스템 운영 요원 및 관리자가 참여하며, 여기에는 관제요원, 각설비 운용자, 시스템 담당자, 네트워크 담당자, 데이터베이스 담당자, 서비스 데스크 요원, 장애관리 책임자 등이 포함된다. 또한, 필요에 따라 유지보수업체, 시스템공급업체(Vendor) 요원이 참여할 수 있으며 장애 모의 훈련에서 다루어져야 할 내용은 다음과 같다.

- ✓ 장애발생 예상 요인을 선택하여 모의로 시스템 장애를 유발시킨다.
- ✓ 팀별, 개인별 역할, 의사소통, 임무 숙지 등을 점검한다.
- ✓ 응급조치 방법, 장애원인 분석, 업무복구 절차 등을 점검한다.
- ✓ 비상연락망, 상황전파, 보고절차 등을 점검한다.

■ 장애모의훈련 절차

장애모의훈련에서 다루어져야 할 내용과 절차는 다음과 같다.

✓ 모의훈련 환경 구성
✓ 장애를 발생시킴
✓ 장애 전파
✓ 장애 요인 분석
✓ 장애복구 및 비상상황 점검관리
✓ 장애처리 결과 보고
✓ 훈련 결과 보고

5) 비상 계획 수립

시큐리티시스템에 주는 영향 범위 및 손실을 고려하여 발생 가능한 재난 및 재해 등의 위험 유형을 정의한다. 그리고 재난, 재해를 포함한 비상시 대응 절차를 다음과 같은 사항을 고려하여 수립한다.

- 비상시 대응 조직 및 역할 정의
- 인력, 건물, 전원 설비, 공조 및 항온항습 설비, 통신 설비, 시스템 등의 피해 상황 파악 절차
- 비상사태 발생 시 대응 절차를 정의하되, 피해 설비 및 피해 시스템에 대해 복구 전까지의 우회소통방안이나 대체 처리방법, 복구 우선순위 선정, 복구 절차를 포함
- 외부와의 연락 및 통신 대책

비상 계획 및 복구 계획이 적절하게 수행될 수 있도록 교육을 수행하고 필요시 모의 훈련을 실시한다. 또한 비상 계획을 지원하기 위하여 다음과 같은 준비 활동을 실시한다.

- 관련부서 및 유관 기관을 포함한 비상 연락망을 작성하고 연락 우선 순위를 정의한다.
- 비상 시 및 복구 활동에 소요될 자원을 확보한다.

6) 장애처리 결과보고서

장애발생 설비, 장애유형 등 장애발생관련 항목과 장애조치내용 그리고 장애조치관련 항목과 다음의 내용을 포함한 보고서를 작성한다.

- 관리번호, 발생일시, 조치일시, 총 장애시간, 장애등급, 장애구분, 장애대상, 관련 업무
- 장애 명, 장애내용, 서비스제공 및 업무에 미치는 영향, 장애원인, 조치내용, 향후계획 및 개선사항, 장애처리에 있어 고려할 사항
- 장애감지부서(소속·성명·연락처), 장애조치부서(소속·성명·연락처) 시스템공급업체 확인, 장애관리 책임자 확인

4. 운영평가

시큐리티 서비스운영 및 시스템설비운용 업무운영에 대하여 운영평가 기준 및 절차에 따라 정기적으로 평가하고 문서화하며, 평가 결과를 반영하여 개선활동을 수행하도록 한다.

가. 시스템 운영에 대한 주기적인 평가 및 결과를 정리하고 분석한다.

시스템 운영을 정기적으로 평가한다. 평가 항목에는, 예를 들면 다음과 같은 내용이 포함된다.

- 안전성과 보안성
- 데이터 및 매체의 관리
- 운영 효율
- 장애 기록
- 요원·시스템·운영 시간의 관리
- 시스템 사용자 만족도

나. 시스템 운영 평가결과를 반영하여 시스템 운영의 개선을 도모한다.

평가 결과를 문서화하고 평가 결과에 따라 시스템 운영 개선항목을 도출하여 운영 계획 수립 등에 반영한다.

다. 업무 운영에 대한 주기적으로 평가하고 그 결과를 정리하여 분석한다.

업무 운영을 정기적으로 평가한다. 운영평가 항목에는, 예를 들면 다음과 같은 내용을 포함한다.

- 요구 기능의 실현도
- 시스템 이행 및 업무이행 시의 환경
- 시스템의 사용 편이성
- 이용자 측에 설치된 자원의 운영과 관리
- 서비스제공 및 업무환경에 적합한 업무 재설계 요구사항 등

라. 업무 운영 평가결과를 통한 업무 운영의 개선

운영계획 수립 시에 예측한 신규 시스템 구축에 의해 예상된 투자 효과나 업무의 개선 효과에 대해 평가한다. 평가결과를 문서화하고, 미달성 등 재검토가 필요 할 경우 서비스 운영기획 및 시스템개발 계획 등을 재검토하고 개선방안을 마련하여 반영한다.

제3절 긴급복구 대책

1. 긴급복구 계획 수립

가. 재난 및 재해를 포함한 비상시 대처 계획이 명시되어야 하며, 다음 사항을 포함하여 비상시 긴급복구계획을 수립한다.

- 재난 및 재해를 포함한 위험 유형의 식별 및 정의
- 비상시 대응 조직과 역할
- 피해상황 파악과 비상사태 발생 시 대응 및 복구 절차
- 협력사 및 유관 기관을 포함한 비상 연락망 및 통신 대책

나. 긴급복구계획에는 비상연락체계를 구축하여 운영한다. 장애에 신속하게 대응하기 위해 비상연락망을 작성 및 관리해야 하며, 비상연락망은 다음과 같은 내용을 포함한다.

- 비상복구가 필요한 장애관리대상 유형 및 기준
- 장애관리 담당자(정 · 부) 및 전화번호
- 장애관리대상 시스템공급업체 담당자 및 전화번호 등

2. 비상복구 자재 확보

시큐리티시스템의 주요설비와 고장이나 장애가 저주 발생하는 장치에 대하여 비상시에 긴급복구를 할 수 있도록 예비설비 및 예비품 자재를 확보한다. 시큐리티시스템의 운영관리 및 운영평가 등을 통하여 사전에 예비설비 및 예비품의 정수, 품목, 수량, 보유기준 등에 대한 지침을 마련하여 시행한다.

3. 긴급 복구 조치

서비스운용 중에 고객 서비스가 불가한 시스템 장애가 발생하거나 긴급복구가 필요한 상황이 발생한 경우에는 비상연락망에 의한 비상복구반을 소집하여 긴급복구를 한다. 긴급복구 시 소요되는 자재는 보유한 예비품을 우선 사용하고, 없을 경우는 신속하게 공급하여 장애복구를 한다. 긴급복

구 후 유지보수업무 담당 부서나 시스템공급업체 등의 전문인력을 투입하여 장애원인 및 장비상태를 정밀 점검하여, 재발 방지를 위한 조치를 취한다.

4. 장비수리

고장이 발생한 설비나 장비에 대하여는 동등이상의 성능을 유지할 수 있도록 수리하거나 새로운 설비나 장비로 교체한다. 예비품이나 예비설비로 교체하는 등의 현장조치로 처리할 수 없는 경우에는 장비공급업체 및 제조회사에 위탁하거나 고장 또는 장애가 발생한 설비나 장비를 반출하여 수리한다.

제4절 기술지원 체제

1. 유지보수계획

시큐리티시스템의 성능을 최적의 상태로 유지하고 안정적인 서비스를 제공하며, 고장이나 이상발생시 신속한 조치를 취함으로써 서비스 중단을 최소화할 수 있도록 유지관리 한다. 또한 시스템의 성능저하나 고장을 사전에 예방하기 위하여 정기적인 점검 및 진단업무를 수행한다. 유지보수 대상은 관제시스템, 고객관리시스템 등의 시스템설비와 가입자장치, Server, Storage, Data Base 시스템 그리고 스위치, 방화벽, NMS(Network Management System, 망관리시스템) 등의 통신설비 그리고 업무지원 설비 및 관련 부대설비 등을 들 수 있다. 유지보수는 각 시스템 별 유지보수 기준 및 절차를 수립하여 적용한다.

시스템설비에 대한 정기점검 및 유지보수는 해당 시스템설비의 Manual

및 유지보수 지침을 따른다. 시스템설비 점검은 계획점검 및 수시점검을 시행한다. 계획점검은 장애를 예방하기 위하여 월간, 분기, 년간 단위로 정비를 수행 하며, 장애를 대처하기 위한 각종 백업을 수행한다. 월간, 분기, 년간 점검 목록, 점검결과 및 조치사항은 향후의 유지보수계획 수립이나 업무개선 등에 반영할 수 있도록 관리한다.

2. 기술지원체계

주요 시스템설비 장애 및 고장 시나 시스템 소프트웨어, 서비스를 지원하는 솔루션 등에 대한 시스템설비공급사의 기술지원이 필요한 경우, 적절한 지원을 요청하고 기술적인 지원이 가능하도록 Contact Point 및 원격지원 시스템 접속 등을 위한 기술지원체계를 구축하여 운영한다. 기술지원에는 시스템소프트웨어 업그레이드, 보안 패치, 원격진단 등의 업무를 포함할 수 있다. 기술지원체계는 유지보수 계획과 연계하여 구체적인 사항들을 고려하여 유지보수 계획수립에 반영한다.

참고문헌

1. 경비업법, 법률 제11690호, 2013.3.23.
2. 정보통신설비설계 해설, 채해수, 2006.7.10., 도서출판 상학당,
3. 정보통신 설비설계 및 현장실무, 채해수, ㈜영진출판사, 1999.6.10.
4. 시큐리티 시스템 개론, 안창훈/이강열/최주호, ㈜인포더, 2005.2.21.
5. 정보시스템의 구축·운영 기술 지침, 정보통신부고시 제2006-37호, 2006.9.11., 정보통신부장관
6. 정보시스템 구축·운영기술 가이드라인 버전 1.0, 정보통신부, 한국전산원, 2004.3.
7. 정보화사업 표준 프로세스, 행정안전부공고 제2009-222호, 2009.10.9, 행정안전부
8. 기계경비론, 이상원, 도서출판 육서당, 1999.2.25.
9. 기계경비론, 신상엽, 백산출판사, 2005.2.25.
10. 기계경비론, 정태황, 백산출판사, 2001.10.10.
11. 기계경비론, 진기훈 편저, 사단법인 한국경비지도사협회, 출판문화창성, 2003.8.18.
12. 경보시스템 일반요구사항(KSC 6571-1-1997), 국립기술품질원
13. 기계경비시스템 발전방안에 관한 연구, 이강열, 동국대학교, 2005.6.
14. 기계경비시스템의 발전방안에 관한 연구, 김경탁, 동국대학교, 2009.12.
15. 기계경비업의 현황과 발전방향, 하승규, 연세대학교, 2008.8.

16. 무인방범서비스, 권영관, pp 92~101, 한국통신 경영과기술, 1996년 8월호 통권85호, 한국통신
17. 텔레캅(Telecop) 서비스, 권영관, pp 36~45, 한국통신 경영과기술 1997년 2월호 통권 91호, 한국통신
18. 원격통신이란?(상), 권영관, pp 54~65, 1994년 7월호, 통권 60호, 한국통신 경영과기술, 한국통신
19. 원격통신이란?(하), 권영관, pp 42~49, 1994년 8월호, 통권 61호, 한국통신 경영과기술, 한국통신
20. 원격통신서비스, 권영관, pp 66~79, 한국통신학회지 제12권 7호,한국통신학회, 1995.7.
21. 원격검침시스템 응용, 권영관, pp38~47, 조명·전기설비학회지, 1997년 제11권 제3호, 한국조명·전기설비학회, 1997.6.
22. 텔레캅 기술운용, KT Linkus, 2005.
23. 하나씩 열어보는 TCP/IP & Network Services, 이동희, ㈜영진닷컴, 2003.6.5.
24. Internetworking with TCP/IP, volume1, Principles, Protocols, and Architecture, Douclas E. Comer, Prentice Hall 출판(Third Edition)
25. Internet & Network 백과사전, 율마기획, ㈜영진닷컴, 2002.5.
26. Sur-Gard System III Introduction and Overview, DSC Ltd, 2006.
27. 국가정보화 기본계획, 정보화추진위원회, 2008.12.
28. 서비스데스크 운영관리 지침, 국무조정실·정보통신부, 2005.12.
29. 전산실 관리지침, 국무조정실·정보통신부, 2005.12.
30. 정보시스템 운영관리 지침, 국무조정실·정보통신부, 2005.12.
31. 개인정보보호 전문교육 과정, KISA, 2006.9.

32. 기계경비 기획설계, 주일엽, 진양서, 2012
33. 빌딩문화, 제9권 제3호, 2003.3.
34. 정보화사업 표준 프로세스, 행정안전부 공고 제2009-222호, 2009.10.9.
35. USN을 이용한 무인기계경비 시스템 구현에 관한 연구, 최석배, 광운대학교, 2007.
36. 효율적인 무인기계경비시스템에 관한 연구, 송영화, 단국대학교, 1989.2.
37. 효과적인 시큐리티시스템 구축을 위한 위험분석에 관한 연구, 김문재, 용인대학교, 2002.12.
38. 기계경비시스템의 침입탐지를 지원하는 지능형시스템에 관한 연구, 장영철, 단국대학교, 2004.12.

저자약력

권 영 관 (權 寧 綰)

정보통신기술사
공학박사
e Mail : ucop@daum.net

- KT텔레캅 서비스 기획/ 시스템구축/ 서비스 개통 및 운영 (KT 부장)
- 멀티미디어사업, 원격통신사업, 초고속통신망 구축 (KT 부장)
- KT 인터넷서비스 시스템 및 IDC 구축, 운영 (KT 국장)
- KT텔레캅 신사업 및 솔루션 개발 (KT텔레캅 신사업추진본부장)
- KT Access망 보안시스템 구축공사(2008), 컨택센터 운영(CASTEL 사장)
- 캄보디아 신도시(CAMKO City) IDC 구축 및 운영(SeoulTel Eng. 전무)
- 플랜트건설 프로젝트의 시큐리티 및 통신시스템 설계(현재, KDA 전무이사)